INTRODUCTION AUX THERAPIES COMPORTEMENTALES (BEHAVIOR THERAPIES)

(Historique - Bases théoriques - Pratique)

AF136705

PSYCHOLOGIE ET SCIENCES HUMAINES

Ovide Fontaine

introduction aux thérapies comportementales (Behavior therapies)

Historique - Bases théoriques - Pratique

PIERRE MARDAGA, EDITEUR
2, GALERIE DES PRINCES, BRUXELLES

© by Pierre Mardaga, Bruxelles 1978
2, Galerie des Princes, 1000 Bruxelles
37, rue de la Province, 4020 Liège
D. 1978-0024-20

A mes patients,
mes plus proches collaborateurs.

TABLE DES MATIERES

TROISIEME PARTIE: ETHIQUE ACTUELLE, L'AVENIR DES THERAPIES COMPORTEMENTALES

Chapitre VII. Ethique et thérapies comportementales

Chapitre VIII. L'avenir des thérapies comportementales

PREFACE

Ma décision d'écrire un ouvrage sur « La Behavior Therapy » date de plusieurs années. Expliquer un tel retard à mon éditeur et au directeur scientifique de la collection par un seul manque de temps m'apparaît aujourd'hui comme une rationalisation pure. A plusieurs reprises, j'ai établi le plan de l'ouvrage, rédigé l'un ou l'autre chapitre pour abandonner devant un sentiment d'insatisfaction. Chaque article lu, chaque nouveau livre analysé posait un fait nouveau, amenait son lot de réflexions et de questions qui faisait échapper le sujet au carcan dans lequel mon plan voulait l'enserrer. En quelques années, les données abordées, les hypothèses formulées, les recherches élaborées ont diversifié de manière telle le domaine qu'il n'est plus possible aujourd'hui de parler de « la » Behavior Therapy mais bien « des » Behavior Therapies. Ce pluriel se justifie parfaitement; si le behaviorisme a été au départ du mouvement et continue à l'alimenter vigoureusement, il n'est plus possible d'y rattacher théoriquement l'ensemble des méthodes utilisées. De nouveaux courants (tel le courant de la psychologie cognitive), très féconds tant sur le plan théorique que clinique, ont vu le jour. Une autre source de diversification est l'introduction dans la thérapie des apports de nombreuses disciplines connexes : psychogénétique, neurophysiologie, psychophysiologie, psychopharmacologie... En bref, l'évolution actuelle est telle que l'on peut raisonnablement se demander si les qualificatifs de « behavioristes » ou « comportementales » appliqués à ces thérapies ne pourront pas dans un avenir plus ou moins proche être englobés dans un terme plus large : celui d'une psychologie et d'une thérapie expérimentale et scientifique.

Devant le nombre impressionnant d'articles, de livres, de revues et même de traités consacrés aux Behavior Therapies dans les dix dernières années en langue anglaise, le futur auteur d'un livre en français se sent obligé d'établir des choix. Ecrire un traité est au-delà des capacités d'un seul homme ; de plus, à peine paru est-il déjà dépassé ! Etablir une revue annuelle ou bisannuelle des articles ou livres importants, pour utile qu'elle serait, ne toucherait qu'un public spécialisé dans ce domaine. Je me suis donc limité à une troisième formule. Le public de langue française non spécialisé reste pour des raisons qu'il serait intéressant d'analyser non informé ou mal informé sur ces méthodes thérapeutiques. Quant au public professionnel de la modification du comportement [1], il cherche souvent à s'orienter dans cette explosion d'idées et de faits. Ce sont ces raisons principalement qui m'ont poussé à écrire une introduction qui, prise dans le sens d'une orientation, rencontrerait peut-être ces besoins.

La première partie de l'ouvrage, après un bref historique cherche à poser les bases expérimentales essentielles de ces méthodes. La seconde tente de dégager les principales

[1] Behavior Therapy ou Behaviour Therapy est le terme utilisé en Europe pour désigner ces méthodes. Les Etats-Unis, sous l'impulsion de l'école skinnérienne lui substituent progressivement la notion plus générale de modification du comportement (behavior modification). Celle-ci recouvre aussi bien l'analyse et le traitement des anomalies du comportement que l'étude des conduites normales, de la pédagogie... Le propos de cet ouvrage étant essentiellement clinique, j'ai conservé le terme de Behavior Therapy.

méthodes thérapeutiques de manière plus critique qu'exhaustive. Quant à la dernière partie, elle aborde quelques problèmes plus généraux tels que les perspectives futures de la connaissance du comportement humain, des règles et problèmes posés par la modification des conduites.

Le but de cette introduction n'est pas de faire des convertis. Elle se veut aussi dégagée des polémiques stériles que possible. Ecrite pour un public large et divers, elle paraîtra tantôt simpliste, tantôt trop complexe, malgré mes efforts pour éviter ces écueils. Peut-être les spécialistes me pardonneront-ils dans la mesure où j'ai tenté de combler les lacunes de l'ouvrage par des références bibliographiques nombreuses et récentes. Quant à l'« honnête homme » du XXᵉ siècle, il y trouvera j'espère un éclairage original sur un des sujets parmi les plus passionnants : l'étude scientifique de la connaissance de soi-même et d'autrui.

Un ouvrage est la résultante de l'interaction d'un certain nombre de personnes qui à des niveaux différents renforcent l'auteur au-delà des seules possibilités de son narcissisme. Je tiens à remercier particulièrement le Professeur Marc Richelle qui, après m'avoir fait naître il y a 15 ans au behaviorisme, m'a convaincu d'écrire ce livre et n'a cessé, tout au long de sa rédaction, de critiquer constructivement son contenu. Plus de dix années de discussions cliniques régulières avec mes amis le Docteur Bernard Xhenseval, psychiatre et Monsieur Michel Ylieff, licencié en Psychologie ont amené à maturité une série d'idées qui traversent le livre : elles leur appartiennent autant qu'à moi. Ma gratitude va également à ma secrétaire, Madame Béatrice Braham : cent fois sur le clavier elle a remis l'ouvrage sans jamais se départir de sa bonne humeur.

Liège, octobre 1978.

INTRODUCTION

Nul n'ignore que la psychologie s'est développée à partir de la philosophie. Depuis des millénaires l'homme s'est interrogé sur lui-même, sa nature, son rôle, sa destinée. Qu'est-ce que l'esprit, qu'est-ce que le bien, le mal, qu'est-ce qui dirige les comportements? Les réponses philosophiques à ces questions ont influencé la manière de vivre, dégagé des systèmes politiques, religieux, socio-économiques. Ce n'est que depuis un peu plus d'un siècle que l'essor des autres sciences, elles-mêmes inscrites dans une évolution socioculturelle nouvelle, a permis à cette psychologie philosophique d'abandonner progressivement son aspect purement spéculatif pour tenter de devenir une « science de la vie mentale ».

Ellenberger (1974), dans un ouvrage pénétrant, a retracé ce long cheminement en se plaçant dans une perspective historique et psychopathologique. Le Chaman ancestral, aux pratiques récemment reprises par les guérisseurs philippins, cède la place, dans le courant de ce XIXᵉ siècle, toujours en pleine ébullition depuis les révolutions politiques et scientifiques, au mesmérisme. Mesmer imprégné des découvertes récentes en électricité guérit ses patients par ce qu'il croit être un « magnétisme animal » émanant de sa propre personne. Par les transes magnétiques, Mesmer pense avoir découvert le traitement de toutes les maladies tant physiques que psychiques. La médecine traditionnelle regarde Mesmer avec inquiétude et hostilité. Quelques années plus tard, le Marquis de Puysegur, seigneur campagnard, reprendra les pratiques de Mesmer en les examinant de manière plus perspicace. Très rapidement, il arrivera à la conviction que ces transes magnétiques, que l'on appellera bientôt hypnose, sont induites par l'hypnotiseur sur l'hypnotisé. Lors d'une conférence, il dira « je *crois* que j'ai la puissance d'actionner le principe vital de mes semblables : je *veux* en faire usage ; voilà toute ma science et mes moyens. Croyez et veuillez, Messieurs, vous ferez autant que moi ». La phrase de Puysegur véhicule une idée fondamentale, à savoir les potentialités d'action d'un individu sur un autre, fondement de l'action psychologique. Elle renferme également les éléments de la disparition de ce mode d'approche thérapeutique : la relation de dominant à dominé rejetée par les principes des révolutions politiques encore toutes proches. L'hypnose à peine découverte devait donc disparaître du moins sous cette forme. Charcot, à Paris, l'utilisera dans l'étude des hystéries de conversion, maladies pseudo-neurologiques qui défiaient les lois de la très rigoureuse neurologie. C'est avec un certain dédain d'ailleurs qu'on appellera ces troubles « pithiatiques » et qu'on les déclarera curables par suggestion. Ce grand maître eut lors de ses leçons, qu'il donnait avec un sens pédagogique remarquable, un auditeur très attentif : Sigmund Freud.

Au même moment à Nancy, Bernheim étudiait les mêmes phénomènes également par l'hypnose. Intéressé plus spécifiquement par l'origine de cette pathologie étonnante, il chercha dans un dialogue avec ses patients à en pénétrer la genèse. Cette attitude l'amena rapidement à se dégager de la technique hypnotique pour entrer avec son patient dans un mode de relation qui supprimait la notion de dominant à dominé, relation que, le premier, il appela *psychothérapie*. Cette différence d'approche allait opposer les deux écoles de manière parfois violente.

Ces premiers travaux, les perspectives qu'ils ouvraient avaient préparé le terrain pour un « grand bond en avant ». La fin du XIXe siècle et le début du XXe siècle en Occident enregistraient les premières grandes découvertes relatives aux anomalies du comportement sous l'impulsion de Janet, Freud, Adler, et Jung. Au même moment, en Russie, Pavlov, par une approche méthodologique et théorique très différente, élaborait les premières lois du réflexe conditionnel.

Prééminence du courant freudien en Occident

S'inspirant des travaux de Charcot, Bernheim, et Janet, Freud tenta au départ de guérir ses malades par l'hypnose suggestive. En même temps que Janet, il montra que ces symptômes « pithiatiques » ou « hystériques » relevaient d'un trouble symbolique lié à l'action pathogène de souvenirs oubliés. Cette formulation de l'inconscient allait l'inciter à rechercher la signification des symptômes et par là les mécanismes qui président à leur élaboration. La démarche donnera naissance à des concepts tels que les instincts, les pulsions, la théorie du « Moi », du « Sur-Moi », du « Ça », etc. ... Au fur et à mesure de l'évolution de sa recherche, se construisait une sorte d'« *appareil psychique* », logé dans le système nerveux central et commandant le comportement observable. Celui-ci devenait l'expression déterminée de ce monde interne dont les éléments fondamentaux se structuraient dans l'enfance à travers une série de phases de développement et d'apprentissage. Dans cette perspective, le symptôme comportemental n'est pas l'objet du traitement; celui-ci se réalise par une analyse de l'univers inconscient, de l'appareil psychique supposé détenir les leviers de commande.

La « talking cure » devait rapidement remplacer l'hypnose. Freud considérait en effet que c'est dans le langage que l'inconscient « en personne » se manifeste. A travers les associations libres et les interprétations, le psychothérapeute et le patient voient progressivement se dégager les lignes de force de la personnalité. Celles-ci, dans la pathologie, sont en conflit avec les réalités de la vie consciente. La maladie, les symptômes, sont l'émanation de ce conflit. Dépassant l'hystérie, objet premier de son étude, Freud a tenté d'appliquer aux autres troubles psychologiques la même méthodologie en s'appuyant sur ces concepts fondamentaux. La démarche psychanalytique fut ainsi appliquée à la névrose obsessionnelle, aux troubles caractériels, aux désordres sexuels, à la pathologie sociale... Extrapolant du pathologique au normal, la psychanalyse formula une théorie générale du comportement humain tant dans les problèmes individuels que dans le domaine social ou économique.

L'intérêt pour les « mystères de la nature humaine », l'engouement pour ces découvertes prometteuses ont amené vers la psychanalyse des sujets porteurs de problèmes de plus en plus divers. De l'hystérie à la névrose obsessionnelle, de la névrose à la psychose, de l'inhibition sociale à la médecine légale, des troubles fonctionnels aux difficultés de vie en général, de l'adulte à l'enfant, le psychanalyste a dû répondre à une demande pressante. Ainsi au lieu de s'étendre d'une manière harmonieuse en tentant de vérifier avec précision la validité de certaines hypothèses, la généralité de plusieurs concepts, l'opportunité même de certaines notions, la psychanalyse a dû faire face à des tâches innombrables et souvent prématurées. L'espoir que suscitait son contenu libérait un enthousiasme trop longtemps déçu par les échecs des recherches organicistes en psychiatrie.

Le courant psychanalytique a entraîné un véritable raz de marée dans les pays occidentaux. S'il est indéniable que cette théorie fournit aux cliniciens un des premiers ensembles cohérents et élaborés dans l'étude de la maladie mentale, les multiples lacunes qu'elle laisse subsister rendent injustifiable le véritable « impérialisme » scientifique que certains adeptes de Freud ont voulu instaurer dès le départ. Sait-on que de nombreuses chaires de psychiatrie écartent toute autre approche théorique de leur enseignement ? Qu'un physicien impose à ses étudiants une conception de l'optique ou de la mécanique, personne ne sourcillera. L'élaboration de cette science, ses vérifications expérimentales, la reproductibilité de ses lois sont telles que l'on peut y parler raisonnablement en termes d'acquis solides. Faut-il dire que devant l'extraordinaire complexité des conduites humaines, abordées récemment par des sciences balbutiantes, une telle attitude est strictement antiscientifique.

Eclatement du courant psychanalytique

Confrontés dans leurs pratiques avec une demande de plus en plus diversifiée, situés dans un contexte socio-économique très différent de celui du maître, les successeurs de Freud ont été amenés à créer de nouveaux concepts, à élaborer de nouvelles tactiques de traitement. L'outil thérapeutique légué par Freud à ses successeurs est en effet extrêmement lourd à manipuler, dévorateur de temps et d'argent. C'est ainsi que virent le jour des traitements plus brefs, dits psychothérapies d'inspiration analytique, visant à modifier tel ou tel aspect de la personnalité plutôt que de chercher de manière idéale une psychanalyse intégrale. Par ailleurs, pour répondre à la spécificité de la demande, les psychanalystes ont élaboré des dizaines de tactiques différentes. Cette explosion ne pouvait se faire sans remaniements, sans addition d'hypothèses nouvelles, sans remise en question de certains principes amenant un éclatement de l'école psychanalytique en une multitude de théories psychothérapeutiques plus ou moins reliées à la théorie de départ. Si ces divergences ne transparaissent pas trop au niveau des grandes idées, elles n'en sont que plus frappantes dans le réel quotidien de chaque pratique.

Prolifération des théories psychologiques

Il serait trop long de décrire les circonstances qui ont amené la prééminence des théories freudiennes. Leur emprise a été telle (et le reste encore dans certains pays) qu'elles ont fait oublier que d'autres écoles psychothérapeutiques d'une inspiration théorique toute différente continuaient parallèlement leur chemin pour leur propre compte. Nombreux sont ceux qui dans le public non spécialisé seraient surpris d'apprendre que les théories relatives au comportement humain et à son traitement sont multiples et souvent en opposition. On ne saurait certes s'en étonner, s'agissant d'une matière aussi complexe. Comment expliquer cependant que chacune de ces théories puisse se prévaloir de résultats substantiels à partir de tactiques différentes? Les théories naissent d'expériences, souvent thérapeutiques, où la validité de l'hypothèse se juge à son efficacité clinique : or, ce type de déduction s'établit sur un problème comportant de multiples variables. Le chercheur interprète ses résultats en décrétant que telle ou telle variable qu'il prétend manipuler de manière spécifique, a joué le rôle déterminant dans tel cas. On voit d'emblée combien ce mode de pensée présente de dangers de fausses interprétations et combien une erreur dans l'enchevêtrement des éléments en présence peut passer longtemps inaperçue. Une autre source d'erreurs, non des moindres, est liée au fait que l'étude du comportement humain est réalisée par l'homme lui-même. Si le physicien peut aborder les éléments de sa science, tout en restant observateur impartial, le psychothérapeute quant à lui, devient toujours à un certain niveau l'objet de sa propre recherche avec laquelle il interfère. En tant qu'individu humain, il s'inscrit dans un ensemble socioculturel donné, dans une optique philosophique déterminée, voire dans des traits pathologiques précis qui lui rendent parfois difficiles, souvent à son insu, les vertus d'objectivité que réclame sa recherche. Cette «personnalisation» du travail psychothérapeutique sous-tend régulièrement les affrontements entre tenants d'options théoriques différentes.

Si chaque théorie peut avancer des succès thérapeutiques en manipulant sur des problèmes semblables des conceptions opposées, des tactiques différentes, nous devons postuler deux hypothèses explicatives : ou bien, nos formulations théoriques sont fausses ; nous correllons en fait des variables qui n'ont rien à voir entre elles et nous obtenons des résultats par des mécanismes que nos techniques mettent en œuvre mais que nous ne reconnaissons pas comme tels ; ou bien, et c'est plus vraisemblable, nous détenons chacun une partie d'une vérité multidimensionnelle. Ceci entraîne, au stade actuel, que nos résultats sont difficilement comparables, atteignent des niveaux différents dans la solution des problèmes thérapeutiques.

Les étapes des psychothérapies

Il est certain que la connaissance dans ce domaine ferait un grand pas en avant si les tenants d'options théoriques différentes mettaient au point un système d'analyse permettant de comparer à travers des cas précis leurs concepts théoriques différents et leurs modalités d'actions thérapeutiques. Pour qu'une semblable analyse puisse se structurer d'une manière efficace, il me paraît qu'une stratégie précise devrait être développée qui reprendrait les différents temps de la psychothérapie.

Madame R. consulte à la demande de son médecin traitant pour des palpitations accompagnées d'oppressions thoraciques, des sudations profuses. Après un examen organique négatif, le médecin de famille déclare qu'il s'agit de troubles fonctionnels et propose une consultation psychiatrique.

La première réaction de la patiente a été l'étonnement, puis la peur traduite dans ses propos « vexés » d'être prise pour une folle. Les paroles rassurantes du médecin, la confiance qu'elle lui porte amènent Madame R. au cabinet du psychiatre.

Anxieuse, émettant des doutes sur les relations « nerveuses » de ses troubles organiques, elle décrit son histoire : il y a deux mois, alors qu'elle faisait son marché, dans un grand magasin de la ville, elle a brutalement éprouvé un malaise interne, une impression d'étouffement. Il faisait chaud, la foule était dense. Elle s'est précipitée vers la sortie et les manifestations ont disparu dans la rue plus aérée. Elle avait oublié l'incident lorsque, récemment, une crise semblable mais nettement plus violente s'est produite alors qu'elle avait pris un transport en commun aux heures de grand trafic. Elle a cru dit-elle mourir et est descendue au premier arrêt venu, mais cette fois, l'oppression, quoique atténuée, a persisté jusqu'à ce qu'elle rentre chez elle. Elle a appelé son médecin qui n'a rien pu mettre en évidence : un électrocardiogramme s'est révélé tout aussi négatif.

Le médecin traitant a parlé de nervosité, d'anxiété, de troubles fonctionnels passagers; il s'est voulu rassurant mais depuis Madame R. a peur. Peur que ne reviennent ces sensations pénibles qui lui ont fait craindre une crise cardiaque, peur que l'on n'ait pas vu ce dont elle souffrirait réellement, peur d'éprouver à nouveau cet état loin de chez elle, perdue au milieu d'une foule étrangère. Depuis, elle demande à son mari de l'accompagner pour faire ses emplettes, évite de s'éloigner trop de chez elle quand elle est seule. Cette modification importante à une vie qui était jusque là sans problème, décourage Madame R. Elle se surprend à pleurer parfois sans raison apparente; elle qui jusqu'il y a peu aimait la vie sociale, prenait plaisir à choisir ses toilettes, se sent moins d'enthousiasme, se désintéresse de plus en plus des choses « qui faisaient sa vie ». Par ailleurs, elle est souvent fatiguée, ses nuits sont agitées et insomniaques. Tout ceci l'amène progressivement à la conviction qu'elle « couve quelque chose de mauvais ».

Elle avoue avoir été heurtée par la proposition de son médecin de l'envoyer chez le psychiatre. Elle n'est pas « folle », et si elle se sent un peu déprimée, n'est-ce pas bien normal avec cette crainte permanente d'avoir un nouvel accès. Elle ne croit pas trop aux possibilités du psychiatre dans son cas précis. Intelligente, cultivée, Madame R. a entendu des conférences sur la psychologie, possède certaines informations par ses lectures sur divers aspects de la psychiatrie, mais elle estime que tout ceci n'a aucun rapport avec son cas. En effet, elle n'a aucun problème, son mari est attentionné, ses enfants en bonne santé, les problèmes financiers inexistants. Quant à elle, sa vie jusqu'ici a été sans grand problème.

Tout psychiatre a vu de nombreuses Madame R. souffrant ainsi d'une agoraphobie sans raison apparente. Si nous choisissons cet exemple simple, c'est dans la mesure où il permet aisément d'individualiser les grands groupes de variables en présence : le patient, le thérapeute et le problème posé.

Le patient présente un certain nombre de symptômes; il peut les décrire plus ou moins précisément dans leur évolution, dans leur variation, dans leur forme, dans leur fréquence, dans leur intensité. Toutefois, le plus souvent, ils représentent pour lui des phénomènes qu'il ne peut relier à rien de précis, dont il ne peut suivre la logique intrinsèque. Il dira «j'ai mal, j'ai peur, je suis triste»; il pourra, si on le lui demande, préciser dans quelles circonstances ces troubles se présentent. Rarement, il pensera à établir la relation avec tel événement de son existence, avec telle fluctuation de son milieu interne ou externe. Ce type de corrélation, ce mode d'analyse, ces rapprochements de faits souvent très disparates semblant n'avoir entre eux aucun point de convergence, demande une connaissance particulière, celle des lois qui régissent les comportements. Le psychiatre, le psychothérapeute dispose quant à lui, de par sa formation, d'éléments indispensables à la coordination des données que lui fournit le patient. Dans une version simple, schématique, la relation psychothérapeutique est au départ une collaboration entre deux personnes apportant chacune des données susceptibles par leur ordonnance et leur complémentarité de fournir une solution au problème posé par le patient. Le départ, quelle que soit l'appartenance théorique du psychothérapeute, sera donc essentiellement une prise d'information aussi complète, aussi concrète que possible sur le problème posé mais aussi sur celui qui pose le problème. Que son optique théorique le pousse à une attitude non directive ou que son tempérament soit plus interventionniste, aucun psychothérapeute ne peut se passer d'un inventaire détaillé des comportements, d'un répertoire précis des traits de «personnalité» du patient. Sans cet ensemble de données, il compromet d'emblée le succès de la tactique qu'il mettra plus tard en œuvre. Disons en passant qu'on ne pourra jamais exiger suffisamment de précision dans les *anamnèses* faites par les psychothérapeutes en formation. C'est, me semble-t-il, bien plus fondamental qu'un apprentissage d'une terminologie ésotérique, qu'un enseignement de considérations philosophico-théoriques.

Revenons à Madame R. et essayons avec elle de situer

aussi précisément que possible sa première crise dans son contexte : que se passait-il dans sa vie à ce moment, avant la crise, après la crise, et au moment de la seconde crise ? Souvent l'anamnèse à ce niveau se heurtera à la banalité des réponses. Tout allait bien, rien d'exceptionnel ne se dégage de ses souvenirs. Avant de parler de refoulement, de négation des problèmes, le psychothérapeute devrait bien souvent aider le patient en lui proposant quelques thèmes dont il sait qu'ils peuvent avec une certaine probabilité interférer avec le trouble. Il peut, par exemple, demander à Madame R. si elle n'aurait pas eu de discussions avec son mari ou avec un de ses enfants, si l'organisation de sa vie familiale ne lui a pas interdit de distractions auxquelles elle tendait depuis longtemps, si ce type de «frustration» est fréquent dans son existence, etc. Cette recherche à deux de corrélations possibles avec le trouble, de son actualisation critique, fournit très fréquemment des faits nombreux, précis et rapidement permet au thérapeute d'orienter ses questions de manière plus spécifique. Il apprendra ainsi que dans les jours qui ont précédé ses premiers troubles Madame R. avait eu avec son mari une discussion assez tendue. Comme il s'agissait de prendre des décisions importantes pour l'avenir professionnel de leur fils ainé, le mari s'était montré réticent à prendre les contacts nécessaires. Elle ne s'était pas sentie soutenue et ajoutait que son mari quoique «gentil» n'avait jamais pris de responsabilité réelle dans la vie. Le conflit s'était terminé par des échanges de propos assez agressifs de part et d'autre. Madame R. continue en constatant qu'il s'agit là d'événements mineurs, «comme il y en a dans tous les ménages», que par ailleurs, son mari possède beaucoup de qualités importantes. Lors de sa seconde crise d'agoraphobie, on constatera que la patiente avait rencontré ce jour une ancienne amie, récemment divorcée; elles avaient échangé des souvenirs, des confidences sur leur situation actuelle.

La tâche du psychothérapeute est de préciser ainsi progressivement les situations-problèmes à travers les informations données par le patient. Il sait que le conflit familial latent que décrit la patiente en le banalisant, peut être beaucoup plus destructeur qu'elle ne l'admet. Cette découverte d'un lien causal entre les symptômes et les événements du « milieu » est le point crucial dont dépendront toutes les étapes ultérieures. La précision de ces éléments, la richesse de leur contenu en faits de comportement, déterminera la qualité du travail futur.

Toutefois, c'est à ce niveau que vont se poser les premières difficultés sérieuses entre les différents psychothérapeutes. Les faits recueillis sont variés, pratiquement à l'infini : leur organisation ne peut se faire qu'à travers une conceptualisation ordonnatrice. L'apparente impossibilité de dégager des classifications simples aux multiples problèmes posés, a amené une prolifération de schémas conceptuels qui sont souvent trop abstraits, mal définis et par conséquent difficiles à employer avec précision. Ainsi, poser que l'agoraphobie de Madame R. est le reflet d'un phantasme de viol, n'a guère de valeur opérationnelle ou utilisable dans l'élaboration d'une stratégie de solution de problème. Par ailleurs, ce type de formulation risque fort d'avoir une valeur très différente d'un thérapeute à l'autre. Enfin, ce schéma, si même il convient pour Madame R., sera sans valeur pour Monsieur B., agoraphobe lui aussi.

L'extraordinaire complexité de la tâche à laquelle est confronté le psychothérapeute est certainement un des motifs de replis vers la sécurité de théories « préfabriquées ». D'autres thérapeutes, plus indépendants, glaneront çà et là les concepts qui leur paraissent utiles à mesure que les problèmes se présentent. L'éclectisme détendu des seconds me paraît tout autant que le repli sectaire des premiers, acceptation d'un échec à résoudre les difficultés. Nous disposons de trop de concepts, de théories, d'interprétations, de voies d'approche. Cet « himalaya » théorique restera stérile, ou en tout cas, en deçà des possibilités, si nous ne nous attelons pas à une tâche de remise en ordre. Nous devons chercher à représenter, à classifier avec rigueur la réalité des problèmes humains dans toute leur complexité, sans chercher à masquer nos difficultés dans un langage hermétique accessible aux seuls initiés. La verve comique de Molière aurait encore bien des jargons à ridiculiser.

La reconnaissance du problème psychologique entraîne donc une conceptualisation quant à l'organisation et au fonctionnement des «forces» en présence. Cette étape est décisive dans la mesure où elle déclenchera automatiquement le corollaire thérapeutique. Le modèle utilisé sera en effet, le lieu d'action des tactiques visant à redresser la situation. Il s'ensuit que des modèles différents conduiront à la mise en œuvre de tactiques différentes. Aucun modèle jusqu'à présent, ne reprend les différents aspects des données : en effet, ils se réfèrent le plus souvent aux événements psychologiques, aux variations du milieu qu'ils organisent dans une explication de l'évolution vers la maladie. Leur faiblesse est d'oublier ou de négliger dans leur évaluation les apports des autres sciences qui concernent l'homme, de la physiologie à l'anthropologie culturelle, en passant par la génétique, la biochimie, la sociologie. Seul un modèle qui pourrait reprendre ensemble ces différents éléments serait adéquat et les résultats qu'il pourrait fournir sur le plan thérapeutique complets. Le fait que ce soit actuellement impossible, ne doit pas nous faire perdre le but de vue. Ainsi expliquer la genèse d'un ulcère d'estomac par une soif d'affection frustrée ou par un évitement régressif des responsabilités acquis sur un mode d'apprentissage n'explique en rien pourquoi la maladie n'apparaît pas chez tous les frustrés de la terre. Une meilleure connaissance de la neurophysiologie, de la typologie de l'ulcéreux gastrique serait un complément très efficace au modèle psychopathologique. Ses conséquences thérapeutiques armeraient mieux le psychothérapeute et permettraient une approche plus préventive que curative.

L'analyse du problème dans ces différents aspects, l'organisation des données dans un modèle théorique aboutit finalement à une *tactique*. Celle-ci est fonction du but souhaité : le thérapeute veut-il replacer le patient dans l'état où il se trouvait avant l'apparition des troubles, veut-il l'aider à résoudre le problème, veut-il modifier toute la «personne» même dans des aspects éloignés des difficultés actuelles? Selon la réponse à ces questions, la tactique sera différente allant d'une attitude supportive aidée par des médications psychotropes, jusqu'à la psychanalyse de plusieurs années par exemple.

Ce plan d'action devrait être aussi précis que possible. La poursuite d'un programme précis et détaillé permet seule une reproduction fidèle de la tactique dans des situations semblables et de là une évaluation objective de l'efficacité, de la spécificité des moyens mis en œuvre. Cette précision est seule capable également de régler le difficile problème des comparaisons entre thérapeutes. L'étude comparée des plans d'action à travers diverses théories permettrait à coup sûr un rapprochement constructif, un enrichissement des techniques. Ce type d'étude, est, hélas, trop rare et souvent remplacé par des ouvrages verbeux et creux qui discutent à longueur de pages sur le sexe des anges dans sa version du XXᵉ siècle.

Un dernier temps de la psychothérapie est celui de l'*évaluation des résultats*. Les discussions au sujet des résultats obtenus dans un traitement sont souvent décevantes. Beaucoup de psychothérapeutes se contentent de réponses banales, telles que «le patient va mieux, il est moins anxieux, il assume à nouveau des responsabilités, etc.». Ce type de considération prouve que souvent la thérapie s'est engagée sans but précis, sans tactique déterminée. Comment vouloir définir un résultat sans que les démarches décrites plus haut aient été rigoureusement suivies? Comment juger de l'efficacité des moyens mis en œuvre si l'on n'a pas souhaité obtenir telle modification précise? Dans ces conditions, le malade a toujours quelque chance d'aller mieux. Et si ce résultat est dû à autre chose que le hasard, ou à une rémission spontanée, il sera le seul à profiter de cette chance. Le thérapeute sera en effet bien incapable de reproduire la manœuvre efficace, car celle-ci a vraisemblablement échappé à son analyse.

Ceci dit, il faut constater que l'évaluation des résultats

demeure, même dans les meilleures conditions, très difficile à quantifier. Nos instruments de mesure sont encore trop souvent empiriques ou rudimentaires et les changements à mesurer trop complexes. Si nous prenons comme exemple, la notion freudienne de la rigidité du Sur-Moi, c'est-à-dire des « instances morales introjetées », comment apprécier sa plus grande flexibilité après une psychanalyse ? Dire que le sujet est moins rigide, ne mesure pas le degré de sa flexibilité. C'est une appréciation vague, une impression clinique qui peut avoir une valeur indicative mais qui, sur le plan de la recherche ou de la reproductibilité, est inutilisable. L'asthmatique qui n'a plus présenté de crise d'asthme deux ans après une psychanalyse est-il réellement amélioré, ou bien, tout simplement, n'a-t-il plus été soumis par hasard au stress affectif déclenchant ? Madame R. dont on a étudié le problème conjugal et dont on a guéri l'agoraphobie par Behavior Therapy, a-t-elle résolu entièrement ses difficultés, ou reste-t-il en germe la possibilité d'une rechute ?

On a bien tenté de mesurer les modifications réalisées par des tests psychologiques, par des mesures physiologiques. Mais ces moyens sont souvent anecdotiques ou difficiles à interpréter. La lecture des résultats est variable d'un expérimentateur à l'autre.

Disons enfin que de grandes synthèses ont été établies portant sur de nombreux cas traités par différentes techniques. Ces acrobaties statistiques « rabottent » les phénomènes et décantent finalement une réalité insipide et inutilisable.

En expérimentation pure, toute recherche se double d'un groupe contrôle de sujets qui répondent point par point à la définition des sujets expérimentaux à cette différence près qu'ils ne sont pas soumis aux actions sur la variable que l'on désire étudier. La notion de groupe contrôle a tenté de nombreux chercheurs en psychothérapie. La déontologie fait perdre cependant à ce moyen son efficacité et sa précision. Décider d'un groupe contrôle, c'est délibérément choisir de ne pas traiter de manière spécifique un sujet humain malade, souffrant: d'où le plus souvent on utilisera des groupes de sujets dont on fait l'anamnèse, dont on étudie l'évolution spontanée des troubles comportementaux avant de les placer dans la situation spécifique de la relation thérapeutique.

Toutes ces difficultés inhérentes à la recherche en pathologie humaine, se multiplient encore si l'on souhaite, ce qui serait logique, tenir compte des variables non psychologiques telles que les variables génétiques, physiopathologiques de l'organisme entier. La constitution de groupes homogènes dans cette perspective est quasiment irréalisable dans l'état actuel de nos connaissances et de nos méthodes. Le meilleur système n'est-il pas, après une étude multi-dimensionnelle d'un sujet aussi précise que possible, de l'utiliser comme son *propre contrôle* dans l'étude des variations des symptômes-cibles sur lesquels on agit de manière la plus spécifique et individualisée possible. Et finalement, le système le plus simple, le plus fidèle, le plus aisément chiffrable n'est-il pas de mesurer les comportements observables du sujet. Si Madame R. n'a plus de palpitations ou de sensation d'étouffement dans un grand magasin, si elle peut se déplacer sans trouble dans un rayon de cinq cents mètres, de deux kilomètres, de cent kilomètres ... autour de son domicile, n'est-ce pas là un moyen de mesure de son état? A ce point, cela ne nous gène plus qu'on interprète les résultats en disant que son phantasme de viol est diminué ou supprimé dans ce périmètre. Nous aurions une mesure communiquable à partir de laquelle on pourrait scientifiquement discuter.

Pourquoi les Behavior Therapies?

La psychiatrie, ainsi que je l'ai montré au départ de ce chapitre, a accusé un énorme retard par rapport à l'évolution des autres sciences médicales. Elle peut s'en justifier par la complexité de l'objet de sa recherche mais ne peut le nier, malgré les progrès importants qu'elle a enregistré depuis quelques décennies. Pratiquée par des médecins, formés à la pensée médicale, il est normal historiquement qu'elle ait tenté de transplanter le modèle médical dans l'analyse des désordres du comportement. Elle disposait d'ailleurs de modèles semblables à ceux des autres branches de la médecine : ainsi, par exemple, l'étude des troubles entraînés par des atteintes du système nerveux central (désordres des alcooliques chroniques, troubles aphasiques suivant un accident thrombotique, paralysie générale des syphilitiques) était parfaitement superposable au modèle médical classique. Il ne faudrait pas remonter bien loin dans la littérature psychiatrique pour retrouver des études histologiques cherchant dans le protoplasme de la cellule nerveuse une anomalie expliquant la schizophrénie par exemple. Par ailleurs, ainsi que le rapporte Yates (1970) la formation du psychiatre ne renfermait et ne renferme encore que très peu d'informations sur les diverses théories psychologiques. Dans ce contexte, les désordres du comportement ont été analysés comme des « maladies mentales » fondalementalement semblables à toutes les autres maladies de l'organisme, la seule différence étant que les premières affectent le système nerveux central et se manifestent par des symptômes mentaux.

S'il est possible vraisemblablement d'accepter le modèle médical dans l'étiologie et le traitement de certains désordres du comportement, par exemple les psychoses où l'importance des facteurs génétiques et biochimiques semble de plus en plus établie, il est également certain qu'un modèle psychologique joue un rôle beaucoup plus significatif dans un grand groupe de désordres du comportement généralement classifié sous le terme de névroses. On remarquera en passant que le modèle freudien est un modèle mixte : il emprunte au modèle psychologique son explication des apprentissages de l'enfance en même temps qu'il conserve certains concepts fondamentaux du modèle médical par exemple lorsqu'il conçoit le symptôme comportemental en tant qu'indicateur d'une cause sous-jacente, de la même manière que la fièvre est pour le médecin indicatrice d'un syndrome inflammatoire. Si le modèle strictement médical de la maladie mentale est très discutable, différentes études (Schmidt et Fonda, 1956; Kreitman, 1961) démontrent que le diagnostic psychiatrique lui-même est relativement peu fiable et n'a qu'une valeur prédictive médiocre. Comme le signalent Ullmann et Krasner (1965) l'extraordinaire degré de confusion et de désaccord entre les psychiatres sur le problème du diagnostic est à relier, d'une part, au fait que la validité de ce diagnostic est basée sur l'expérience clinique estimée comme autovalidante, d'autre part, à la pression de la sociologie médicale qui pousse le psychiatre à « coller » une étiquette nosologique sur chaque patient, ce qui amène à établir des catégories beaucoup trop rigides. Le résultat, ainsi que le rappelait Eysenck dans une série d'études (1947, 1952, 1953), amène à des contradictions permanentes. Il cite un exemple à partir de la notion d'introversion ou d'extraversion (voir chap. III): pour Young, l'hystérique est un extraverti alors que pour Kretchmer il est introverti. Depuis quelques années, les psychiatres se sont rendus compte de l'importance capitale de ce problème et ont développé de nouvelles approches dont l'une des plus prometteuses est peut-être l'utilisation des techniques de l'ordinateur (Smith, 1966; Overall et Hollister, 1964, 1968). Toutefois, ainsi que le souligne Yates, si l'on suppose qu'il sera possible d'arriver à une plus grande précision dans ce type de recherches diagnostiques, il n'empêche que cette classification demeure extrêmement statique. Je reviendrai d'ailleurs en détail sur ce problème du diagnostic au chapitre V.

Parmi les psychologues, certains ont accepté la méthodologie psychiatrique largement dominée par le modèle psychanalytique. D'autres, essentiellement issus de la psychologie expérimentale, s'en sont écartés parce qu'elle leur paraissait inadéquate dans son approche méthodologique. Ce système hypothético-déductif et strictement mentaliste ne rencontrait pas à leurs yeux les impératifs d'une véritable recherche scientifique.

Il est incontestable que les différents facteurs que nous venons de décrire ont été pour une part à la base du développement des Behavior Therapies. Un autre, affectif celui-là, a peut-être joué un rôle plus déterminant. Les psychologues cliniciens, hormis ceux qui se sont inscrits dans le mouvement et dans la pratique psychanalytique, ont toujours été confiné dans des rôles de diagnosticiens. Un bon nombre de ces psychologues bien que rapidement déçus par ce rôle dans lequel on les confinait ont poursuivi cette tâche d'aide au psychiatre. Leur motivation doit vraisemblablement être recherchée dans le statut de pseudo-psychiatre que leur conférait leur activité. L'évocation de ce problème est loin d'être marginale par rapport à notre propos. Il est certain que la réaction affective anti-psychiatre que permettra l'introduction des méthodes behavioristes, où le psychologue pourra jouer un rôle thérapeutique, a fortement influencé l'évolution de certains courants actuels des Behavior therapies.

Développement des Behavior Therapies

Certains critiques des Behavior Therapies (Glover, 1959) ont été jusqu'à dire que ces techniques n'étaient rien d'autre qu'une régression vers des méthodes de type punitif qui prévalaient dans les hôpitaux psychiatriques du XIXe siècle. Ce type d'argument révèle une grossière ignorance de ce que sont les Behavior Therapies. Historiquement, on pourrait remonter à des millénaires pour trouver certains fondements de techniques actuellement utilisées. Ainsi, dans son Odyssée, Homère rapporte que Circé expose à Ulysse une technique qui devrait lui permettre ainsi qu'à ses marins d'éviter de se laisser entraîner par le chant des Sirènes. Ulysse leur ordonnera de se boucher les oreilles; lui-même se fera solidement attacher au mât du bateau en enjoignant à ses hommes de ne le détacher sous aucun prétexte. Cette stratégie pour éliminer la tentation de s'engager dans des comportements indésirables et dangereux est utilisée maintenant en Behavior Therapy dans nombre de techniques d'autocontrôle (voir chap. VI), par exemple, chez les alcooliques et chez certains pervers sexuels. On pourrait multiplier les exemples historiques qui démontrent que les Behavior Therapies sont aussi vieilles que l'humanité. Mon propos est plutôt de retourner aux bases expérimentales encore récentes et de voir comment à partir de celles-ci, les mouvements de Behavior Therapy se sont développés en Occident.

Il est incontestable que le point de départ se trouve dans les expériences de Pavlov et de son école, sur le conditionnement classique ainsi que dans celles de Bechterev. Je décrirai dans le chapitre suivant le contenu essentiel de ces travaux. On est frappé par le fait que Pavlov, outre ses publications sur la recherche animale, a très rapidement été tenté par une extrapolation peut-être parfois hâtive à la clinique. Yates (1970) cite une série de travaux dans la perspective pavlovienne qui dès 1923 étudient les perversions sexuelles, différents types de phobies, l'alcoolisme, l'énurésie, les toxicomanies... Les découvertes de l'école pavlovienne ont exercé une influence extrêmement importante sur le développement de la psychologie expérimentale américaine. C'est surtout par Watson (1916), Burnham (1917) et Mateer (1917) que ces travaux ont été connus. Très rapidement, différents chercheurs, soit au niveau clinique, soit en laboratoire, se sont mis à explorer la nature des comportements névrotiques. L'analyse de ces travaux démontre le souci évident de ces chercheurs de la première moitié du XXᵉ siècle de mettre sur pied des recherches aussi objectives et contrôlées que possible sur les causes et traitements d'une grande variété de comportements anormaux. Les premiers travaux, loin de s'intéresser uniquement à des formes simples d'anomalies du comportement étudient des phénomènes aussi complexes que les psychoses, l'anxiété, la nature du comportement névrotique.

La technologie pavlovienne classique, ainsi que nous le verrons plus loin, était parfaitement adéquate pour l'étude des phénomènes viscéraux (système cardio-vasculaire, tube digestif, fonctionnement hormonal...). Elle était mal adaptée à l'analyse des « fonctions de la vie de relation », du « système volontaire de la musculature striée ». La psychologie américaine allait élaborer des stratégies expérimentales nouvelles telles qu'elles apparaissent dans les travaux de Thorndike, Hull, Tolman, Guthrie, Skinner... Pour être équitable, il faut ajouter que Pavlov connaissait certains travaux de cette école, notamment ceux de Thorndike et qu'il n'y voyait aucune opposition fondamentale par rapport à ses propres recherches. De plus, nous savons par des traductions récentes (Razran, 1961) que les néo-pavloviens se sont engagés dans des recherches du même type. Seuls les barrages linguistiques et politiques nous ont empêché d'en prendre régulièrement connaissance. Une analyse très globale des écoles de psychologie américaines montre que s'y opposent rapidement deux philosophies de la recherche : l'une à partir d'expérimentations précises construit de grands édifices théoriques qui tentent à enserrer la diversité et la complexité des comportements, l'autre préfère une analyse systématique, progressive des variables sans théorisation prématurée. C. Hull est l'exemple caractéristique du premier mode d'approche, B.F. Skinner du second. Si je prends ces deux éminents chercheurs à titre d'exemple, c'est qu'ils sont incontestablement les deux « pères » des Behavior Therapies après Pavlov. Les théories de l'apprentissage issues de leurs travaux allaient servir de base à une introduction plus systématique des Behavior Therapies dans le champ de la clinique. Jusque-là en effet, ces méthodes n'avaient été utilisées que de manière sporadique en thérapie et souvent comme une vérification d'une expérimentation de laboratoire. Dans cette énumération des prémisses des Behavior Therapies, il est important de citer un ouvrage particulier de Dollard et Miller (1950) qui tentait de traduire les concepts psychanalytiques en termes d'apprentissage. Bien que le contenu de ce travail ait été par nature non expérimental, il allait fortement influencer un des pionniers des Behavior Therapies, le Sud-Africain Wolpe.

Le début de l'histoire « officielle » des Behavior Therapies peut se situer à la fin de la seconde guerre mondiale.

Parties d'options théoriques différentes, se ralliant à un tronc commun, celui des théories de l'apprentissage, les Behavior Therapies constituent dès le départ un mouvement qui est loin d'être unitaire. En Angleterre, le mouvement se déclenche à partir du département de Psychologie du Maudsley Hospital de Londres, dirigé par H.J. Eysenck. Yates (1970) voulant cerner la vérité historique déclare qu'en fait c'est à M.B. Shapiro, chef de la Section Clinique de ce Département que l'on doit les premiers travaux de recherches de l'école anglaise, notamment la technique d'analyse du « single case » (cas unique) que j'expliciterai en détail plus loin. Quoi qu'il en soit, Eysenck, par ses nombreux écrits souvent polémiques, violemment anti-psychanalytiques, allait devenir le fer de lance de la Behavior Therapy anglaise.

Celle-ci peut se caractériser par ses profondes racines pavloviennes et hulliennes. C'est dire que l'accent sera d'emblée porté sur des constructions théoriques à partir d'expérimentations. Ces théories sont posées en termes d'hypothèses de travail à vérifier par des recherches ultérieures. Comme l'école pavlovienne, l'école de Behavior Therapy anglaise, outre ses études sur le rôle du milieu dans les comportements de l'individu, s'est intéressée aux problèmes en liaison avec la typologie, la structure de l'organisme sur lequel agit ce milieu. Enfin, le département psychologique du Maudsley Hospital s'est essentiellement tourné vers l'étude des comportements névrotiques. Pendant ce temps, en Afrique du Sud, Wolpe développait par des recherches tant sur l'animal que sur le sujet humain, les bases de son livre « *La psychothérapie par inhibition réciproque* » (1958), publication qui fait date dans le mouvement des Behavior Therapies. Comme le fait remarquer Yates (1970), l'œuvre de Wolpe est essentiellement différente de ce qui se pratiquait en Angleterre à la même époque. Alors que l'équipe du Maudsley avec Shapiro étudiait une méthodologie d'analyse fonctionnelle du cas unique et d'une thérapie « personnalisée », Wolpe élaborait sa théorie de l'inhibition réciproque (voir chap. VI) à partir d'une hypothèse neurophysiologique qu'il tentait ensuite d'appliquer en clinique. L'approche était fondamentalement différente et ce n'est que secondairement que ces deux mouvements se sont influencés réciproquement.

Aux Etats-Unis, pendant ce temps, les travaux de Skinner

donnaient naissance au mouvement de la Behavior Modification, comme on l'appelle aujourd'hui, basée sur les techniques du conditionnement operant (voir chap. I). C'est dans cette perspective théorique que O. Lindsley (1954) travaillant chez les psychotiques vérifiait les lois du conditionnement operant que Skinner avait décrites sur l'animal. Contrairement à l'école anglaise et sud-africaine, l'école skinnérienne refusait les « constructs » hypothétiques, se plaçant dans la ligne anti-théorique formulée par Skinner. Celui-ci, en effet, par crainte des théorisations hâtives, préférait sur un plan strictement méthodologique une approche expérimentale stricte, se contentant momentanément d'un recueil d'informations aussi précis et démontré que possible.

Evolution des Behavior Therapies

Si l'on peut situer le début de l'ère scientifique des Behavior Therapies dans l'immédiat après-guerre, elles restaient cependant plus le fait d'un petit nombre de chercheurs que celui des praticiens. Ces derniers manquaient le plus souvent des connaissances théoriques et pratiques nécessaires. Leur intérêt s'est surtout développé dès le moment où un certain nombre de théoriciens de l'apprentissage se sont démarqués d'autres champs d'application de l'analyse du comportement, tel que l'étude des problèmes de l'éducation, pour se consacrer uniquement aux applications thérapeutiques. Les stratégies très pragmatiques mises au point pour traiter des entités cliniques simples ont d'emblée suscité un intérêt enthousiaste. C'est ce qui explique l'extraordinaire activité dans la recherche de 1950 à 1965 environ. De nombreux travaux de qualité parfois douteuse voient le jour, qui submergent les études plus marquées par un souci de rigueur méthodologique. Nombre d'articles de cette période se situent uniquement dans une perspective polémique. Ils rejettent en bloc toute la psychanalyse, ses pratiques, ses concepts, ne lui substituant le plus souvent que des modèles simplistes, aisément ridiculisés par les tenants des théories psycho-dynamiques.

Il ne fait pas de doute que durant toute cette période, les behavior thérapeutes en général ont connu, soit un excès d'enthousiasme parfois infantile, soit un excès de réaction défensive vis-à-vis de la psychanalyse « reine ». Quel que soit le jugement que l'on puisse porter sur cette époque, il est certain qu'elle a créé le climat nécessaire à l'introduction des Behavior therapies dans l'arsenal thérapeutique et préparé la période des progrès scientifiques obtenus de 1965 à ce jour.

Les recherches que l'on voit paraître dès ce moment recouvrent un nombre de plus en plus vaste de domaines, élaborent des méthodes de plus en plus précises. L'accent y est mis avant tout sur la méthodologie expérimentale plus que sur le résultat thérapeutique « miraculeux » ; les Behavior Therapies et les behavior thérapeutes se remettent en cause, critiquent à travers l'expérimentation leur propre « patrimoine scientifique », détruisent leurs mythes. Cette autocritique ne va pas, bien sûr, sans prises de positions souvent violemment opposées, sans constitution de nouveaux courants dans lesquels certains chercheurs vont se lancer parfois avec excès. C'est ainsi par exemple que des auteurs, imprégnés du courant skinnérien, rejettent purement et simplement les notions de typologie, de structure de l'organisme, réduisant toutes les anomalies du comportement à des déficits d'apprentissages sociaux. Un tel mouvement se rapproche assez curieusement du mouvement de l'anti-psychiatrie. Paradoxalement, dans son souci d'être a-théorique, il crée un nouveau construct.

On pourrait ainsi multiplier les exemples montrant l'extraordinaire variété des Behavior Therapies apparues dans les dix dernières années. De même, la multiplicité des problèmes auxquels elles se sont attaquées, l'ingéniosité des techniques utilisées, le nombre sans cesse croissant des praticiens qui l'utilisent ont donné aux Behavior Therapies une place incontestable dans les méthodes thérapeutiques. Le danger auquel elles se trouvent aujourd'hui confrontées est de s'enfermer dans une série d'écoles. Si les Behavior Thérapeutes gardent à l'esprit que la définition de leur approche est «*la tentative d'utiliser systématiquement ce corps de connaissance empirique et théorique qui résulte de l'application de la méthode expérimentale en psychologie et dans les disciplines étroitement liées (physiologie et neurophysiologie) dans le but d'expliquer la genèse et le maintien de patterns anormaux de comportements, ainsi que l'application de cette connaissance au traitement où à la prévention de ces anomalies par des études expérimentales contrôlées de cas uniques tant au niveau descriptif que thérapeutique*» (Yates, 1970) ils échapperont au danger de devenir une autre «école» de psychothérapie qui perdrait rapidement la souplesse et l'ouverture que lui donne jusqu'à présent son statut de méthode expérimentale.

Lectures recommandées

BERGIN, A.E., GARFIELD, S.L., *Handbook of Psychotherapy and Behavior Change*, John Wiley & Sons, Inc., 1971.
Ce volume de près de 1.000 pages envisage les approches psychothérapeutiques les plus représentatives des courants actuels. Son ambition est de tenter une synthèse de nos connaissances et de dégager les nouvelles voies de recherches.
C'est un livre pour spécialiste.

ELLENBERGER, H.F., *A la découverte de l'Inconscient*, Simep, Editions, 1974.
Ce professeur canadien, d'origine suisse, fait œuvre d'historien scientifique en situant l'évolution de la notion d'inconscient dans les contextes socioculturels qui se sont succédés dans la civilisation occidentale.
Psychanalyste de formation, Ellenberger par la rigueur de sa démarche montre sans cesse l'importance du milieu, des apprentissages de l'enfance et de l'adolescence sur la pensée des grands maîtres des théories de l'Inconscient.
Ce livre se lit comme le plus passionnant des romans.

MAHRER, A.R., *The Goals of Psychotherapy*, Appleton Century Crofts, 1967.
Mahrer fait appel à d'éminents spécialistes des principales écoles de psychothérapie et leur demande de définir le but recherché par leur action thérapeutique spécifique. La réponse à cette question apparemment simple,

amène les auteurs à discuter de problèmes complexes tels que celui du traitement symptomatique, de la notion de « champ » d'action d'une technique, etc.

Il serait intéressant que les théoriciens et chercheurs s'interrogent aussi sur la *demande* du patient, ce grand oublié de bon nombre d'élucubrations intellectuelles.

YATES, A.J., *Behavior Therapy*, John Wiley & Sons, Inc., 1970.

Il s'agit d'un des premiers sinon du premier traité écrit sur la Behavior Therapy.

Clinicien vrai, contrairement à pas mal de « spécialistes » des psychothérapies, Yates analyse avec le recul du praticien les techniques utilisées dans les principales entités nosologiques abordées par les Behavior Therapies. Il place chaque fois en regard l'optique psychodynamique. Le relevé est pratiquement exhaustif jusqu'à l'année 1968.

PREMIERE PARTIE

BASES THEORIQUES
ET EXPERIMENTALES

Le titre général de cette partie de l'ouvrage est certainement plus ambitieux que son contenu. Il est impossible en quelques dizaines de pages d'envisager toutes les bases théoriques et expérimentales des Behavior Therapies. L'obligation d'être sélectif ne doit cependant pas faire oublier que de nombreux faits d'expériences, d'hypothèses théoriques intéressantes non repris dans le texte pourraient être testés au niveau d'un certain nombre de problèmes cliniques. Le chercheur clinicien gagnerait à retourner plus régulièrement à ces mines inexploitées. En fin de chaque chapitre, on trouvera d'ailleurs des sources bibliographiques spécifiques à chacun des thèmes évoqués même s'ils n'ont pas été analysés en détail.

La subdivision des chapitres adoptée est plus dictée par un souci de classification que par la réalité des compartiments étanches qu'elle semble établir. Notre cerveau est ainsi fait qu'il aime structurer son information en petits «tiroirs» soigneusement étiquetés. Le lecteur ne perdra pas de vue que dans la pratique de la Behavior Therapy, les différents aspects s'interpénètrent régulièrement. L'analyse des faits a posteriori est le plus souvent une décantation faite par le thérapeute en fonction de son orientation théorique.

Apprendre signifie acquérir une certaine connaissance par l'expérience, ce qui implique l'intervention de la mémoire.

Depuis des siècles, les philosophes se sont posés le problème de savoir comment nos concepts se forment, comment la connaissance s'établit, quelle relation existe entre l'expérience et l'organisation de l'esprit. Deux courants de pensées en perpétuelle opposition peuvent être isolés : l'*empirisme* et le *rationalisme*. Ces deux courants se retrouvent, toujours aussi antagonistes, dans la psychologie scientifique d'aujourd'hui.

Pour l'empirisme, la seule source de la connaissance est l'expérience essentiellement liée aux organes des sens. Nos concepts, nos idées, dérivent de ces impressions sensorielles, et en sont soit des copies simples, soit des combinaisons de copies simples. Comme le soulignent Hilgard et Bower (1975), l'attitude empirique peut se caractériser en quatre termes fondamentaux : le *sensationnalisme*, hypothèse selon laquelle toute la connaissance dérive de l'expérience sensorielle, le *réductionnisme*, thèse affirmant que toute idée complexe s'élabore à partir d'un stock d'idées simples, l'*associationisme*, qui pose que les événements mentaux entrent en relation par des associations de contiguïté établies au fil du temps, le *mécanicisme*, croyance en ce que l'esprit est comme une machine constitué d'éléments simples, d'un ensemble de règles élémentaires qui permettent de décoder en idées simples des configurations d'idées complexes.

Pour les rationalistes, c'est la raison qui prime en tant que source de la connaissance. Dans cette perspective, les événements recueillis par le canal des sens sont non structurés, constituent uniquement un matériel. Ce matériel sera secondairement organisé par des activités « interprétatives » liées à des structurations innées du cerveau. Kant (1781) philosophe rationaliste dira: « si toute notre connaissance commence *avec* l'expérience, cela ne signifie nullement qu'elle trouve toute son origine *dans* l'expérience ».

La prise de position rationaliste postule en expérimentation l'introduction de « variables intermédiaires » dépendant de l'organisation innée du cerveau. Devant un comportement observable, l'empiriste et le rationaliste établiront souvent le même protocole d'analyse. La divergence apparaîtra au moment de l'interprétation : par exemple, pour l'empiriste, le chien de Pavlov, qui après un certain nombre d'associations de la nourriture au son d'une cloche, salive bientôt au seul son de cette cloche, a appris par association la séquence son de la cloche → salivation. Pour le rationaliste, ce que l'animal a appris est un ordre temporel d'événements auquel il réagit par la réponse observable.

Mon intention n'est pas de développer les arguments pour ou contre cette différence d'approche, malgré le fait qu'elle reste d'actualité (je pense notamment à la querelle récente entre Skinner et Chomsky à propos de la psycho-linguistique). Elle permet de classer les théories behavioristes parmi les théories relevant de la méthode empiriste (chap. I), alors que les théories dites cognitives (chap. II) se rattachent au rationalisme.

Les progrès des sciences biologiques et de la pharmacologie ont été tels dans le domaine de la psychiatrie et de la psychologie qu'il m'a semblé nécessaire d'en aborder certains aspects, particulièrement pertinents par rapport aux développements récents des méthodes cliniques (chap. III). Enfin, devant l'amoncellement des faits et des théories, le clinicien est en droit de se poser la question de savoir quelle doit être son attitude de praticien confronté à une réalité clinique souvent bien différente dans sa complexité et son urgence de celle que perçoit le chercheur de laboratoire (chap. IV). La lecture des travaux tels qu'ils apparaissent essentiellement dans les articles de revues mis en regard des différents aspects théoriques qui vont être développés révèlent un éventail d'attitudes allant du dogmatisme le plus intransigeant à l'éclectisme le plus ouvert. Pour tenter de répondre à la question de savoir quelle est l'attitude à adopter, il m'a semblé que la meilleure voie était de savoir où en est la « science psychologique » par rapport aux autres sciences plus avancées. De l'histoire de celles-ci peut-être est-il possible d'extrapoler une attitude applicable à la psychologie ?

CHAPITRE I

LES THEORIES BEHAVIORISTES
DE L'APPRENTISSAGE

J'ai évoqué dans l'introduction les efforts de la psychiatrie pour inscrire les maladies mentales dans le modèle médical traditionnel. Au même moment, en psychologie, l'école *structuraliste* dont le chef de file est l'Allemand Wundt se dégage de la philosophie. Des psychologues comme Titchener (1898) enseignaient que de même dans les sciences biologiques, il y a une anatomie de l'organe, de même dans les sciences psychologiques, l'organe cerveau pouvait être «disséqué» en ses constituants; le problème de la psychologie était d'étudier qualitativement et quantitativement les éléments constitutifs de l'expérience consciente par l'introspection, d'en déterminer ensuite les bases physiologiques. Il faut rendre à Titchener le mérite d'avoir perçu qu'à côté de cet examen statique, une étude des fonctions de l'«organe cerveau» s'imposait.

Le *fonctionnalisme*, l'étude des fonctions de l'esprit allait progressivement s'imposer en opposition au structuralisme. On ne peut pas dire que le fonctionnalisme, imprégné des théories de l'évolution de Darwin, ait véritablement constitué une école de psychologie. Il naissait dans une structure socioculturelle précise, celle d'un peuple américain se livrant à une lutte pour la vie individuelle, orienté vers la recherche pragmatique du succès à tout prix. Comme le signalent Hilgard et Bower (1975) l'état d'esprit du fonctionnalisme était critique mais tolérant et éclectique, expérimental mais sans esprit de système. Il allait constituer le terrain idéal pour l'implantation des théories de l'apprentissage. Sans nous engager dans une étude du fonctionnalisme, on ne peut cependant passer sous silence le fait que c'est à un fonctionnaliste Woodworth (1938) que l'on doit la notion de « drive » remplaçant la notion d'instinct. Le terme sera repris par l'école de Hull ainsi que nous le verrons plus loin. De même, le rôle de l'imitation dans l'apprentissage, clef de voûte de la psychologie sociale d'un Bandura (chap. II) a été mis en évidence par le fonctionnaliste Melton (1964).

I. E. THORNDIKE ET « LA LOI DE L'EFFET »

On semble avoir oublié aujourd'hui la profonde influence exercée par ce chercheur sur toute la psychologie expérimentale. Le postulat de base de tout son système théorique et expérimental est le principe de la *connexion* entre une impression sensorielle et une impulsion à l'action.

La première formulation

A l'époque de Thorndike, comme encore de nos jours, il était courant même dans les cercles scientifiques de parler de l'intelligence des animaux. Placés devant un problème quelconque, le chien ou le chat, ces fidèles amis de l'homme, arrivaient par un raisonnement intelligent à résoudre la difficulté. Un esprit aussi critique, imprégné des idées mécanistes en psychologie, ne pouvait se satisfaire d'une « explication » qui ne fournissait finalement aucune indication sur le fonctionnement de cette faculté intelligente que l'on attribuait avec tant d'émotion à ces animaux.

Dans un premier ouvrage, « Animal Intelligence » (1898),

l'auteur exposait les résultats de ses expériences sur les célèbres « *boîtes à problèmes* ».

La situation expérimentale en est la suivante : un animal, un chat affamé, est placé dans une cage munie d'une porte qui empêche l'accès à la nourriture. Cette porte peut être ouverte par le chat en manipulant avec la patte le système de fermeture. Thorndike observe que dans la cage, l'animal émet une série de comportements : il mordille, il gratte, se dresse sur ses pattes arrières, miaule ... jusqu'au moment où au hasard de cette exploration, il émet le comportement qui ouvre la porte, lui rend la liberté et l'accès à la nourriture.

Si l'on replace le chat dans les mêmes conditions dans une séquence d'essais successifs, on constate que le temps mis par l'animal pour sortir diminue régulièrement pour arriver à la performance maximum. Celle-ci s'obtient donc au départ par *essais et erreurs* et s'améliore en éliminant les comportements inadéquats. La courbe d'acquisition ainsi obtenue démontre qu'un comportement efficace s'acquiert progressivement lorsqu'il est *récompensé par ses conséquences.*

Thorndike conclut qu'il ne voit aucun élément permettant d'inférer un raisonnement chez l'animal pour résoudre le problème. Une explication purement mécaniciste rend parfaitement compte du phénomène. Il en tire la *loi de l'effet* : les réponses à une situation qui sont suivies par une récompense seront renforcées (strengthened) en présence de cette situation. Quant aux réponses qui n'accèdent à aucun résultat, elles seront affaiblies en temps que réponse à cette situation. La récompense, le succès ou l'échec sont donc les mécanismes qui sélectionnent les réponses les plus adaptatives.

Répétant des expériences similaires chez des sujets humains, expériences dans lesquelles il trouvait les mêmes courbes d'acquisition, Thorndike fut amené à penser que des mécanismes semblables existaient dans l'apprentissage chez l'homme.

La loi de l'effet établie par Thorndike entre incontestablement dans la psychologie dite du stimulus réponse (S.R.). Elle élimine de son analyse l'intervention d'idées « conscientes », d'un « raisonnement » entre le stimulus et la réponse. En tant que telle, elle anticipait le principe du renforcement de la réponse par ses conséquences qui sera adoptée par de nombreux théoriciens du behaviorisme ainsi que nous le verrons plus loin.

Critiques à la loi de l'effet

L'œuvre de Thorndike renferme de nombreux éléments théoriques et expérimentaux qui aujourd'hui encore suscitent des recherches notamment dans les sciences de l'éducation.

Plus intéressante pour notre propos est l'évolution de la recherche et de la pensée de Thorndike sur la loi de l'effet. Dans sa formulation, la « satisfaction » du sujet *à la suite* d'une réponse augmente la force de la *connection* entre le stimulus « cage expérimentale » et la réponse (ouvrir la porte de la cage). Il devait constater que si ce premier segment de sa loi se vérifiait régulièrement, il n'en était pas de même pour l'aspect punitif; ici, devait-il dire, la punition affaiblit une réponse de manière irrégulière ou pas du tout. L'importance de ce fait en thérapie est évident: un apprentissage s'effectue mieux à travers un système de récompenses qu'au travers de mécanismes punitifs. On ne peut que s'étonner en lisant ces textes de Thorndike, vieux d'un demi-siècle, que les behavior thérapeutes aient au départ tant utilisé les méthodes punitives; leur « image de marque » en reste encore aujourd'hui entachée.

Deux critiques essentielles ont été faites à la loi de l'effet. Tout d'abord son hedonisme simpliste incapable à première vue d'expliquer des comportements tels que le masochisme, par exemple. Nous verrons plus loin que Skinner contournera la difficulté d'une manière toute fonctionnelle en remplaçant les notions de récompense (reward) et de punition (punishment) par la notion de renforcement (reinforcement).

La seconde critique portait sur la capacité d'un événement postérieur (la récompense) à une connexion entre un stimulus (la boîte à problèmes) et une réponse (manœuvrer un verrou) à renforcer cette connexion. Thorndike pose l'hypothèse que lorsqu'une connexion a été suivie par une récompense l'individu tend à la répéter; par là, il la renforce lui-même au détriment d'autres connexions qui s'établissent dans la même dimension temporelle. De plus, Thorndike pensait que la conséquence positive ou négative orientait le comportement futur par son résultat. Cette théorie « informationnelle » des conséquences d'un comportement devait être rejetée par la suite par l'auteur. Elle a été reprise avec succès par des auteurs de l'école cognitiviste tels que Estes (1969), Buchwald (1969).

II. I. PAVLOV ET « LE CONDITIONNEMENT CLASSIQUE »

Pavlov connaissait les travaux de Thorndike. Il les comparait à ses propres recherches et n'y voyait aucune contradiction avec ses propres observations.

Sait-on que Pavlov obtint le Prix Nobel en 1904 pour ses travaux sur la physiologie de la digestion ? Ce n'est en fait que tardivement, il avait 50 ans, que ce physiologiste allait s'intéresser, bientôt de manière exclusive, au système nerveux central. Le lecteur intéressé peut suivre dans le détail l'évolution de cette extraordinaire carrière scientifique dans le livre biographique écrit par Babkin (1949), ami de Pavlov et de sa famille.

L'influence de Pavlov aussi bien aux Etats-Unis qu'en Russie, place incontestablement ce remarquable chercheur au sommet de la famille des théoriciens de l'apprentissage.

La « réflexologie » pavlovienne utilisant les termes « conditionnement », « réflexe conditionné » a été perçue de manière péjorative par de nombreux esprits imprégnés des notions de libre arbitre, de suprématie de l'esprit humain... C'est pourquoi, je voudrais avant d'exposer les grandes lignes de l'apport pavlovien détruire un mythe lié à des traductions inappropriées. Tout d'abord, le mot réflexe en russe signifie plus spécifiquement *réaction*. Il s'agit donc d'une réponse à une certaine organisation des éléments en présence, tant internes qu'externes, et non d'un réflexe élémentaire au sens de la neurophysiologie traditionnelle. Le qualificatif de *conditionné* a été introduit dans une traduction de certaines œuvres de Pavlov, traduction due à H. Gantt. Le mot conditionnement qui en est issu comme le mot réflexe donnait à l'ensemble de la théorie un «goût» de mécanicisme irréductible. Or H. Gantt revenant sur sa traduction déclarait la regretter (Franks, 1973), le terme *conditionnel* étant bien plus proche du terme utilisé par Pavlov que le terme conditionné. Sans prendre plaisir à jouer avec les mots, il est certain qu'une réaction conditionnelle opposée à un réflexe conditionné comporte bien plus qu'une simple nuance de vocabulaire.

L'expression laisse la place à une variabilité dans les réponses d'un organisme lui-même différencié par rapport aux «pressions» du milieu. Si la nuance apparaît peu au niveau des expériences pavloviennes sur les systèmes viscéraux où le répertoire des comportements est limité par l'organisation même des organes, elle est évidente dans les conceptions pavloviennes en pathologie humaine.

Le problème de la «sécrétion psychique»

Bien avant Pavlov, on avait constaté que le fait de penser par exemple à un repas délicat peut déclencher *sans contact* des aliments avec les récepteurs organiques, une réponse sous forme d'une salivation ou d'une augmentation des contractions et des sécrétions gastriques. L'originalité de Pavlov est d'avoir, en se plaçant du côté de la physiologie, tenté d'aborder ces phénomènes d'une manière expérimentale rigoureuse. Si la démarche apparaît aujourd'hui originale mais évidente, il faut pour en comprendre l'importance se situer dans le contexte historique où l'introspection était considérée comme le seul mode valable d'approche aux phénomènes psychologiques. Babkin raconte que le choix fut pour Pavlov très difficile. L'attitude anti-psychologue qui lui fut reprochée et dont il s'est défendu par la suite est incontestablement la réaction de défense d'un homme qui voulait «affirmer le droit imprescriptible de la physiologie à aborder les phénomènes psychiques par ses propres méthodes » (Pavlov, 1954). Il s'inspira beaucoup, ainsi qu'il l'a souligné lui-même, de l'œuvre de Sechenov traduite dans *« Les réflexes du cerveau »* (1965) où le fondateur de la physiologie russe interprétait les comportements volontaires de l'homme en termes de « réflexes psychiques » (se reporter à la nuance développée plus haut).

La réaction conditionnelle

Est-il besoin de rappeler l'expérience princeps de Pavlov, si ce n'est pour rafraîchir dans nos mémoires le « jargon » utilisé.

Un chien placé dans un harnais de contention salive lorsqu'on lui présente de la nourriture. La réponse de salivation est une *réaction inconditionnelle* à une *stimulation inconditionnelle* : la nourriture. Le phénomène est inscrit dans la physiologie de l'organisme. Si à chaque présentation de la nourriture, stimulus inconditionnel, on associe par exemple un son, celui d'un métronome, stimulus dit *neutre* par rapport à la réaction salivaire, on observera qu'au bout d'un certain nombre d'associations, le son seul entraîne la réaction de salivation. A ce moment, le son est devenu *stimulus conditionnel* entraînant une *réaction conditionnelle* : la salivation.

Si le stimulus conditionnel (son) n'est pas renforcé par une nouvelle série d'associations avec le stimulus inconditionnel (nourriture), la réaction conditionnelle de salivation au son seul va progressivement disparaître. C'est le phénomène *d'extinction*.

Le principe de l'acquisition, de l'apprentissage dans le schéma expérimental pavlovien, relève d'un principe de *contiguité*, d'*associationnisme*, principe que l'on retrouvera dans toutes les théories behavioristes. Par ailleurs, il implique que les liaisons ainsi formées sont *temporaires*. Pavlov voyait à juste titre dans cette limitation temporelle des associations établies, la condition fondamentale de l'adaptation de l'organisme à un milieu sans cesse mouvant. Imaginons un instant ce que serait notre comportement si toutes les associations établies au cours de notre vie étaient irréversiblement retenues. Si nous admettons par contre, que dans certains cas pathologiques, des associations de ce type peuvent persister, nous comprenons mieux le « paradoxe », l'« aberration » de certains comportements apparaissant dans de nouvelles conditions qui n'ont plus rien à voir avec celles qui ont présidé à leur établissement.

Poursuivant notre route avec Pavlov, voyons ce qui se passe si ce chien qui a acquis la réaction de salivation au son, entend brusquement un son de même intensité mais de fréquence différente. Il continuera à répondre par une salivation.

Ce processus de *généralisation* implique que la réaction s'établit au stimulus « son » du métronome pris globalement.

Reprenant le phénomène de l'extinction décrit plus haut, nous verrons qu'elle se généralise également aux autres sons.

Les phénomènes de généralisation, tant dans l'acquisition que dans l'extinction des réactions conditionnelles, sont en fait peu adaptés si on se place dans la perspective où un organisme doit répondre à des stimuli précis. Ainsi, me réveiller la nuit au bruit que produit un malfaiteur qui tente de s'introduire chez moi peut être vital, alors que me réveiller aux bruits qui me parviennent de la ville me laisserait insomniaque. Ce processus de *différenciation* est expérimenté par Pavlov de la manière suivante :

La nourriture est présentée au chien en contiguité avec un son de métronome, battant à 60/min. Par contre, le battement à 120/min. de ce même métronome n'est jamais associé à la nourriture. Rapidement, l'animal établira la différenciation et ne salivera qu'en présence du métronome battant à 60/min.

Hypothèses sur le fonctionnement du système nerveux central

A partir de ces expériences, Pavlov a tenté d'interpréter ce qui se passait au niveau de ce qu'il appelait l'activité nerveuse supérieure, c'est-à-dire le système nerveux central.

Au départ, lorsque l'animal est soumis à une stimulation venant du milieu extérieur, il répond par un « réflexe de curiosité », une *excitation* indifférenciée du système nerveux central. Son laboratoire appellera bientôt ce phénomène «*réflexe d'orientation*». Le réflexe d'orientation, dont les conséquences et composants physiologiques et comportementaux sont actuellement de plus en plus étudiés en pathologie, est un mécanisme hautement adaptatif: d'une part, il prépare l'animal à répondre à une stimulation du milieu, d'autre part, il permet de sélectionner les stimulations significatives et d'éliminer progressivement les autres par le processus d'*habituation.*

Lorsque je me promène dans la rue, je «ne vois plus» le flot des voitures qui emmènent tout un monde agité, les passants affairés, «je n'entends plus» le bruit des klaxons, les crissements de pneus sur la chaussée. L'habituation a éliminé de mon champ de conscience ces stimulations non significatives ... si ce n'est, hélas, pour ma biologie de citadin. Par contre, si les éléments physiques des bruits ambiants le permettent, je percevrai les cris d'horreur poussés par des passants devant le spectacle d'un cycliste renversé.

Devant une stimulation significative, le cerveau répond donc par un processus d'*excitation,* base de l'établissement de la relation conditionnelle. Si cette excitation amène un processus de généralisation (réponse conditionnelle à plusieurs stimulations proches soit dans leur structure soit dans leur situation spatiale) on dira qu'il y a *irradiation* de l'excitation. Si par contre, on aboutit à une sélectivité des réponses, à une différenciation on dira qu'il y a *concentration* des processus de l'excitation. A l'autre pôle, l'extinction d'une réponse conditionnelle correspond à un mécanisme d'*inhibition* au niveau du système nerveux central. Pavlov distinguait deux grands types d'inhibition: l'inhibition interne et l'inhibition externe.

Le premier type d'inhibition interne est l'extinction que nous venons de décrire. Si une liaison n'est pas renforcée régulièrement, le stimulus conditionnel finit par perdre son «statut» et redevient stimulation neutre. La sagesse populaire ne dit-elle pas que le temps est le meilleur traitement des blessures morales. Autre type d'inhibition interne, l'inhibition différentielle acquise sur une ou plusieurs réponses par le mécanisme de différenciation qui sélectionne le stimulus significatif. Si je suis mordu par un chien inconnu, il est vraisemblable que dans un premier temps je réagirai émotionnellement par un évitement prudent en présence de n'importe lequel de ces animaux. Progressivement, cependant, je reviendrai à caresser le chien de mon voisin dont la tête m'a toujours été sympathique. Autre type d'inhibition interne, l'inhibition conditionnée obtenue dans des combinaisons complexes de stimuli où parmi les nombreux stimuli non significatifs se trouve un stimulus significatif. Mon émotion à rencontrer une personne que je n'apprécie pas, sera fortement atténuée, voire inexistante, si cette rencontre se fait dans un cercle d'amis sûrs.

Quant au phénomène d'inhibition externe, il survient sur une réponse conditionnelle apprise, lors de l'apparition d'une stimulation nouvelle généralement plus intense que la stimulation conditionnelle. Par exemple, ma joie de revoir bientôt ma famille après un long voyage peut être atténuée par le gendarme qui me retire mon permis de conduire pour excès de vitesse sur la route du retour.

Dans un esprit de systématisation théorique, Pavlov considérait ainsi le cerveau comme un organe fonctionnant sur deux dimensions fondamentales : les processus d'excitation et les processus d'inhibition. On remarquera que cette théorisation est une pure inférence à partir de ses expériences sur le comportement. La psychophysiologie et la neurophysiologie inspirées du pavlovisme utilisent aujourd'hui la technologie moderne pour tenter de traduire dans les connaissances actuelles, cette masse d'hypothèses issues de l'esprit extraordinairement créatif de Pavlov.

Si l'on ne peut reprocher à ce chercheur ni d'avoir émis des hypothèses de travail, ni de ne pas les avoir toutes étudiées expérimentalement (les moyens techniques de l'époque n'étaient pas ce qu'ils sont aujourd'hui) on est cependant bien obligé de reconnaître que, pour ingénieuse et intéressante qu'elle soit, sa théorie sur la physiologie du système nerveux central est la partie la plus spéculative de son œuvre.

La typologie pavlovienne

Les études de Pavlov et de ses successeurs ont toujours porté sur un petit nombre de sujets expérimentaux, analysés de manière longitudinale. Il préférait ce type d'expérience à celles pratiquées sur de grands lots d'animaux, dont on retire ensuite une conclusion statistique.

Ce type d'approche associé à sa formation de physiologiste, devait le rendre attentif aux variables individuelles de ses animaux d'expérience. Il raconte avec cet enthousiasme qu'il gardera jusqu'à sa mort, avoir vu un de ses chiens hyper-actif sautant, aboyant, courant lorsque le chercheur l'amenait à la salle d'expériences. Sitôt placé dans les conditions classiques de contention par harnais, l'animal ne bougeait plus, puis s'endormait rapidement. Il le comparait à d'autres chiens, moins exubérants, qui pouvaient rester en expérimentation de longues heures durant sans faiblir dans le niveau de leur performance. Il y voyait des différences dans *l'équilibre entre les processus d'excitation et d'inhibition*. Il donnera des versions successives de sa typologie par laquelle il cherchait à cerner les différences «innées», le génotype pour pouvoir les distinguer de l'«acquis», le phénotype. La typologie pavlovienne a donné naissance à tout un courant de recherches menées par un de ses élèves, Teplov (traduction de J.A. Gray, 1964).

Il est impossible de relater ici même brièvement les résultats de ces travaux remarquables dont l'importance clinique est fondamentale. Au cours de l'ouvrage, nous aurons l'occasion d'évoquer l'un ou l'autre de ces aspects en relation directe avec des problèmes de Behavior Therapy. Je conclurai simplement en mettant en valeur le fait que c'est à Pavlov que l'on doit d'avoir attiré l'attention des expérimentateurs sur ce problème capital des différences typologiques entre individus, différences qui peuvent souvent expliquer qu'à milieu externe égal, histoire comportementale similaire, on puisse observer des réponses différentes d'un organisme à l'autre. Dans le courant des Behavior Therapies, seule l'école anglaise a rappelé et exploité ce point essentiel en

clinique humaine notamment au travers des travaux de
H. Eysenck, ainsi que nous le verrons plus loin.

Le second système de signalisation

De plus en plus intéressé par la psychopathologie (Razran
rapporte que sur les six volumes des célèbres « séminaires du
mercredi », trois sont consacrés à l'étude de cas cliniques)
(1965), Pavlov se devait d'aborder le problème du langage
chez l'homme. Bien qu'il n'ait pas personnellement beaucoup travaillé expérimentalement ce problème, il en a posé
les bases théoriques essentielles. L'homme comme l'animal
répond aux mécanismes des réactions conditionnelles. L'ensemble de ces réponses à des stimulations physiques internes
ou externes communes à toutes les espèces constitue le *premier système de signalisation*. Quant au langage, propre à
l'homme, il constitue le *second système de signalisation*.
Pour Pavlov, le langage était le signal des signaux du premier
système. Il assurait que « on ne peut douter que les lois
fondamentales qui gouvernent l'activité du premier système
de signalisation contrôlent également celles du second système; il s'agit d'une activité du même tissu nerveux » (Pavlov, 1934). Nous verrons qu'un auteur comme Skinner a en
fait repris cette distinction en l'adaptant à son propre système théorique, lorsqu'il dit qu'à côté de comportements
gouvernés par les contingences de l'environnement, il y a
chez l'homme des comportements gouvernés par les règles
issues de la communauté verbale.

Razran (1965) à qui l'on doit la traduction de nombreux
travaux de l'école pavlovienne, note que l'introduction de ce
concept et ses développements ultérieurs, par exemple dans
les travaux d'Ivanov-Smolenski (1927) chez l'enfant et de
Luria (1966), (même si ceux-ci s'écartent des propositions
initiales de Pavlov), ont permis aux théories pavloviennes de
ne pas rester figées à un niveau où aucune distinction ne
pouvait être établie entre apprentissage chez l'homme et
chez l'animal. La notion du second système de signalisation
permet en effet une généralisation sémantique, l'accès à

l'univers symbolique primordial à maints égards dans les conduites humaines.

Le conditionnement intéroceptif

La méthode expérimentale pavlovienne est originale à plus d'un niveau. Là où la physiologie traditionnelle élaborait ses recherches sur des organes isolés (physiologie et médecine organique) Pavlov a toujours préféré dans ses laboratoires travailler sur l'animal entier. Sa démarche a donné naissance à une chirurgie expérimentale permettant d'explorer les fonctions organiques dans toute la complexité de leurs inter-relations nerveuses et humorales : étude de sécrétions par abouchement de différents segments d'organes creux à la peau, mise en place de ballonnets permettant de mesurer les pressions ...

Bykov (1956), élève de Pavlov, profitant des progrès de la technologie d'enregistrement des phénomènes physiologiques, a développé l'étude des récepteurs viscéraux et de leur relation avec le système nerveux central. L'œuvre de Bykov au niveau de l'intéroception est un apport essentiel à la médecine dite psychosomatique. Nous y reviendrons en détail au chapitre III. Il fallait cependant en faire mention ici car c'est un héritage direct de la fécondité scientifique de Pavlov.

Pavlov et la psychiatrie

C'est toujours Razran qui note que l'intérêt de Pavlov pour la psycho-pathologie a permis un rapprochement productif entre le champ expérimental des théories de l'apprentissage et la psychopathologie. Cette approche est restée, du vivant de Pavlov, plus spéculative qu'expérimentale. Elle se référait à sa conceptualisation théorique de la physiologie du système nerveux central qui vient d'être décrite.

De manière anecdotique, rappelons que la cure de sommeil, dont la vogue a été très grande il y a seulement quelques années dans nos pays, est une application directe d'un concept pavlovien. En effet, dans ses études sur l'inhibition, il avait constaté que, placé dans une situation de stimulations externes excessives, l'animal entrait dans un état d'inhibition particulier qu'il avait appelé *inhibition protective*. La pharmacologie naissante donna l'idée d'établir une inhibition protective artificielle chez des patients envahis par les stress. Au-delà de l'anecdote, on ne peut s'empêcher de constater que la démarche pose la pharmacologie comme un complément important dans l'étude des lois de l'apprentissage tant au niveau expérimental que clinique. Pavlov a certainement été l'un des premiers sinon le premier à étudier de manière précise l'action des premiers psychotropes sur les lois de l'apprentissage qu'il venait de dégager.

Autre apport important de Pavlov à la psychiatrie est l'étude des *« névroses expérimentales »*.

Un chien est confronté à une tâche de différenciation entre deux stimuli : l'un, un cercle, est associé systématiquement à de la nourriture et déclenche la réaction salivaire, l'autre, une ellipse, n'est jamais relié à une stimulation significative et n'entraîne donc aucune salivation. Le conditionnement différentiel une fois établi, on déforme progressivement l'ellipse de manière à la rapprocher de la figure géométrique « cercle ». Placé devant cette tâche de discrimination de plus en plus fine, on constate bientôt que l'animal s'agite, aboie, devient plus irritable. Si l'on répète ce type d'expérience pendant un certain temps, le comportement global du chien, même en dehors de la situation expérimentale, montre tous les signes d'une désorganisation émotionnelle et caractérielle : il est agité, agressif, ne mange plus, dépérit.

Sans extrapoler de la « névrose » ainsi établie chez le chien à la névrose humaine, Pavlov y voyait en tous cas un moyen d'aborder expérimentalement certains désordres comportementaux chez l'homme. Dans son système théorique, il interprétait le phénomène comme un « percutage » entre processus d'excitation déclenché par le stimulus cercle et processus d'inhibition provoqué par le stimulus ellipse au moment où les deux figures deviennent très difficilement discriminables.

De nombreux travaux ont été poursuivis par les successeurs de Pavlov sur la névrose expérimentale tant en Union Soviétique qu'en Occident (Astrup, 1965).

L'influence de Pavlov et de ses successeurs sur l'évolution de la psychologie tant aux Etats-Unis qu'en Union Soviétique a été marquante ainsi que nous allons le voir.

Si la psychologie expérimentale va s'engager dans des approches différentes, par exemple par l'insistance dans l'école behavioriste vers l'analyse des conséquences d'un comportement, des écoles de stricte tradition pavlovienne vont continuer à se développer tant au niveau expérimental que clinique.

III.   NAISSANCE DES ECOLES BEHAVIORISTES

Le début du XXe siècle réunit les conditions pour une approche nouvelle des sciences humaines. Comme l'écrivent Seron et al. (1977, p. 15) la « révolution behavioriste n'a rien d'une création sui generis et les signes avant-coureurs de son apparition sont nombreux, en particulier les courants philosophiques du positivisme et du mécanisme, la psychologie animale et le fonctionnalisme ».

Watson et le manifeste behavioriste de 1913

Imprégné de ces différents courants, Watson comme beaucoup de psychologues expérimentaux de son époque, est convaincu qu'une science de la psychologie doit être basée sur des faits observables. En fait, le centrage des expérimentateurs du début du siècle sur le comportement en tant qu'objet de l'étude en psychologie n'est pas spécifique au behaviorisme. Un psychologue comme Pierron, un psychiatre comme Janet en France étaient convaincus également que c'était la voie à suivre. L'apport du behaviorisme, imprégné du fonctionnalisme, sera plus spécifiquement la mise au point d'une méthodologie scientifique pour réaliser cet objectif. Ces premiers behavioristes, bien que différant entre eux sur de nombreux points, ont en commun leur rejet de l'introspection en tant que méthode scientifique. Afin de ne pas se laisser surprendre par le subjectivisme, ils préfèreront en général l'expérimentation sur l'animal ou sur le jeune enfant.

La « rencontre » de Watson avec les expériences pavloviennes allait lui fournir le chaînon manquant de son élaboration théorique. Dans son article célèbre de 1913, considéré comme le manifeste du behaviorisme, Watson rassemblait les points fondamentaux de cette position méthodologique : l'objet de la psychologie est l'étude du comportement observable. Par conséquent, elle doit être une science expérimentale et objective étudiant les relations entre les stimuli de l'environnement et les réponses de l'organisme.

Sur le plan clinique, il en découle que *«la seule voie pour changer la personnalité est de changer l'environnement de telle manière que de nouvelles habitudes s'acquièrent»* (Watson, 1924). Dans la perspective watsonienne, le comportement humain s'élabore progressivement au travers d'apprentissages successifs; des associations simples entre stimuli et réponses acquises dans l'enfance servent de matériaux de base aux comportements plus complexes qui sont émis durant la vie de l'adulte. Ces unités simples d'apprentissage s'acquièrent sur le modèle pavlovien strict.

Passant directement à l'action, Watson prodigue aux mères américaines une série de recettes pragmatiques pour l'éducation de leurs enfants. On ne peut s'empêcher de sourire lorsqu'il décrit par exemple un traitement de la succion du pouce : si les enfants sucent leur pouce au lit, on le leur retirera et on placera la main sous la couverture. Si cela ne suffit pas à éliminer ce comportement, on mettra la main dans un gant sans doigt durant plusieurs jours. Ou encore afin d'éviter l'homosexualité, les parents veilleront à ce que leurs enfants aient des amitiés dès leur plus jeune âge dans les deux sexes.

Plus intéressante est l'expérience de Watson (Watson et Rayner, 1920), où, avec un enfant de onze mois, le petit Albert, il «crée» une phobie du rat blanc en associant la présence de l'animal, dont l'enfant n'a au départ aucune crainte, avec le son désagréable provoqué par deux barres métalliques violemment heurtées l'une contre l'autre. Les auteurs constatent après quelques associations l'apparition de la peur du rat blanc et une généralisation de cette peur à différents objets proches tels que par exemple une fourrure blanche. Cette « phobie » subit la loi pavlovienne de l'extinction progressive. Le lecteur interprétera comme il l'entend le fait que le « petit Albert » soit devenu lui-même psychologue par la suite.

Watson pensait que toutes les réactions émotionnelles se réduisaient à quelques catégories innées de réactions liées à des stimuli de l'environnement; par exemple, la colère est engendrée par les contraintes physiques que subit l'enfant, contraintes qui l'empêchent de se mouvoir, l'amour est une réaction à des stimulations telles que le bercement, les caresses de la peau... Le comportement émotionnel de l'adulte n'est dans ce système que la complexification de ces patterns comportementaux de base.

Pour Watson, par ailleurs, le langage était lié au conditionnement de mots reliés à des objets; les phrases, des combinaisons de mots appris par imitation et conditionnement. Quant à la pensée, elle était un langage sub-vocal dû aux mouvements des muscles du larynx associés à des réactions viscérales, ce qui lui donnait une tonalité affective.

On comprend qu'une vision aussi mécaniciste, aussi simpliste de tout comportement humain ait provoqué de vives réactions vis-à-vis de sa théorie. Peut-être, n'aurait-il pas eu l'impact qu'on doit lui reconnaître sur la psychologie, s'il n'avait pas écrit cet ensemble de recettes pragmatiques aux parents pour l'éducation de leurs enfants. Ce petit livre « de cuisine » a probablement fait plus pour la survie du nom de Watson que ses théorisations sur la pensée au sujet desquelles Hilgard et Bower (1975) disent, non sans férocité, qu'on connaît des gens qui pensent sans larynx mais que, par contre, certains dont c'est le métier de faire fonctionner cet organe, par exemple les politiciens, ne sont pas nécessairement ceux qui pensent le plus.

Pour revenir à un propos plus sérieux, on remarquera que

Watson comme Pavlov, contrairement à Thorndike dont il rejetait d'ailleurs la loi de l'effet, et aux néo-behavioristes comme Hull ou Skinner, insiste peu dans sa théorie sur les *conséquences* de la réponse. Sa position méthodologique et théorique rejetant le sujet comme élément intermédiaire entre le stimulus et la réponse rendait son système intenable même pour bon nombre de behavioristes qui ne pouvaient accepter ce que l'on a appelé le « behaviorisme radical ».

Guthrie et le principe de la contiguïté

Guthrie comme Watson est un behavioriste de la première heure. Certains de ses travaux ont été repris dans plusieurs techniques importantes de la Behavior Therapy. C'est la raison pour laquelle, il est nécessaire de le situer rapidement.

Imprégné des travaux de Pavlov et de Watson, Guthrie s'en dégage cependant en reléguant à l'arrière-plan les préoccupations physiologiques de ces deux chercheurs. Pour Guthrie, l'essentiel de l'apport pavlovien se rapporte à la notion d'*apprentissage par contiguïté*. Il considérait la méthodologie pavlovienne comme une forme très artificielle de l'apprentissage. Là où Watson acceptait le modèle d'apprentissage pavlovien comme l'unité de comportement à partir de laquelle toute conduite peut s'expliquer, Guthrie pensait qu'il fallait s'attaquer à rechercher et à étudier des principes explicatifs plus généraux. L'essentiel de ses recherches a porté sur l'étude des associations de stimuli, de leur contiguïté, de la probabilité d'apparition d'un comportement, sur le rôle de l'intention. Il rejetait la loi de l'effet considérant qu'il ne s'agissait là que d'un phénomène accidentel arbitrairement décidé par l'expérimentateur. Dans son système, le seul rôle du renforcement ou de la punition était d'empêcher l'« oubli » de la réponse apprise, dans la mesure où l'effet du renforcement en augmentait la répétition. Discutant des boîtes à problèmes, il dira que l'« animal apprend lors de son premier échappement ».

Poursuivant son raisonnement, Guthrie estimait que l'extinction d'une habitude ne peut s'expliquer comme l'assuraient Pavlov et Watson par un affaiblissement lié à la non-répétition, mais bien par une inhibition obtenue par association d'autres comportements. Autrement dit, il n'y aurait pas d'oubli s'il n'y avait pas interférence d'un apprentissage nouveau avec un apprentissage antérieur.

De ce principe, Guthrie dérive trois méthodes pour affaiblir certains apprentissages. En premier lieu, la *méthode dite de « tolérance »* qui consiste à présenter un stimulus avec une intensité suffisamment faible pour empêcher le déclenchement de la réponse. Par exemple, si un enfant s'oppose violemment à rester à table pendant un repas par le fait de la durée de celui-ci, on le fera s'asseoir durant un temps bref puis on lui permettra de s'éloigner pour une raison quelconque. La manœuvre sera répétée en augmentant progressivement la durée en restant toujours en deçà de la réponse « colère ».

Une autre méthode développée par cet auteur est celle dite du « flooding » qui consiste à inonder le sujet avec le stimulus déclenchant jusqu'à épuisement de la réponse. A ce moment, on poursuit la présentation de ce stimulus jusqu'à ce que de nouvelles réponses à d'autres stimulations de l'environnement puissent s'installer. Nous verrons plus loin dans la partie consacrée aux méthodes de Behavior Therapies que ce principe a depuis quelques années été largement développé avec succès dans nombre de problèmes comportementaux.

Une troisième méthode pour diminuer la réponse à un stimulus est celle dite de *« contre-conditionnement »* ou de l'inhibition réciproque qui consiste à présenter le stimulus déclenchant la réponse que l'on souhaite supprimer en présence d'autres stimuli soit plus puissants soit incompatibles avec le premier. Le principe du contre-conditionnement comme nous le verrons est à la base d'une des principales techniques en Behavior Therapy, dite de désensibilisation systématique par inhibition réciproque de Wolpe.

Si certaines positions de Guthrie nous apparaissent aujourd'hui difficilement soutenables, telles que, par exemple, sa conception du renforcement, on ne peut s'empêcher de rester rêveur devant le grand nombre de déductions que l'on peut tirer d'une théorie extrêmement simple en apparence, cherchant à dépasser immédiatement les faits de détail pour aller vers quelques règles fondamentales. Les Behavior Therapies ont déjà exploité avec efficacité certaines déductions des conceptions de Guthrie. Il se peut qu'une lecture attentive de ses écrits ouvrirait de nouveaux horizons de recherche en psychothérapie.

IV. C. HULL ET LE CONDITIONNEMENT INSTRUMENTAL

Watson était plus un théoricien qu'un expérimentateur. D'une position méthodologique posant les seuls comportements en tant qu'objet de l'analyse en psychologie, il glissa progressivement vers une position quasi métaphysique niant l'existence même de l'inobservable, de l'organisme en tant que variable intermédiaire entre le stimulus et la réponse. Il traduisait ainsi en système théorique ce qui n'est en fait qu'un problème épistémologique : l'incapacité actuelle de nos méthodes à mesurer les phénomènes internes.

Les variables intermédiaires

La position de Hull est toute différente. Comme Watson, il rejette l'introspection, estime que la seule méthodologie valable est celle qui étudie les faits observables, mais il admet qu'entre l'input du stimulus et l'output de la réponse, il existe un organisme représentant lui-même un ensemble de variables qui interfèrent avec le stimulus et la réponse.

A la formule S-R (Stimulus-Réponse), il substitue comme d'autres behavioristes, la formule S-O-R (Stimulus-Organisme-Réponse). Cette position l'amène bien entendu à élaborer un vaste système hypothético-déductif dans la mesure où ces variables intermédiaires ne sont pas immédiatement accessibles à l'observation. Chacune de ces hypothèses devra cependant être vérifiée à partir d'expériences portant uniquement sur les stimuli et les réponses, seuls éléments directement mesurables. En ce sens, Hull reste dans la ligne behavioriste « classique ».

Une psychologie des besoins (need)

Contrairement à Watson et Guthrie, Hull adopte la loi de l'effet de Thorndike. Il estime que dans les expériences pavloviennes l'apprentissage ne s'obtient pas par contiguïté seule comme le pensait Guthrie, mais bien par l'association de la nourriture (reward) à une séquence où le stimulus inconditionnel (nourriture) entraîne la réponse « obligée » de salivation. Dans cette perspective, le stimulus neutre, par exemple un son, devient signal de la survenue prochaine du renforcement et entraîne bientôt à lui seul la réponse anticipatoire à l'acte de consommation, en l'occurrence la réponse conditionnelle de salivation.

Entre la technologie pavlovienne, et celle des conditionnements instrumentaux, utilisant par exemple la technique des boîtes à problèmes ou des labyrinthes, Hull considérait comme seule différence le fait que chez Pavlov la réponse est « guidée, orientée, forcée » par sa liaison physiologique avec le stimulus inconditionnel, alors que dans le conditionnement instrumental il n'y avait pas de lien organique entre réponse et renforcement.

A la vision strictement hédoniste de Thorndike pour expliquer l'efficacité du renforcement, Hull substitue la notion biologique de *réduction du besoin* (need reduction). Ainsi le besoin de manger, issu du déséquilibre interne dont la faim est l'expression, est réduit par l'acte de manger et les comportements qui y sont associés. Cette prise de position postule l'existence d'un construct hypothétique : celui du besoin et de la capacité d'action de ce besoin (*drive*). Cette perspective homéostatique de rééquilibration de l'organisme sera rapidement remplacée chez Hull par le concept de « drive - stimulus reduction ». En effet, si au niveau physiologique, le principe de la réduction du besoin est souvent évident, il est un grand nombre de renforcements qui contrôlent des comportements qui n'ont pas pour conséquence de réduire un besoin physiologique réel. Par exemple, l'obèse qui mange au-delà de ses besoins caloriques est « contrôlé » bien plus par le stimulus nourriture (drive-stimulus) que par l'équilibre de sa glycémie. Par ailleurs, chez l'homme, si un certain nombre de comportements tendent à réduire des besoins fondamentaux (renforcement dit primaire), la plupart sont sous le contrôle de renforcements secondaires (besoin de sécurité, besoin de contacts sociaux, besoin d'affection ...).

Dans sa tentative ambitieuse, d'aborder toutes les formes de comportements, aussi complexes fussent-ils, Hull a été immanquablement amené à proposer une série de mécanismes intermédiaires dont il a d'ailleurs fait un usage ingénieux.

Naissance et mort d'une théorie systématique du comportement

L'ambition de Hull était de fournir une théorie systématique du comportement envisageant tous les paramètres qui pouvaient l'affecter.

A mesure que s'élaborait son système, il fut obsédé par l'idée de quantifier les différents constructs qu'il posait à titre d'hypothèses : amplitude de la réaction à un stimulus, énergie physique de ce stimulus, force du comportement acquis, force physiologique du « drive », gradient du renforcement... Cette mathématisation aboutit à une série d'équations, très discutables, encore parfois utilisées par des Behavior Thérapeutes pour élaborer certaines stratégies de traitement.

Hull a, tout au long de son existence, amené des modifications à une œuvre extraordinairement complexe. S'il a pu être violemment critiqué, c'est probablement dans la mesure même où il a tenté d'atteindre une précision extrême. Comme le font justement remarquer Hilgard et Bower (1975), il est plus simple et moins dangereux d'en rester à de grandes idées exprimées en langage littéraire.

Hull a influencé plus ou moins directement un grand nombre de chercheurs américains, tels que N. Miller, Mowrer, Spence, etc. Les Behavior Thérapeutes connaissent particulièrement, l'œuvre de N. Miller dont les recherches récentes sur le conditionnement viscéral, ont été au départ de la médecine dite du bio-feedback dont nous parlerons dans la seconde partie de cet ouvrage.

L'œuvre de Hull en tant que système n'a pas résisté au temps. Pourtant, de nombreux concepts, de multiples faits expérimentaux issus de ses recherches continuent à alimenter des travaux récents qui souvent ne font pas référence à leur origine. Peut-être l'entreprise était-elle trop ambitieuse ? Comme telle, elle a largement dominé la psychologie américaine des années 1930 à 1950.

V. B.F. SKINNER ET LE CONDITIONNEMENT OPERANT

Le nom de Skinner est de plus en plus connu en Europe francophone. Il est devenu pour beaucoup le chef de file du Behaviorisme. Ses écrits généraux tel son livre assez récent *« Par-delà la Liberté et la Dignité »* (Skinner, 1972) l'ont fait connaître d'un large public. Tantôt contesté avec violence par des détracteurs, qui voient en lui un « robotiseur » de l'homme, nettement plus dangereux que le sinistre auteur de « Mein Kampf », tantôt porté aux nues par les nombreux élèves qu'il a attirés, Skinner est incontestablement un grand nom de la psychologie contemporaine. Le lecteur intéressé par une approche plus circonstanciée de son œuvre pourra lire en langue française plusieurs ouvrages en plus de celui que je viens de citer (Skinner, 1969; Seron et al., 1977; Richelle, 1977).

La cage de Skinner

Je me contenterai d'évoquer très brièvement quelques apports fondamentaux du point de vue expérimental de l'œuvre de Skinner.

Dès le départ de ses travaux, Skinner est à la recherche d'un instrument de travail simple, uniformisé, éliminant les variables parasites. Aux boîtes à problèmes, aux labyrinthes complexes des instrumentalistes, il substitue très tôt une cage expérimentale simple, munie d'un levier-réponse et d'une cupule pouvant recevoir une certaine quantité de nourriture. Un animal placé dans ce type de situation, peut au hasard de son exploration appuyer sur le levier-réponse, entraînant ainsi la délivrance d'une petite quantité de nourriture (renforcement).

On observe alors que la réponse tend à se reproduire, que sa probabilité d'apparition augmente en fonction de sa liaison au renforcement. Dès ce moment, on peut dire que le comportement est *contrôlé* par ses conséquences. Il s'agit là de la relation fondamentale du conditionnement que Skinner appellera *operant*, dans laquelle l'animal *agit* sur le milieu, pour l'opposer au conditionnement classique pavlovien où l'animal réagit, *répond* à une situation qui implique une relation physiologique obligée.

Entre la réponse et le renforcement, l'expérimentateur peut placer diverses contraintes « du milieu ». L'animal peut être renforcé pour chaque réponse qu'il émet, ou bien on exigera par exemple 10 réponses pour 1 renforcement; ou bien encore, on n'octroira le renforcement que si l'animal respecte un certain délai entre deux réponses...

On peut ainsi varier presqu'à l'infini, la relation entre réponse et renforcement. Cet ensemble de *contingences* définit des *programmes de renforcement*.

Par ailleurs, le programme peut lui-même être relié à certaines autres contraintes du milieu. Ainsi, un programme n'aboutira au renforcement que s'il est accompagné d'un signal (son ou lumière par exemple) indiquant qu'il est opérationnel (*stimulus discriminatif positif*) ou non (*stimulus discriminatif négatif*).

La position de Skinner sur le rôle du renforcement rejoint celle de Thorndike et sa loi de l'effet dans la mesure où, comme cet auteur, il insiste sur le rôle fondamental des conséquences dans le contrôle des conduites. Toutefois, Skinner élimine les notions subjectives de « récompense » (reward) ou de « désagrément » (annoying) en définissant le stimulus renforçant d'une manière toute opérationnelle : est renforcement positif tout stimulus, qui survenant à la suite d'une réponse, augmente la probabilité d'émission de cette réponse. Est renforcement négatif, tout stimulus qui peut être évité ou interrompu par l'émission d'une réponse. Cette définition du renforcement ne permet de lui adjoindre l'étiquette de positif ou de négatif qu'après une analyse empirique, ce qui évite nombre d'erreurs interprétatives. Ainsi, le baiser que donne la mère à son enfant en bas âge peut être renforcement positif alors que le même baiser donné à l'adolescent en situation sociale, peut être un renforcement négatif.

Nous reviendrons plus en détail sur ces problèmes dans l'application de ces notions à la clinique humaine.

Pour l'instant, nous nous tournerons vers quelques positions théoriques essentielles qui définissent le behaviorisme skinnérien.

Le milieu : grand « sélectionneur » des conduites

Pavlov, formé à la discipline physiologique, voyait dans le monde extérieur un ensemble de stimuli qui au sens étymologique du terme aiguillonnent[1] l'organisme de manière mécanique. Ainsi stimulé, l'organisme réagit d'une manière forcée, obligée, orientée.

A l'opposé de cette vision du rôle du milieu, se trouvent les approches centrées sur l'individu, « à l'intérieur duquel tout se passe », ne voyant dans le milieu qu'une toile de fond exerçant tout au plus le rôle de déclencheur des activités internes. Celles-ci, dans cette perspective, sont quasi autonomes et possèdent leur propre dynamique.

Pour Skinner, si le milieu peut être aiguillon et déclencheur, il exerce surtout, opérant sur un organisme en action, un *rôle de sélection des conduites*. Comme le soulignent Seron et al. (1977), « cette affirmation implique d'une part

---

[1] Stimulus = aiguillon.

que l'organisme ne peut être renforcé qu'en fonction des conduites qu'il est capable d'émettre, d'autre part, que cet organisme ne peut être contrôlé par l'effet de son comportement que pour autant qu'il y soit sensible».

En d'autres termes, «la sélection opérée par le milieu s'exerce donc sur un organisme qui a son histoire particulière, appartient à une espèce donnée, possède un patrimoine génétique propre, et qui, au moment où il émet une réponse est dans un état de privation plus ou moins grand. C'est sur l'ensemble de ces données qu'opère la sélection».

Le «petit homme» dans la boîte noire

La position antimentaliste est un des traits fondamentaux de toutes les écoles behavioristes. Elle dérive d'un rejet de la vie mentale en tant qu'objet de l'étude en psychologie. La psychologie introspective du XIXᵉ siècle, dont l'objet d'étude était les processus mentaux, restait tributaire des informations essentiellement subjectives fournies par le sujet, malgré l'utilisation par les chercheurs de cette époque des principes méthodologiques scientifiques. Nous avons vu que les insatisfactions des psychologues expérimentaux vis-à-vis de la méthode introspective se sont cristallisées dans le manifeste behavioriste de Watson, qui déplaçait l'objet de la psychologie vers l'étude des comportements. Nous avons dit également que Watson avait poussé l'antimentalisme jusqu'à nier l'existence même des processus mentaux.

L'antimentalisme de Skinner n'est pas de cet ordre: il est avant tout méthodologique. Il ne s'agit nullement de nier l'existence des processus internes, et Skinner y insistera souvent, (Skinner, 1963) tels que les sentiments, les idées, les prises de conscience, mais de constater que l'on n'a rien expliqué lorsqu'on dit par exemple d'un sujet qu'il a frappé sa femme *parce qu'il* est agressif. Pour Skinner, l'agressivité dans ce cas est un comportement qu'il s'agit d'analyser dans le cadre des variables qui le contrôlent. Sinon, cette agressivité risque de prendre valeur causale, d'être intériorisée, en devenant une des pulsions de l'homme interne, de l'homonculus, «résidu» tenace des théories animistes.

Autre variété du mentalisme dénoncé par Skinner : le langage pseudo-physiologique utilisé par nombre de psychologues pour pénétrer la boîte noire. Cette attitude relève de la part de ces psychologues d'un besoin de sécurisation par référence à des sciences plus évoluées. Pour Skinner, la psychologie doit se définir comme une science autonome, ce qui n'exclut pas bien entendu que des corrélations soient établies entre science du comportement et neurophysiologie ou neuro-biochimie par exemple. Cette étape lui paraît cependant prématurée tant que l'élaboration de la science comportementale n'aura pas acquis plus de connaissances et de certitudes. Par ailleurs, il est certain que l'analyse physiologique ou bio-chimique du système nerveux central ne peut se passer de l'analyse comportementale. Le neurophysiologiste peut, par exemple, définir l'état d'un cerveau qui « réagit » à un stimulus. Il ne pourra jamais dire de quel stimulus il s'agit sans faire référence au comportement.

Inné et acquis

Les exagérations des premiers behavioristes sur les possibilités du conditionnement ont attribué à la totalité de l'école behavioriste la négation de la phylogénèse, des contraintes innées limitant les apprentissages.

La position de Skinner est cependant claire à ce sujet : « aucun spécialiste du comportement animal n'a jamais soutenu que l'animal arrive au laboratoire comme une tabula rasa » (Skinner, 1971).

Bien sûr, comme le dit Richelle (1977) « Pendant plusieurs années, les spécialistes du conditionnement skinnérien ont pu étudier les comportements acquis chez l'animal sans se préoccuper beaucoup des déterminants génétiques propres à l'espèce, résultant de l'histoire phylogénétique. S'ils ont négligé cette dimension, c'est que l'on peut effectivement décrire de nombreux faits reproductibles, dégager de nombreuses lois, s'agissant d'apprentissage, sans tenir compte systématiquement des restrictions qu'introduiraient dans l'analyse les facteurs génétiques... Peu à peu cependant, la prise en considération des valeurs génétiques s'est imposée aux chercheurs... Leurs propres découvertes expérimentales leur ont montré, dans des contextes divers, à côté des similitudes, des différences entre espèces dans l'adaptation aux programmes de renforcement, les ont amené à nuancer la notion d'arbitrarité de la réponse operante. »

Il faut dire cependant que les détracteurs de la position behavioriste trouvent aisément des textes récents de behavior thérapeutes « operant » éminents qui, implicitement au moins, analysent la pathologie à partir de la seule ontogenèse.

Règles et contingences

L'analyse pavlovienne devait introduire la notion de second système de signalisation pour rendre compte de l'action de stimuli particuliers introduits par l'existence du langage chez l'homme.

L'analyse des conduites operantes de l'homme met en évidence un très grand nombre de comportements qui n'ont pas été acquis par un apprentissage lié aux contingences du monde physique. Ainsi, l'enfant peut apprendre à ne pas se brûler au contact du feu sans avoir à vivre l'expérience d'une brûlure. Ses parents lui auront répété à plus d'une reprise, que ce contact est dangereux et douloureux. Un tel comportement d'évitement acquis sans douleur est, dit Skinner, gouverné par les règles issues de la communauté verbale, alors que le premier serait modelé par les contingences. Toute société renferme ainsi un grand nombre de règles, règles morales, religieuses, politiques, administratives, maximes, proverbes ... qui définissent une culture. D'un point de vue adaptatif, l'acquisition de comportements par les règles évite un grand nombre de mécomptes, permet la transmission d'expériences passées.

Comme le comportement régi par les contingences, le comportement gouverné par les règles est sous contrôle du renforcement.

Qu'arrive-t-il si les contingences changent mais non les règles? Celles-ci peuvent devenir source de tensions, de conflits. Un exemple simple: les tensions classiquement décrites en clinique entre les «générations» proviennent pour une part du fait que les règles proposées par les parents ne correspondent plus aux renforcements que l'adolescent rencontre soit dans ses contingences soit dans les règles transmises par ses «égaux».

L'élaboration des règles résulte d'une analyse des contingences auxquelles le sujet a été exposé directement ou d'un examen des systèmes qui régissent ces contingences.

Au niveau individuel, l'homme est capable grâce au langage, d'une autodescription qui consiste à prendre conscience (identifier) des variables qui contrôlent son propre comportement. C'est de cette autodescription qu'il pourra tirer les règles. L'activité autodescriptive, de prise de conscience est souvent essentielle en clinique, car elle constitue le préalable à nombre de modifications comportementales.

Les règles, enfin, donnent accès à l'analyse des conduites symboliques dont l'importance, s'agissant du comportement humain, est primordiale.

VI. BEHAVIORISME ET COMPORTEMENT HUMAIN

Les quelques pages que je viens de consacrer aux écoles behavioristes ne donnent qu'une image très lacunaire des apports de ces écoles psychologiques à la connaissance du comportement. Il a fallu établir un tri en fonction des informations qui seront nécessaires à la compréhension du reste de l'ouvrage. Le lecteur pourra se reporter aux ouvrages présentés dans les lectures recommandées à la fin du chapitre pour compléter son information.

A ce stade de la lecture, il est en droit de se demander si la méthode behavioriste qui vient d'être présentée est capable de rendre compte du comportement humain dans toute sa complexité.

Sommes-nous des rats?

Que penser d'une étude des conduites humaines qui s'appuye sur des expériences faites chez le rat de laboratoire? La réaction viscérale que déclenche ce type d'analyse est encore une de ces particularités de la science psychologique. Tout le monde admet sans sourciller que l'on établisse les lois de la génétique sur la mouche Drosophile, que l'on teste les produits pharmaceutiques sur le cobaye, que l'on étudie le cancer chez la souris. Mais étudier « l'Esprit » humain sur le rat, quelle monstrueuse hérésie !

Tentons de dépasser un instant notre « narcissisme » d'espèce supérieure pour suivre la démarche rationnelle qui a présidé à l'élaboration de la méthode. Pour le behaviorisme scientifique, le comportement humain comme tout le comportement des êtres vivants est *régi par des lois*. Les principes généraux de ces lois sont une fonction du vivant. Il est par conséquent légitime et plus commode d'analyser ce tronc commun sur des espèces inférieures. La démarche est donc à ce niveau strictement la même que celle de la génétique, de la pharmacologie ou de la cancérologie. Cela ne signifie nullement qu'il n'existe pas de différence entre les espèces. Aucun behavioriste n'a jamais songé à étudier l'univers symbolique spécifique à l'homme chez le rat albinos. Par contre, il se posera les questions de savoir si les lois de l'apprentissage qu'il dégage de l'appui sur le levier dans la cage de Skinner par exemple, ne peuvent pas en tout ou en partie être appliquées à l'acquisition et au maintien de ces conduites symboliques. Ainsi, par décantations successives, se dégageront les similitudes et les diversités, les ressemblances et les oppositions d'espèce à espèce.

Comportements « moléculaires » et comportements « molaires »

Les questions de méthodologie posent ensuite un problème qui me paraît beaucoup plus important que celui qui vient d'être évoqué. Quel est finalement l'objet de l'étude dans les écoles behavioristes ? Ce qui vient d'être dit dans le chapitre amènerait à répondre : le comportement observable. De fait, pour les premiers behavioristes, il s'agit d'étudier à partir de comportements complexes (comportements dits molaires) les unités plus simples de comportements (comportements dits moléculaires) dont ces comportements complexes ne sont que la sommation. Ainsi, pour Watson, les comportements moléculaires sont proches de réactions élémentaires, de mouvements physiques. Cette vue, faut-il le dire, assez naïve, ne fut adoptée par aucun grand nom du behaviorisme. Pour Hull, par exemple, les unités de base de son analyse au niveau moléculaire étaient des stimuli et des réponses déjà complexes. Quant aux comportements molaires, il pensait que leur explication nécessiterait l'adjonction de nouveaux principes aux principes du renforcement.

Pour Skinner, l'unité de base est la réponse qui est sous le contrôle des contingences de l'environnement. Donc, dans cette perspective, ce qui intéresse le psychologue c'est ce qu'un organisme est en train de faire et sa définition du comportement est donc celle d'une *action* et non d'un mouvement physique élémentaire comme le voyait Watson.

Mais dans ce cas, et le problème est capital, cette notion d'action est-elle restreinte comme le voudraient les principes de base du behaviorisme à la notion de mouvements observables ? Gêné par ce problème, Hull n'avait pas hésité à établir une série de constructs pour rendre compte de l'inobservable, de l'univers privé.

Comportements publics et comportements privés

Skinner, qui s'est toujours défini comme un behavioriste radical, a, dès le départ, affirmé l'importance des comportements privés. Il a plus d'une fois rappelé aux behavioristes qu'il ne s'agissait pas seulement d'admettre leur existence puis de s'en désintéresser sur le plan expérimental. C'est un truisme que de dire que de notre naissance à notre mort, nous posons plus de comportements privés que de comportements publics: ainsi, penser, imaginer, rêver, résoudre des problèmes...

Comment analyser ce qui se passe « en dessous de la peau » pour reprendre une expression de Skinner dans le cadre de la méthodologie behavioriste. Pour Skinner, il s'agit là de comportements et il n'hésite pas à parler de stimuli, de réponses, de renforcements privés. Ces « coverants » (contraction des mots anglais « covert et operants ») sont bien entendu inobservables de manière directe. Encore plus, les « stoperants » (Cautela, 1973) qui représentent une absence de réponse, une réponse « zéro ». Comment donc intégrer un « comportement mental » tel que « s'empêcher de faire quelque chose » à la méthodologie behavioriste radicale si ce n'est par un postulat inférentiel, à savoir que ces comportements privés sont régis par les mêmes lois que les comportements ouverts ? Skinner a hardiment franchi ce pas probablement poussé d'une part, par l'intérêt croissant d'une grande majorité de skinnériens pour la clinique, d'autre part, par la revitalisation récente du courant dit « cognitiviste » dans la psychologie de l'apprentissage, courant auquel nous allons nous intéresser au chapitre suivant. Mais de tels concepts peuvent-ils encore se réclamer d'un behaviorisme radical ?

Lectures recommandées

Gray, J.A., *Pavlov's Typology, recent theoretical and Experimental developments from the laboratory of B.M. Teplov* (Traduction de Gray, J.A.), New York: Mac Millan, 1964.
L'auteur anglais a traduit les développements récents donnés à la typologie pavlovienne par son élève Teplov. Les chercheurs intéressés par les problèmes de différences individuelles, si peu maîtrisables actuellement en clinique trouveront dans ce travail collectif une mine de faits, des sources de réflexions à appliquer de manière utile à leur propre pratique.

Guthrie, E.R., *The Psychology of human conflicts*, New York: Harper et Row, 1938.
Retourner aux sources est devenu très rare chez les scientifiques actuels.

Manque de temps ou dédain, on se contente le plus souvent d'appréciations de seconde ou de troisième main.

Il s'agit certainement d'une erreur, car on est étonné de constater qu'un auteur comme Guthrie quasi oublié aujourd'hui, est incontestablement à la base de deux ou trois méthodes importantes de la Behavior Therapy. Ces «redécouvertes» récentes négligent de mentionner leur origine.

Hilgard, E.R., et Bower, G.H., *Théories of Learning*, Prentice Hall, Englewood Cliffs, New Jersey, 1975.

Voici un livre extrêmement important pour tout qui s'intéresse aux théories de l'apprentissage. J'y ai fait souvent référence dans ce chapitre. Dans une perspective historique et critique, les auteurs reprennent tous les théoriciens de l'apprentissage. Leur vision, dégagée de tout esprit d'école sectaire fait voisiner Freud avec Pavlov, Piaget avec Skinner.

Par ailleurs, ils apportent des informations nombreuses, fouillées, sur des théories de l'apprentissage plus récentes telles que, par exemple, les théories mathématiques, les théories de l'information, les théories neurophysiologiques...

Un livre à lire et à relire.

Hull, C.L., *A Behavior System. An Introduction to Behavior Theory concerning the individual organism*. New Haven : Yale Univ. Press, 1952.

Ce dernier livre de Hull, publié à titre posthume est la synthèse de toute son œuvre.

C'est un livre de spécialiste.

Pavlov, I.P., *Conditionned reflexes and psychiatry*. New York : International Publishers, 1941.

J'ai dit combien Pavlov s'était intéressé dans son œuvre à l'application de ses découvertes à la psychiatrie. Le lecteur trouvera dans ce livre comment Pavlov voyait l'application de son système à nombre de problèmes que se pose la psychiatrie.

Razran, G., *Mind in evolution. An east-west synthesis of learned Behavior and Cognition*. Boston : Houghton Mifflin, 1971.

Razran est un de ces rares auteurs capable d'étudier la psychologie soviétique dans les textes.

Nous lui devons nombre de traductions d'ouvrages russes et quelques analyses de l'évolution et du contenu de cette école. Dans ce texte récent, l'auteur fait le point des ressemblances et divergences entre les psychologies de l'Est et de l'Ouest. C'est une synthèse très précieuse.

Richelle, M., B.F. *Skinner ou le péril behavioriste*. Bruxelles, Mardaga, 1977.

L'œuvre de Skinner est extrêmement vaste, difficile à cerner dans toutes ses nuances. Très peu d'Européens même dans les milieux scientifiques peuvent se targuer d'une connaissance approfondie du grand psychologue américain. L'auteur est de ceux-là. Son livre nous en propose une lecture à partir de malentendus, d'erreurs, de caricatures qui sont fréquemment véhiculés surtout en « francophonie ». Il n'est plus possible d'attaquer aujourd'hui Skinner sans avoir lu cet ouvrage.

CHAPITRE II

LES THEORIES COGNITIVISTES
DE L'APPRENTISSAGE

Certains se demanderont comment des théories basées sur des expérimentations rigoureuses peuvent s'opposer ou se contredire. Le chercheur, à partir d'une hypothèse de travail élabore une expérience dont il retire un certain nombre de faits; aucun de ses collègues ne niera ces faits si l'expérience a été construite de manière nette et si les résultats sont reproductibles. Le lieu des oppositions se situera dans l'interprétation que l'on va donner à ces faits, dans l'intégration théorique que l'on en fera.

Des mêmes faits peuvent ainsi être à la base de théories différentes. Prenons un exemple simple : comment les chats de Thorndike apprennent-ils à sortir de la boîte à problème ? Pour Thorndike, comme pour bon nombre de behavioristes, l'animal, à partir de son histoire antérieure, réagit à une situation qui renferme des stimuli similaires à d'autres déjà rencontrés précédemment. Si son action ne le fait pas accéder au résultat, à la solution du problème, il émettra une succession de conduites qu'il tire de son répertoire comportemental jusqu'à, idéalement, se libérer de la cage. C'est la situation *d'apprentissage par essais et erreurs*.

Pour le psychologue qui se réfère aux théories « cognitives », l'examen des faits sera le même. Comme le behavioriste, il décrira les essais du chat avec la même objectivité mais il interprétera le résultat en utilisant la notion d'*« insight »*. L'expérience passée de l'animal s'est structurée au niveau de son système nerveux central. Confronté à une tâche nouvelle, l'animal en analysant par essais les données de la situation va se référer à ses structures, cherchera à « comprendre » les relations essentielles existant entre les divers éléments environnementaux et ce sera la découverte de la solution, l'« Eureka », l'insight (voir dedans).

I. THEORIE DE LA GESTALT

Les premières théories cognitivistes en psychologie sont issues d'un petit groupe de chercheurs allemands du début du siècle : Wertheimer, M., Köhler, W., et Koffka, K. Au départ, ces chercheurs ne s'intéressent guère à l'apprentissage en lui-même. Leur intérêt est centré sur l'étude de la perception en liaison avec les mécanismes de la mémoire et de la solution de problèmes. Dans leur perspective, l'apprentissage n'est qu'un phénomène secondaire expliquant comment on peut réutiliser aujourd'hui une expérience perceptive passée. Mis au contact de la psychologie américaine, où le behaviorisme est à ce moment en pleine croissance, ils ont été amenés à développer une théorie de l'apprentissage plus circonstanciée.

Les singes de Köhler et l'« insight »

Un singe doit saisir une banane suspendue au plafond de sa cage. Le fruit est inaccessible si l'animal n'organise pas en pyramide des caisses éparses dans la cage. Le problème est complexe pour un singe. En les observant, Köhler constate que les animaux sautent vers la banane, s'agitent, bousculent les caisses. Après quelques minutes, ils s'arrêtent, se détournent de la banane, ne bougent plus, puis brutalement reprennent leurs activités, empilent au hasard une ou deux caisses, grimpent dessus, tombent, recommencent, s'arrêtent... Sur les 7 singes étudiés par Köhler, un seul accède seul au résultat. Les autres doivent y être aidés, une première fois. Le problème résolu, ils le répètent aisément.

Pour Köhler, c'est dans les moments d'arrêt que les singes élaborent sur un mode perceptif d'assemblage d'images, la solution du problème. A partir de cette activité de « réflexion » l'animal teste son hypothèse dans l'action.

Pavlov (traduction de 1954) qui connaissait Köhler et son œuvre a critiqué ces interprétations, avec un humour féroce, dans un de ses célèbres séminaires du mercredi : « quand on impose au singe la tâche d'attraper un fruit suspendu très haut et qu'il a besoin dans ce but de prendre un outil, un bâton par exemple, ou bien des caisses, toutes les tentatives infructueuses entreprises par le singe ne sont pas, d'après Köhler, une preuve de son intelligence. C'est la méthode habituelle des essais et des erreurs ! Quand de nombreux échecs ont fatigué le singe, il se met à l'écart et s'assied sans rien entreprendre d'autre. Après être resté assis un certain temps et s'être reposé, il se remet à la tâche et arrive facilement à ses fins. La preuve de son intelligence est pour Köhler dans le fait que le singe est resté assis un certain temps. Je cite littéralement, messieurs. D'après Köhler, quand le singe est assis, il accomplit un travail de réflexion. C'est ce qui prouve son intelligence. Comment trouvez-vous cela ? La preuve de l'intelligence est dans l'inaction muette du singe... Nous savons très bien qu'il arrive que le chien a un problème quelconque à résoudre et qu'il n'y arrive pas. Il suffit de lui donner un peu de repos pendant un jour ou deux pour qu'il trouve la solution. A votre avis, est-ce que le chien y a pensé pendant ce temps-là ? Nullement. Tout simplement, la fatigue avait fait entrer en scène l'inhibition qui avait tout embrouillé, rendu tout difficile et anéanti les réflexes. C'est là la chose la plus banale ».

« Intelligence » perceptive et associationnisme

La position associationniste du comportement « intelligent» est bien explicitée par Pavlov dans ces mêmes séminaires du mercredi : «J'affirme, moi, que c'est là de l'intelligence, cette activité du singe qui essaie un moyen puis un autre, c'est la pensée en action que vous voyez de vos propres yeux. C'est une suite d'associations, dont certaines ont été déjà acquises dans le passé, alors que d'autres se forment à vos yeux, se combinent, s'ajoutent les unes aux autres et apportent la réussite ou au contraire conduisent à l'échec et s'inhibent peu à peu. ... Vous assistez en toute netteté à l'élaboration de notre pensée, vous en voyez tous les écueils, tous les procédés qu'elle emploie. C'est là de l'intelligence, mais Monsieur Köhler ne veut pas y faire attention : c'est pour lui la méthode des essais et erreurs».

Les gestaltistes accordent à Pavlov que l'expérience passée facilite la solution d'un problème, mais ils insistent sur le fait que ceci ne suffit pas : l'association, la contiguïté est un prérequis (Bower et al., 1966 ; Asch et al., 1960) à partir duquel d'autres relations, cognitives celles-ci, vont jouer. Ces relations sont celles qu'ils dérivent de leurs études sur les intégrations perceptives. A l'apprentissage par association, ils substituent l'*apprentissage par insight*. Les perceptions s'organisent, se structurent, selon des lois qu'ils ont clairement mises en évidence. A partir de ces structurations complexes internes d'habitudes passées, l'animal ou l'homme adopte certaines stratégies pour tester des hypothèses. Comme on peut le voir, la théorie de la Gestalt introduit en psychologie des entités internes, des structurations ; le behavioriste dirait du mentalisme !

Essentiellement intéressés par la perception, la mémoire, la solution de problèmes comme je l'ai dit, l'apport expérimental des gestaltistes aux théories de l'apprentissage a été peu important quantitativement. Il a cependant stimulé une voie de recherche alternative ou complémentaire selon la position théorique que l'on adopte, à la psychologie behavioriste : la psychologie cognitive.

II. E.C. TOLMAN ET LE COMPORTEMENT ORIENTE VERS UN BUT

Les gestaltistes ne se sont jamais définis comme des théoriciens de l'apprentissage. Tolman par contre est un behavioriste mais très différent d'un Watson, d'un Guthrie ou d'un Hull. Dès le départ de son travail expérimental et théorique, il se pose la question de savoir comment une théorie de l'apprentissage peut rendre compte valablement de notions telles que la pensée, l'inférence, l'intention... Pour y répondre, comme les behavioristes, il rejette la méthode introspective et pense que l'on doit étudier ces phénomènes à partir du comportement observable. Il se sépare cependant du behaviorisme radical en acceptant des interprétations, des inférences sur ce qui se passe à l'intérieur de l'organisme. Sa théorie qui se réfère à des concepts tels que la signification des stimuli pour l'organisme, l'attente du sujet par rapport à la réponse qu'il émet ... est par essence de type cognitif. Mais suivons quelques instants la pensée de Tolman.

But et performance

Lorsque nous analysons un comportement, dit Tolman, nous pouvons le décrire de multiples façons en le décomposant. Ainsi dans le labyrinthe, je puis décrire chaque mouvement, chaque déplacement du rat jusqu'au moment où il accède à la nourriture. Mais cette description est-elle significative? Tolman ne le pense pas. Le seul niveau utilisable, dans l'analyse, dit-il, se situe dans le *but* que poursuit ce comportement. Un même comportement tel que je puis l'observer peut en effet avoir des buts différents, voire opposés. Par exemple, un enfant peut pleurer parce qu'il a mal, ou pour attirer l'attention des adultes. Pour Tolman, le sujet utilise l'environnement en tant qu'objet signifiant par rapport au but. De plus, par son expérience antérieure, il *planifie* son action.

La connaissance du monde extérieur est donc une sorte de *« carte cognitive »* de l'environnement plus qu'un listing de paires stimuli-réponses. Pour atteindre au but le comportement est sans cesse remodelé par un feed-back entre « carte cognitive » et performance par rapport au but. La répétition, entraînée par le renforcement, améliore la performance.

Comme le déclarent Hilgard et Bower (1975) la position de Tolman n'est pas une position métaphysique. Elle se rapproche d'une vision cybernétique des conduites. Les behavioristes ont critiqué la notion de but qui est une explication finaliste du comportement. L'analyse du but peut, disent-ils, se faire à partir de l'étude des principes d'apprentissages simples, d'une relation entre réponses et contingences de l'environnement [1].

Tolman et le principe du renforcement

Pour Tolman, le rôle du renforcement, de la motivation est assez différent de ce que les behavioristes en pensent. La motivation crée un état de tension qui entraîne une activité guidée par les structures cognitives, par les « attentes » du sujet. Dans cette perspective, le renforcement n'est pas directement lié à l'acquisition d'un comportement, mais plutôt à sa performance. Cette position se rapproche quelque peu de celle de Guthrie qui assignait au renforcement un rôle d'« entretien » de la liaison établie. Ainsi pour Tolman, un animal qui a faim ira vers l'endroit où sa carte cognitive lui donne le plus grand indice de probabilité d'être renforcé. Si son « hypothèse » ne se vérifie pas, en d'autres termes si l'animal n'est pas renforcé (Tolman parle de confirmation) il fera de nouvelles hypothèses jusqu'à ce qu'il découvre le renforcement alimentaire. Ce faisant, il acquiert de nouvelles structures cognitives relatives à son environnement immédiat. C'est là pense Tolman le second rôle de la motivation. Cette perspective du rôle du renforcement est appuyée par

---

[1] Pour une discussion behavioriste des notions de but, d'intention en psychologie, je renvoie le lecteur aux livres de SKINNER (1972) et de RICHELLE (1977) déjà cités.

l'expérience de Tolman et Honzik (1930) sur l'*apprentissage latent*.

Des rats affamés doivent parcourir les allées d'un labyrinthe complexe pour accéder à de la nourriture. Les animaux passent quotidiennement en expérience. Un groupe est systématiquement renforcé par de la nourriture lorsqu'il arrive à la sortie du labyrinthe, un second groupe n'est jamais renforcé tout au long de l'expérience tandis qu'un troisième est renforcé après avoir parcouru le labyrinthe pendant 10 séances quotidiennes sans renforcement. Les performances du groupe renforcé régulièrement s'améliorent graduellement. Celles du groupe non renforcé ne se modifient guère au fil du temps. Quant au troisième groupe, il reste comme le second groupe peu performant jusqu'au moment où on introduit le renforcement. Dès ce moment, les performances de ce groupe rejoignent extrêmement rapidement celles du groupe régulièrement renforcé.

Pour Tolman, ces derniers animaux ont appris la réponse correcte de manière latente, mais leur performance ne se manifeste que lors de l'introduction du renforcement. Cet apprentissage latent, c'est la connaissance du labyrinthe par le rat. Dès l'introduction du renforcement, cette « cognition » s'oriente vers un choix, vers un but et permet à l'animal de réaliser immédiatement la performance nécessaire pour y accéder.

De Tolman à la psychologie cognitive moderne

Au moment où Tolman élabore sa théorie, la psychologie américaine est, ne l'oublions pas, enthousiasmée par les travaux de Watson, Guthrie, Hull... L'attitude de Tolman est celle d'un critique qui demande au behaviorisme de répondre à une série de questions que pouvait se poser tout un chacun. Qu'est-ce exactement apprendre, quelle différence y a-t-il entre apprentissage et performance, quel est le rôle exact du renforcement, que se passe-t-il entre les stimuli de l'environnement et la réponse de l'organisme... ? Les réponses cognitives qu'il donne à ces questions ont obligé les behavioristes à préciser leurs concepts, à affiner leurs expériences. Rien qu'à ce niveau, l'œuvre de Tolman est importante.

Incontestablement influencé par les gestaltistes, il s'est appliqué en tant que behavioriste « libéral » à intégrer certaines de leurs découvertes à la théorie du stimulus-réponse de son époque. Lui-même a développé un certain nombre de constructs, de variables intermédiaires : l'attente du sujet, les stimuli signifiants, les hypothèses cognitives par rapport à un but... Comme telle, l'œuvre de Tolman a introduit le paradigme de base de la psychologie cognitive.

III.   MODELE MEDIATIONNEL OU NON MEDIATIONNEL ?

Après avoir survolé très rapidement quelques étapes historiques des théories behavioristes et cognitivistes, avant d'expliciter quelque peu les prises de position des écoles cognitivistes, il me paraît utile de nous arrêter un moment pour tenter de voir clair dans les points qui opposent le modèle non médiationnel du behaviorisme radical au modèle médiationel de la psychologie cognitive sur le plan méthodologique.

Construct et variable intermédiaire. L'inférence

Le behaviorisme radical, dont se réclame Skinner, rejette les constructs hypothétiques, les variables intermédiaires de son analyse du comportement. Mais de quoi s'agit-il ?

Lorsqu'un chercheur pose par exemple que la psychose maniaco-dépressive est pour une bonne part liée à des facteurs génétiques, ce qu'il démontre par l'analyse d'histoires familiales portant sur de nombreuses générations, en faisant appel aux connaissances de la génétique dont nous disposons, il établit un construct hypothétique. Lorsque le physicien élabore la théorie physique de l'électricité en parlant de flux d'électrons, il fait aussi un construct hypothétique. En fait, le construct hypothétique se réfère à de l'*inobservé*, à une structure de la matière qu'elle soit vivante ou non, qui ne peut être vue comme telle. Ces constructs sont par définition des *inférences*.

Si maintenant, comme le faisait Hull, j'explique certaines relations de l'organisme avec son environnement en parlant du « besoin » qu'a cet organisme de poser tel ou tel comportement précis, j'implique une variable intermédiaire, c'est-à-dire un mécanisme, le besoin dans l'exemple choisi, qui est *inobservable* et qui très vraisemblablement le restera. C'est aussi une inférence. Si par l'évolution des connaissances, la variable intermédiaire devient un construct hypothétique, elle reste encore une inférence (Mahoney, 1974; Mac Corquodale et Meehl, 1948).

Ces problèmes terminologiques étant clarifiés, voyons si les « vrais » behavioristes adhèrent de manière tout à fait pure à ces règles méthodologiques de départ.

La hantise du mentalisme « Tu n'inféreras pas ! »

Très tôt, Skinner (1945) a reproché à un certain behaviorisme de ne pas s'intéresser à l'univers privé; il a consacré de nombreuses pages de commentaires et de discussions à ce problème capital. Par la suite, et on considère avec justice cet apport comme essentiel à sa théorie, il a comme nous l'avons vu, longuement argumenté sur la distinction qu'il fallait faire entre comportements gouvernés par les contingences et comportements régis par les règles; plus récemment enfin, il a déclaré que l'univers privé se définissait en termes de stimuli, de réponses, de renforcements privés, non observés. On pourrait ainsi multiplier les exemples où le maître à penser du behaviorisme contemporain n'hésite pas à utiliser l'inférence, car il ne s'agit pas d'autre chose. Sa crainte d'un mentalisme, aux explications circulaires, tautologiques l'a probablement amené à prendre cette position méthodologique rigide. Il faut admettre d'ailleurs que ce type de behaviorisme a permis des progrès jusque là inégalés en psychologie animale et dans bon nombre de problèmes relatifs au comportement humain.

Les « bonnes » inférences

Avec Mahoney (1974), il me semble qu'au stade où nous en

sommes, et c'est vrai pour d'autres sciences, le problème n'est pas de savoir si oui ou non on peut utiliser l'inférence, mais bien de préciser quelles inférences sont permises ou nécessaires et dans quelles conditions. La règle de la *parsimonie*, chère aux behavioristes, qui veut que l'on cherche des explications simples sans s'engager dans des inférences inutiles, qui risquent de faire oublier la nécessité d'une analyse causale complète, garde sa valeur. Mais pour les cognitivistes, cette attitude méthodologique qu'ils respectent ne peut s'ériger en dogme : rien ne permet de dire que *tous* les phénomènes qu'étudie la psychologie sont simples, « parsimonieux » par nature. Il est certain que l'approche cognitiviste renferme pas mal de risques d'erreurs, de danger de circularité des raisonnements... Ceci ne change pas le fond du problème : est-il possible au stade actuel de la psychologie du comportement humain de se passer de l'analyse inférentielle ?

Que l'appel aux constructs et aux variables intermédiaires soit actuellement discutable dans bon nombre de cas est plus un problème de qualité des chercheurs et des recherches que de principe fondamental.

Le behaviorisme radical peut-il tout ?

Le modèle non médiationel peut-il répondre à toutes les questions que se pose le chercheur clinicien ? Je prendrai deux exemples impliquant une réponse négative à cette question. Ces exemples seront analysés plus en détail dans les chapitres cliniques.

Exemple 1 (Notterman, Schoenfeld et Bersch, 1952)

Dans une situation pavlovienne classique, un son est associé à un choc électrique douloureux chez des sujets humains. On observe chez tous une accélération du rythme cardiaque qui se déclenche bientôt au son seul. Un groupe de sujets est informé que le choc ne surviendra plus, le second ne l'est pas. Quant au troisième groupe, on lui donne la consigne d'appuyer sur une clef télégraphique pour post-poser le choc. Le groupe informé de l'arrêt de la survenue des chocs et le groupe à qui on donne la possibilité d'un évitement réalise une extinction très rapide de la réponse d'accélération cardiaque contrastant avec le groupe non informé qui continue à réagir.

Exemple 2

Comme d'autres chercheurs avant lui, Bandura (1969, 1971) a observé et étudié l'apprentissage par imitation chez l'homme et chez l'animal. Un chercheur s'inspirant de ces travaux (O'Connor, 1969) prend des enfants en âge préscolaire, caractérisés par des difficultés de contacts sociaux avec les autres enfants. Un groupe voit un film où des enfants jouent entre eux, dans la cour de récréation et en classe, dans la bonne humeur. L'autre groupe voit un film où les interactions sociales entre enfants sont neutres. L'apprentissage par imitation, calculé par le nombre de contacts sociaux enregistrés dans le cadre de l'école est très significativement positif dans le 1er groupe.

Le modèle behavioriste strict, non médiationel, rend difficilement compte de ces deux expériences. Comment expliquer dans le 1er exemple l'extinction de la réaction cardiaque conditionnelle par l'information (cognitive) donnée au sujet en se référant strictement aux stimuli et réponses ? Dans le second exemple, s'il est possible pour le behavioriste de dire que l'imitation ayant été renforcée se généralise, il est impossible d'expliquer comment la première imitation a eu lieu. Incontestablement, d'autres processus interviennent qui font appel au modèle médiationnel, à des *structures internes*.

J'insisterai encore en répétant que le problème qui se pose au clinicien n'est pas celui d'un choix entre les deux modèles, mais d'une définition de la pertinence de l'un ou l'autre modèle par rapport à un problème précis. Pour plus de sécurité encore, je dirai avec Mahoney (1974) que l'inférence, la décision de faire appel à des constructs hypothétiques, à des variables intermédiaires est uniquement justifié quand cette procédure augmente la précision de la prédiction quant au déroulement d'un comportement, ou lorsque cette inférence enrichit un concept. Je pense que ces précautions mises en œuvre, Skinner lui-même accepterait certaines formes de médiation. De toute façon, comme tout behavior thérapeute qui a une pratique régulière, je suis prêt à défier n'importe quel behavioriste qui se dit radical de n'avoir jamais rien inféré!

IV. LES MODELES MEDIATIONNELS DE L'APPRENTISSAGE

Un modèle est une représentation formelle d'un ensemble de phénomènes que l'on tente de cerner. Tant que son utilisation amène à des prédictions exactes, à des applications efficaces, le modèle garde son utilité. Toutes les sciences procèdent ainsi de modèle en modèle jusqu'à ce que se dégagent les lois dont la généralité devient indiscutable.

Mahoney (1974) définit trois modèles qui recouvrent l'essentiel des recherches dans la perspective médiationnelle.
- Le conditionnement privé (covert conditioning);
- Le traitement de l'information (information processing);
- L'apprentissage cognitif.

Il s'agit d'une classification toute fonctionnelle des modèles médiationnels, qui est loin d'être exhaustive. Son intérêt est de répertorier les orientations de recherches d'une manière qui en simplifie la lecture. C'est pourquoi je l'adopterai ici également.

A. LE CONDITIONNEMENT PRIVE, COUVERT

Ce premier modèle médiationnel n'est pas spécifique aux théories dites cognitives de l'apprentissage. Dès le départ, la plupart des behavioristes ont analysé l'univers privé constitué de pensées, d'images, de sensations ... et ont postulé qu'il obéissait aux mêmes lois que les comportements publics, ouverts. Cette affirmation de continuité, bien que plus souvent basée sur l'inférence que sur des expériences spécifiques, est admise par un grand nombre d'auteurs qui se réfèrent au texte classique de Skinner (1953): « nous n'avons pas besoin de supposer que les événements qui se déroulent sous la peau de l'organisme ont pour cette raison des propriétés spéciales. Un événement privé peut se distinguer par son accessibilité limitée, mais non, pour autant que nous le sachions, par une structure ou une nature spéciale». Il ne s'agit pas là que d'un simple raisonnement analogique. Un certain nombre d'expériences semblent en effet valider aujourd'hui cette prise de position (Mahoney, Thoresen et Danaher, 1972; Marks et Gelder, 1967; Atkinson et Wickens, 1971 ...).

Si nous acceptons ce postulat, nous devrons donc trouver des stimuli, des réponses, des renforcements privés, internes.

Il n'est guère difficile de démontrer que des images, des activités symboliques peuvent servir de puissants *stimuli internes*. De nombreuses études mesurant les réactions physiologiques à ce type de stimuli ont été entreprises (Stern et Kaplan, 1967; Grossberg et Wilson, 1968; Waters et Mc Donald, 1973; Masters et Johnson, 1970 ...). Toutes démontrent l'existence d'une réactivité physiologique importante (R.P.G., rythme cardiaque...) à ce type de stimuli qui peut parfois être supérieure aux réactions observées aux stimuli objectifs identiques.

L'étude des *réponses privées* est nettement plus complexe sur le plan expérimental. Pour certains auteurs, ces réponses sont des éléments intermédiaires dans une chaîne de réponses aboutissant à un comportement observable (Skinner, 1953; Homme, 1965). Staats (1968) dans un ouvrage fondamental relatif à la perspective cognitiviste, considère que ces réponses ne sont pas uniquement des «operants» mais peuvent également être des répondants de type pavlovien. Ainsi l'image interne d'un partenaire sexuel peut provoquer une sensation sexuelle (réaction inconditionnelle) aussi bien que déclencher des activités de pensées érotiques (operant privé) ou entraîner des comportements observables d'approche sexuelle (operant public).

Une des plus remarquables études sur les réponses privées est celle de Hefferline et al. (1973).

L'auteur place plusieurs électrodes d'enregistrement sur un sujet et décide d'associer systématiquement un son d'une certaine intensité à une infime contraction musculaire enregistrée au niveau du pouce du sujet d'expérience. Celui-ci ignore tout du protocole expérimental et il ne peut percevoir la contraction à laquelle le son est associé. Progressivement, l'expérimentateur réduit l'intensité du son jusqu'à le faire disparaître. Il constate que le sujet continue à «entendre» un son qui n'existe plus objectivement chaque fois que le potentiel musculaire du pouce apparaît.

Cette expérience sur une «hallucination» élémentaire montre à quel point les interrelations entre les systèmes peuvent déclencher des réponses internes complexes. Les recherches sur les propriétés fonctionnelles des réponses internes sont encore très rares; pourtant, il ne fait pas de doute que des expériences du type de celle effectuée par Hefferline amènerait une meilleure compréhension quant au mécanisme de déclenchement de nombreuses réponses privées telles que par exemple des ruminations obsessives, des pensées que nous disons «plus fortes que nous», etc.

Autre voie d'approche intéressante, quoiqu'elle n'explique rien quant aux mécanismes sous-jacents est l'étude psycho-physiologique de la pensée. Mahoney (1974) cite une expérience dans laquelle on met en évidence des réponses physiologiques différentes chez des sujets à qui l'on soumet des opérations mathématiques, suivant qu'il s'agit d'une addition ou d'une multiplication.

Bref, si l'analyse des réponses privées reste difficile, différentes voies d'approches se dégagent qui, on peut le penser, nous permettront de mieux connaître les mécanismes fonctionnels de la réponse privée.

Les renforcements privés prennent le plus souvent la forme de représentations symboliques, imagées, de conséquences externes. Les études expérimentales sur le sujet ont essentiellement été faites par Cautela (1970, 1971); Ascher (1973); Ascher et Cautela (1972). Le prototype expérimental de ces recherches est le suivant:

Des sujets sont entraînés à sélectionner une image ou une scène qui a une valeur «renforçante» positive pour eux. Le groupe contrôle ne reçoit aucun entraînement particulier. On place les sujets en situation d'apprentissage d'une tâche quelconque. Lorsque la réponse fournie par le sujet est correcte, l'expérimentateur le signale. Les sujets expérimentaux doivent à ce moment évoquer l'image renforçante. On constate que le groupe expérimental réalise significativement plus vite de meilleures performances que le groupe contrôle.

Bien que ce type d'expérience prête flanc à certaines critiques telles que le simplisme avec lequel est défini le renforcement « imaginé », la possibilité d'explications alternatives au résultat obtenu (par exemple l'effet Rosenthal), le renforcement privé est déjà largement utilisé en clinique humaine comme nous le verrons plus loin. On est frappé de constater que nombre de techniques d'apprentissage « public » ont depuis quelques années leur pendant « privé ». On peut penser que la raison essentielle qui a déterminé cette évolution est la possibilité de recourir à des renforcements aversifs, à des punitions « privées », qui heurtent moins l'éthique que les vieilles procédures par choc électrique ou produits émétisants.

D'une manière générale, on doit constater que les expériences effectuées à partir de ce premier modèle médiationnel sont encore trop peu nombreuses, fréquemment simplistes, rarement indiscutables. Par exemple, l'utilisation d'images « mentales » qui se retrouve souvent au centre de ces expériences est-elle réellement justifiée en tant qu'analogie stricte avec un stimulus ou un renforcement externe ? Cela me paraît très loin d'être démontré. Des études récentes (Segal, 1971; Sheehan, 1972) laissent apparaître que le fait d'« imaginer » est un phénomène extrêmement complexe, très éloigné de la vision simpliste que certains thérapeutes en ont aujourd'hui.

B. LE TRAITEMENT DE L'INFORMATION (information processing)

Les théories cybernétiques, l'évolution de la technologie des ordinateurs sont incontestablement à la base de ce modèle qui envisage l'homme comme un élément actif entre l'« input » du stimulus et l'« output » de la réponse.

Dans cette perspective, l'organisme ne réagit pas à un

environnement «réel» au sens physique du mot mais plutôt à ce qu'il capte en tant qu'organisme spécifique à partir de cet environnement. Ce que je perçois de l'univers réel est le résultat d'une filtration, d'une sélection opérée par des structurations phylogénétiques et ontogénétiques. Cette sélection de départ implique l'existence de perceptions différentes d'un individu à l'autre à partir d'un stimulus externe identique. A la «sortie», la réponse est le résultat d'une série de modifications exercées au niveau central par le traitement de l'information.

Mahoney décrit quelques catégories de processus qui transforment ainsi le stimulus.

1. L'attention

La plupart des apprentissages nécessitent une certaine focalisation de l'organisme sur les stimuli internes ou externes. Dans de nombreux cas, l'attention porte non seulement sur les antécédents du comportement mais également sur ses conséquences. Le feedback permanent ainsi réalisé, entraîne un ajustement fin aux contingences environnementales.

L'attention est un phénomène sélectif. Notre système nerveux central est continuellement bombardé de stimuli de toutes sortes tant internes qu'externes. Or, nous n'en retenons qu'un certain nombre. Si j'assiste à une conférence passionnante, je puis ne pas «voir» la couleur du costume du conférencier; ne pas «entendre» mes voisins qui discutent du dernier match de football de leur équipe favorite; ne pas «sentir» l'inconfort du siège sur lequel je suis assis; ne pas «ressentir» la température élevée qui règne dans la salle.

D'autre part, dans certains cas, nous sommes également capable d'exercer un contrôle volontaire sur une attention spécifique. Dans une réunion mondaine, je puis être intéressé par ce qui se dit dans un cercle de discussion voisin du mien. Tout en continuant à réagir poliment à mon propre cercle de discussion, je voudrai et pourrai suivre la conversation qui se tient à côté.

Autre phénomène important: notre capacité à exécuter

deux types de comportements simultanément. Dans ce cas, un des comportements est de routine. Je puis conduire par exemple mon véhicule en réfléchissant au chapitre que je vais écrire. J'aurai ainsi «inconsciemment» réagi à divers stimuli: j'aurai freiné, accéléré, mis mon clignoteur, évité des obstacles ... seule une stimulation sortant de l'ordinaire me fera abandonner ma réflexion intellectuelle pour revenir à des faits plus terre à terre.

Si l'attention peut ainsi se sélectionner consciemment sur ce que je veux entendre, voir, sentir, ou fonctionner en dehors de ma conscience directe dans une série de tâches plus ou moins routinières, elle peut aussi être déterminée par des facteurs liés à mes apprentissages antérieurs ou à la spécificité d'un environnement. C'est ce mécanisme-là qui intéresse surtout le clinicien: du monde réel, je ne vois, je n'entends, je ne sens que ce que mon être physiologique et fonctionnel me «permet» de percevoir. Ainsi le paranoïaque, outre ses interprétations ultérieures, ne percevra que l'hostilité dans son environnement en en excluant les marques de sympathie ou de neutralité qu'il rencontrera. Chaque sujet sélectionne ainsi ses stimulations du monde extérieur en fonction d'une certaine *attente*. Le résultat peut en être une distorsion au niveau du second mécanisme de l'information: l'encodage.

2. L'encodage et le décodage

L'information captée par un de nos systèmes perceptifs va subir un traitement qui implique d'une part un système de codage le plus souvent symbolique, d'autre part un processus de rétention, de mémorisation. De très nombreuses études ont abordé le problème de la mémoire. Toutes acceptent sur le plan opérationnel que notre cerveau dispose d'une mémoire à court terme et d'une mémoire à long terme. La limite entre ces deux mémoires est bien sûr mal démarquée et nous ignorons si ces concepts recouvrent des entités fonctionnelles différentes.

Les principaux facteurs qui influencent la mémoire à court

terme sont la durée d'exposition à un stimulus signifiant, la répétition de ce stimulus, la séquence temporelle des stimuli présentés (nous retenons mieux le premier stimulus d'une chaîne et le dernier, que les stimuli intercalaires). Le facteur essentiel de la mémoire à court terme semble bien être le système d'encodage lui-même. Nous connaissons tous les moyens mnémotechniques que nous nous transmettions ou que nous imaginions pour retenir les affluents d'un fleuve en géographie, ou pour étudier des listes de dates historiques.

Les processus d'encodage utilisent le plus souvent le système symbolique du langage mais peuvent également se servir d'images (Miller, Galanter, Pribram, 1960).

Si nous retenons des informations et des apprentissages pendant un temps plus ou moins long, il en est d'autres qui semblent gravés pour toujours dans notre mémoire. Qu'est-ce qui explique que quelque chose soit retenu ou oublié ? Il paraît évident qu'un stimulus ou une situation qui n'a eu dans notre vie qu'une existence temporaire, peu significative, s'estompe progressivement de notre mémoire pour finir éventuellement par disparaître ou ne rester que sous forme de « traces » floues.

Une autre façon d'oublier est de vivre, après une situation ou après des comportements émis, dans de nombreuses autres situations différentes qui interfèrent avec les stockages informationnels antérieurs. N'est-ce pas par exemple ce système qu'utilisent ceux qui disent fuir leurs problèmes dans le travail ?

Plus intéressant encore pour la clinique est l'oubli « motivé » qui rejoint le processus décrit par Freud sous le nom de « refoulement ». De nombreuses recherches en laboratoire et en clinique semblent valider l'existence de ce phénomène (Glucksberg et King, 1967 ; Marks, Rachman et Gelder, 1965 ; Marks et Gelder, 1967 ...). S'il semble à peu près certain que l'oubli motivé d'expériences traumatiques passées existe, nous ignorons complètement pourquoi cet oubli motivé s'installe dans tel cas et non dans d'autres. S'agit-il de variables liées typologiquement à l'individu ou de variables dépendant du type même d'expérience aversive ? Ou bien encore, le système d'encodage initial était-il différent (par exemple imagé plutôt que verbal) alors que nous essayons de le réévoquer sur un mode inadéquat ? Mahoney introduit à ce sujet une hypothèse éthologique intéressante : il pose que la mémoire par images serait nettement plus ancienne que la mémoire utilisant le codage linguistique; serait-il injustifié de prétendre que chez l'enfant par exemple, ce système d'encodage imagé l'emporte, ce qui expliquerait dans certains problèmes cliniques la difficulté de réévoquer certains affects anciens par le code linguistique ?

Ne pourrait-on analyser dans la même perspective le fait que dans les phobies d'objets externes, les thérapies utilisant les systèmes d'images objectives ou subjectives réalisent de meilleurs résultats qu'une thérapie strictement verbale ? Autant de questions qui demeurent aujourd'hui encore sans réponse mais que ce modèle pourrait aborder expérimentalement.

Un phènomène très particulier, le phénomène du « bout de la langue » examiné de longue date par les psychologues et psychiatres, a été récemment étudié par des cognitivistes (Brown et McNeill, 1966) à la lumière de la théorie du traitement de l'information. Il arrive à tout un chacun de ne pouvoir évoquer un mot, un nom, tout en sachant que nous le connaissons. Ces auteurs pensent que les informations sont stockées dans le cerveau avec différents codes comme nous l'avons dit plus haut : code phonétique, associatif... Lorsque nous avons la réponse « sur le bout de la langue » le cerveau « recherche » l'information métaphoriquement à la manière dont l'ordinateur « relit » ses cartes perforées.

On pourrait ainsi poursuivre longuement l'analyse des processus de mémoire. Je citerai à la fin de ce chapitre des sources documentées sur ce problème dont l'importance capitale se dessine mieux de jour en jour pour le clinicien. Je voudrais seulement souligner ici combien une meilleure connaissance de ces processus fondamentaux permettrait de nous faire rapidement progresser dans bon nombre de problèmes cliniques. Il ne fait pas de doute que c'est dans ce type d'analyse que nous devons nous engager. Poursuivre comme le font bon nombre de cliniciens dans des interprétations verbeuses et trop souvent fantaisistes risque de les faire longtemps encore stagner à la surface des phénomènes.

Que le modèle informationnel soit encore récent dans ses hypothèses, trop maigre dans ses faits d'expériences n'a rien de gênant. Son orientation, qui prend des problèmes tels que ceux de la perception et de la mémoire à leur racine, qui se pose les questions fondamentales concernant les mécanismes à l'œuvre est ardue mais prometteuse. Les métaphores empruntées à la technologie de l'ordinateur ne sont dans cette perspective qu'un langage momentané, simplificateur. En tant que tel, il ne peut être gênant. Pourtant, Skinner (1974) le rejette par crainte d'une réification des entités internes qu'il implique. Pour cet auteur, il est inutile de faire appel à des analogies cybernétiques pour expliquer ce qui se passe : l'homme examine le monde extérieur, généralise, discrimine, construit des concepts, des abstractions; il résout des problèmes, extrait des plans, des règles; d'anciennes règles il dérive des nouvelles, etc. Tout cela pour Skinner, est du comportement. Aussi, l'analogie de l'ordinateur n'apporte-t-elle rien dans sa perspective à notre compréhension mais par contre risque de réintroduire une perspective dualiste, mentaliste à travers cette « machine » qui règle le comportement.

Ce n'est pas le lieu de reprendre le débat behavioristes-cognitivistes. Je me contenterai de dire que les faits expérimentaux déjà nombreux fournis par les cognitivistes à partir de ce modèle informationnel sont indiscutables. La discussion porte uniquement au niveau de l'interprétation. Ce modèle informationnel continue à stimuler de nombreuses hypothèses de recherches intéressantes ce qui est la raison d'être même de tout modèle. Le jour où il cessera de le faire, il suffira de l'abandonner. Le reste n'est que discussion formelle.

C. L'APPRENTISSAGE COGNITIF

La distinction entre 3 modèles médiationnels est par définition assez arbitraire. Mahoney, à qui j'ai repris cette classification, note que le modèle cognitif lui-même regroupe en fait diverses théories telle celle de Bandura (1971a, 1977), Staats (1972) et Bem (1972), des modèles issus de la pratique clinique d'auteurs tels que Ellis (1962), Kanfer (1971), Thoresen et Mahoney (1974)...

Contrairement aux behavioristes radicaux qui rejettent toute l'optique cognitiviste et ses structures, les cognitivistes estiment qu'une intégration des deux niveaux d'analyse est possible et même souhaitable. La prise de position cognitiviste est la suivante : l'homme est un organisme complexe, en perpétuelle interaction avec son environnement. Les comportements, leurs changements dépendent d'un état physiologique donné, d'une histoire comportementale, des contingences de l'environnement et en plus, d'une variété de processus cognitifs. Cet ensemble de variables rend bien sûr l'homme dépendant de son environnement mais lui permet également de le modifier. Là où Skinner déclare que le milieu sélectionne les conduites, le cognitiviste ajoute que l'environnement peut également être sélectionné par l'homme notamment à travers l'activité de ces mécanismes cognitifs. La relation, la dépendance organisme-environnement est donc réciproque, bi-directionnelle par un ajustement permanent, par des circuits de rétro-action (feedback).

Le feedback externe est analysé, décrypté par les processus cognitifs qui s'appellent médiation symbolique, anticipation des conséquences de nos actions, solution de problèmes, attente par rapport à une action...

Lorsque ces mécanismes cognitifs sont déréglés pour une raison quelconque (physiologique, apprentissage perturbé, sélectivité inappropriée des apprentissages par inadéquation affective...) le comportement aboutit à des distorsions cognitives, à la pathologie.

Cognition et motivation

La motivation active et maintient le comportement. S'il est aisé de voir la motivation « à l'œuvre » lorsque nous avons faim, soif, ou mal, il faut constater qu'un grand nombre de nos comportements se déroule dans des circonstances où aucune stimulation n'est apparente. Pour les cognitivistes, nous sommes capables de nous représenter des renforcements très distants dans le temps et d'en anticiper les conséquences. Par ailleurs, nous nous fixons des buts à partir desquels nous autorégulons le renforcement. L'effet motivationnel ne dérive pas du but en lui-même, mais bien d'une *auto-évaluation* de notre propre comportement dirigé vers ce but. Cette auto-évaluation peut d'ailleurs avoir valeur renforçante même si le but n'est jamais atteint. Les notions d'auto-évaluation et d'autorenforcement sont centrales dans le modèle cognitiviste. Elles débouchent sur le concept plus vaste d'*autorégulation*. Notre histoire comportementale antérieure, nos apprentissages par observation des conduites d'autrui, nous donnent cognitivement une image de ce qui est bien ou mal, bon ou mauvais, souhaitable ou indésirable... A partir de ces standards, nous nous auto-évaluons cognitivement. Nous y puisons des renforcements positifs ou négatifs selon que nous analysons nos comportements internes ou externes comme valables ou non, par comparaison avec ces référents. Le clinicien sait combien de problèmes surviennent à partir d'auto-évaluations aberrantes qui conditionnent toutes les activités de certains de leurs patients.

Contingences cognitives

Des changements de comportement ne sont pas seulement dus à des associations d'événements du monde externe, mais aussi à la représentation cognitive que nous nous faisons de notre univers. Nous ne sommes d'ailleurs en règle générale que peu sensibles aux conséquences concrètes de nos comportements, sauf si nous constatons la relation qui existe entre les événements. Le clinicien sait quel peut être le changement comportemental important qu'il peut brutalement déclencher chez son patient par la simple mise en évidence de relations causales entre antécédents et conséquents de comportements sur le plan cognitif. La « croyance » erronée en certaines interrelations peut soutenir très longtemps des comportements même si les conséquences sont désastreuses pour le sujet. Comme le dit Bandura (1977), le principe selon lequel un comportement est gouverné par ses conséquences est plus pertinent pour l'anticipation des conséquences que pour leur actualisation.

Cette perception cognitive des contingences de l'environnement est un élément fondamental pour expliquer en clinique toute une série de distorsions, de paradoxes. Une fois le comportement acquis sur le mode cognitif, il entre dans une certaine routine et ne nécessite plus une conscience permanente dans son exécution.

La pensée

Les capacités cognitives dont nous disposons nous permettent de résoudre la plupart de nos problèmes par la pensée plutôt que par l'action directe. Les processus symboliques spécialement le langage, les opérations cognitives et leurs interrelations sont les véhicules essentiels de la pensée. Par la manipulation de ces symboles, nous pouvons comprendre les relations causales entre événements, en déduire de nouvelles formes de connaissance, résoudre des problèmes, prévoir les conséquences d'une conduite avant de l'avoir émise. De cette manière, les processus de pensée deviennent progressivement indépendants de leurs référents concrets immédiats.

De plus, l'activité de pensée permet des *« fantaisies »* symboliques qui n'ont que peu à voir avec la réalité du monde physique. Cette remarquable flexibilité de la symbolisation et son indépendance par rapport aux contraintes de la réalité augmente de manière « extraordinaire » les possibilités de la pensée.

Par ailleurs, comme le signale Bandura (1977), la pensée a elle-même ses propres processus de vérification. Un fonctionnement cognitif valable nécessite les moyens de distinguer entre pensée correcte et pensée erronée. Ces vérifications se font par les activités de réflexion qui sont des pensées au sujet d'autres pensées (règles logiques), par référence à l'expérience directe, par la captation de comportements, d'idées, de règles issues de la culture dans laquelle nous vivons (modelage symbolique). A chacun de ces niveaux, comme je l'ai dit plus haut, l'erreur est possible soit que les règles logiques soient enfreintes (par exemple surgénéralisation à partir d'un fait), soit que les faits externes soient captés avec une certaine sélectivité erronée, soit que les référents sociaux ou culturels soient eux-mêmes discutables (par exemple, les référents d'une société de consommation). On aboutit alors à des *distorsions cognitives* qui peuvent atteindre un registre comportemental ou l'ensemble des conduites. Les comportements qui en découlent pourront ainsi perturber l'individu qui agira des années voire toute une vie sur des conséquences cognitivement vécues comme positives alors qu'elles le détruisent. Des exemples de distorsions cognitives semblables foisonnent dans notre société : l'homme d'affaire qui court vers l'infarctus du myocarde, l'employé ou l'ouvrier qui s'emprisonne financièrement sa vie durant pour posséder certains « biens » de consommation que les référents publicitaires lui disent être indispensables, etc.

De nombreux problèmes cliniques se révèlent liés à ce type de distorsion. Ils posent au thérapeute le problème éthique de « décider » pour son patient quels sont les « bons » et les « mauvais » standards de la société. Ce reproche fréquemment adressé aux behavior thérapeutes sera discuté en détail à la fin de l'ouvrage.

Il n'est pas possible dans cette introduction aux behavior therapies d'envisager tous les aspects de la recherche cognitiviste. Je n'ai effleuré ici que quelques-uns des problèmes abordés par cette approche à titre exemplatif. Le lecteur qui veut en savoir plus long se référera aux lectures recommandées.

Ma conclusion sera simple : le modèle médiationnel cognitiviste a été rejeté, « excommunié » pendant de nombreuses années parce qu'il s'occupait de l'inobservé et de l'inobservable, se référait à des structures internes, courait le risque de ramener la psychologie scientifique vers le mentalisme. Aujourd'hui encore il a fourni plus d'hypothèses que de faits expérimentaux. Au fil du temps cependant, il précise ses données, amène à la clinique de nouvelles thérapies.

On doit lui reconnaître le courage d'avoir abordé l'étude des *structures internes*. La tâche est ardue, semée d'embûches mais indispensable au stade actuel.

Un autre intérêt de l'abord cognitiviste est qu'il peut constituer un pont entre les théories de l'apprentissage et d'autres théories relatives au comportement humain; je pense particulièrement aux théories psychodynamiques. Celles-ci, issues de la clinique, n'ont que rarement été validées expérimentalement si ce n'est par le résultat clinique, moyen très discutable. L'outil expérimental des théories cognitivistes de l'apprentissage permettra, je pense, à toute une série de concepts psychanalytiques de sortir du « flou artistique » dans lequel certains théoriciens semblent vouloir les garder.

Lectures recommandées

Bandura, A., *Social Learning Theory*, Prentice Hall, Inc., Englewood Cliffs, 1977.

Bandura, est un des chefs de file de l'approche cognitiviste. Il est surtout connu pour ses études sur l'apprentissage social et plus particulièrement sur l'apprentissage par imitation.

Ce livre très récent décrit de manière magistrale les concepts fondamentaux de la théorie cognitiviste. Il est appelé, me semble-t-il, à être le pendant cognitiviste du livre de Skinner : « L'analyse expérimentale du comportement ».

De lecture aisée, se référant sans cesse à la clinique, il renferme une somme de réflexions qui est une mine d'or pour le clinicien.

Estes, W.K., *Handbook of Learning and Cognitive processes*, Lawrence Erlbaum Associates Publishers, 1976.

Ce traité en 6 volumes est entièrement consacré à la psychologie cognitive.

Estes s'est entouré des meilleurs spécialistes contemporains pour rédiger cet ouvrage. Le 1er volume présente les principes et méthodes qui sont à la base de la psychologie cognitive moderne. Les volumes 2 et 3 traitent des différentes recherches associées aux théories de l'apprentissage en général. Quant aux 3 derniers volumes, ils présentent les voies de recherche les plus récentes (Volume 4: attention, mémoire; Volumes 5 et 6: traitement de l'information, mémoire sémantique, solution de problèmes...).

Cet ouvrage monumental est bien entendu essentiellement un ouvrage pour spécialiste.

Hilgard, E.R. et Bower, G.H., *Theories of Learning*, Prentice Hall, Inc., Englewood, 1975.

Déjà cité dans les lectures recommandées du chapitre I, cet ouvrage, outre son abord historique des théories de l'apprentissage fait de très larges incursions dans les théories cognitivistes modernes. Le lecteur intéressé y trouvera un très long chapitre extrêmement bien documenté consacré aux processus de l'information (information processing theories).

Mahoney, M.J. *Cognition and Behavior Modification*, Ballinger Publishing Co, 1974.

On perçoit nettement que l'auteur a été formé aux écoles behavioristes. Son intérêt pour la psychologie cognitive est le résultat de sa pratique clinique. Plusieurs chapitres sont destinés à démystifier les accusations de mentalisme, de « non scientifique » que l'on adresse à cette approche dans le camp behavioriste.

Par la suite, il développe les grandes orientations de recherches des cognitivistes, les pratiques cliniques qui en dérivent.

L'ouvrage est critique, très documenté, écrit dans un style décontracté.

C'est un excellent livre d'introduction.

CHAPITRE III

BIOLOGIE ET COMPORTEMENT

S'il était simpliste de chercher l'explication des troubles psychopathologiques dans la seule organicité du système nerveux central comme le firent bon nombre de psychiatres du XIXᵉ siècle et du début du XXᵉ siècle, il est tout aussi aberrant de ramener toute l'explication des troubles du comportement à la seule psychogenèse, tendance explicitement ou implicitement rencontrée chez certains psychothérapeutes.

Dans le courant de ce siècle, la «faveur» est passée d'un déterminisme strictement biologique du comportement (organicisme, psychologie des tempéraments) à un déterminisme psychologique (théories psychodynamiques) et à un déterminisme social ou environnemental (anti-psychiatrie, behaviorisme radical). On peut certes comprendre aujourd'hui que le déterminisme biologique ait été banni par certains quand on sait que c'est en se basant sur lui que les concepts d'inégalité «mentale» ont été utilisés pour donner une «caution» pseudo-scientifique à des notions de hiérarchisation sociale et raciale.

Pour le scientifique, dont la philosophie en ces matières devrait toujours être posée en termes d'hypothèse de travail, le problème est loin d'être simple. Dans l'état présent de ses connaissances, il n'a ni les preuves ni les moyens pour prendre valablement position dans un tel débat qui lui paraît par ailleurs non fondé. Tout ce qu'il peut constater c'est que la singularité des individus entraîne que tel problème déclenchera des troubles névrotiques chez l'un, des troubles fonctionnels psychosomatiques chez l'autre, une décompensation psychotique chez un troisième ... et n'aura pas d'effet sur un dernier. Ceci devrait l'amener dans sa recherche d'une explication aux différences constatées à refuser, dans une perspective moniste, de se sentir lié à un *choix* entre soma et psyché pour s'attacher à déterminer avec précision les rapports, les interrelations entre le biologique et le social dans l'élaboration des conduites humaines. La « balance » penche actuellement chez les scientifiques nettement du côté des facteurs environnementaux : si le psychopathe devient délinquant, c'est parce qu'il a passé son enfance dans un milieu défavorisé : le père était alcoolique, la mère se désintéressait de ses enfants. Si cet adolescent devient schizophrène c'est parce qu'il a été éduqué par une mère émettant les comportements caractéristiques des mères de schizophrènes...

Cette attitude à sens unique a eu et a encore pour conséquence un énorme retard dans les recherches relatives à notre connaissance des facteurs que l'on appelait de « prédisposition », de « terrain ».

Bien sûr, la notion de « terrain » a été trop souvent le fourre-tout de notre ignorance des causes; elle ne peut cependant pour cette raison être rejetée sans autre forme de procès.

Autre problème dérivant d'ailleurs du premier : nous disposons aujourd'hui de suffisamment d'éléments pour dire que si la psychothérapie est l'outil de choix pour modifier des troubles du comportement dans leur causalité psychogénétique, la biochimie et la pharmacologique sont les sciences de base dans l'approche des problèmes liés aux facteurs héréditaires et constitutionnels. Depuis quelques années, une véritable phobie des médications psychotropes s'est installée dans le public en réaction aux abus incontestables observés en Occident dans la consommation de ces substances. La réaction justifiée vis-à-vis de ces abus dépasse cependant la raison lorsqu'elle aboutit à un rejet pur et simple des incontestables progrès que ces produits nous ont permis de réaliser dans le traitement d'un grand nombre de troubles du comportement. Les fanatiques de l'«antimédication» oublient trop rapidement que plus de 80 % des problèmes traités en psychiatrie peuvent se résoudre de manière satisfaisante par une pharmacothérapie judicieuse accompagnée d'une psychothérapie simple et supportive. Par ailleurs, il est nécessaire de souligner que les psychotropes constituent souvent un adjuvant précieux dans nombre de psychothérapies qu'ils facilitent de manières diverses. Ces évidences sont curieusement «scotomisées» par certains thérapeutes et certains «médias» qui véhiculent plus volontiers des élucubrations intellectuelles que le souci de *la demande du malade*. L'attitude inconditionnellement antipharmacologique au niveau du traitement est plus qu'une erreur: elle est une faute à la fois professionnelle et déontologique.

I. LES TYPOLOGIES

Le besoin de différencier les individus humains en les classant par «types» remonte à la plus haute antiquité. Plus près de nous, les psychologues et psychiatres se souviennent des classifications établies par Kretschmer qui distinguait le tempérament pycnique, athlétique et leptosome ainsi que de la typologie de Sheldon qui classait les individus en endomorphes, mésomorphes et ectomorphes. Ces typologies étaient basées le plus souvent sur une mise en relation des caractères physiques présentés par l'individu avec ses comportements observables.

Typologie pavlovienne

Pavlov s'était rapidement intéressé aux différences individuelles qu'il observait chez ses chiens d'expérience. Au départ, sa classification typologique était, comme celle des auteurs que je viens de citer, essentiellement basée sur une analyse des comportements observables.

En 1908, lors d'un des séminaires du mercredi, il propose une première classification descriptive en trois types:

- le chien très actif, nerveux et sensitif chez lequel il y a prédominance des processus d'excitation sur les processus d'inhibition (voir chap. I);
- le chien inexcitable où l'inhibition domine;
- le chien de type «habituel» où il existe un équilibre entre les deux processus.

Pavlov ne publie pas cette classification dans la mesure où il s'agit là pour lui de simples concepts comportementaux. D'emblée, il s'attache avec son équipe à la recherche d'indices exacts basés sur les lois qu'il est en train de mettre en évidence, indices qui mesureraient les processus physiologiques en cause. De sa première classification, toute comportementale, il dégage la notion de *force* ou de *faiblesse* du système nerveux central, impliquant un principe d'*équilibre* entre les processus d'excitation et d'inhibition. Plaçant ces notions en rapport avec la classification des tempéraments qui remonte à Hippocrate, Pavlov en arrive à décrire une nouvelle typologie où l'on distingue:

1. *deux types extrêmes:*

- le mélancolique (faible) chez qui on observe une stabilité des réactions conditionnelles inhibitrices et une faiblesse des processus d'excitation;
- le sanguin (fort) chez qui prédominent les processus d'excitation.

2. *deux types intermédiaires:*

- le colérique chez qui prédominent de manière modérée les processus excitateurs;
- le flegmatique chez qui prédominent de manière modérée les processus d'inhibition.

On perçoit dans cette classification diverses contradictions internes: tout d'abord, la notion de force est mise à l'arrière-plan parce qu'il est difficile de concevoir que le type fort (sanguin) soit en même temps faible du point de vue des processus d'inhibition. Par ailleurs, si l'accent est mis sur la notion d'équilibre, celle-ci reste encore très imprécise. Enfin cette nouvelle version reste fondamentalement liée à une typologie comportementale que Pavlov critiquait lui-même auparavant.

Progressivement, Pavlov arrive à considérer que ces notions de force et de faiblesse s'appliquent en fait au fonctionnement même de la cellule nerveuse du système nerveux central. Ce passage des propriétés comportementales globales aux propriétés de la cellule nerveuse aboutit à la classification de 1931 qui comprend :

1.   un type central : le normal idéal chez qui inhibition et excitation sont en équilibre. Ce type comprend lui-même deux formes, l'un est le «calme stable», l'autre le «très vivant».

2.   deux types extrêmes :

- fort : pas entièrement normal car les processus inhibiteurs sont plus faibles comparativement à la force des processus d'excitation;
- faible : chez qui les deux processus sont faibles mais spécialement les processus inhibiteurs.

Cette nouvelle classification contient les mêmes faiblesses que celles rencontrées dans les versions antérieures. Les deux types centraux sont distingués non pas par des indices précis mais par leurs comportements; d'autre part, Pavlov ne dit pas en quoi les deux types extrêmes le sont. En effet, si le type central est défini par son équilibre, les extrêmes sont comparés du point de vue de la force. Cette classification met donc deux principes différents sur le même plan.

En 1932, Pavlov décrit la troisième propriété fondamentale sur laquelle s'appuiera sa typologie à savoir la *mobilité* des processus nerveux. Il écrit que la cellule nerveuse a deux propriétés : la mobilité (ou labilité) c'est-à-dire la facilité avec laquelle un stimulus produit une réponse et la «capacité de travail» c'est-à-dire la base sur laquelle les systèmes nerveux se divisent en «type fort et type faible». Pavlov conclut à ce moment : « nous parlons de système nerveux fort et faible et c'est cela qui sous-tend la distinction entre type faible d'une part et type équilibré et excitatoire d'autre part. Le deuxième principe est la balance entre excitation et inhibition et c'est cela qui donne la différence entre type excitatoire et équilibré. Mais sur quel principe subdiviser le groupe équilibré ? Nous sommes guidés en cela par la facilité de mobilité ou par l'inertie de l'excitation ».

Ainsi se dégagent trois principes fondamentaux :
- la force du système nerveux central;
- la balance entre processus d'excitation et inhibition;
- la mobilité.

La classification finale du vivant de Pavlov est la suivante :

1. les extrêmes (principe de force du système nerveux central)

   a) fort : déséquilibré ou non balancé
               (excitatoire)   (colérique)
   b) faible : type faible (mélancolique)

2. les intermédiaires

   a) balance excitation - inhibition :
         bien balancé (équilibré)
         mal balancé (excitatoire)
   b) mobilité :
         mobile (sanguin)
         inerte (flegmatique)

A partir de ce moment, la recherche typologique pavlovienne s'écartera définitivement des indices comportementaux généraux pour s'intéresser exclusivement aux différences constatées dans l'analyse des divers processus de l'apprentissage.

Les recherches typologiques pavloviennes ont par ailleurs amené cette école à chercher une distinction précise entre ce qui est le type congénital, inné du système nerveux central, consistant en un complexe de propriétés spécifiques des processus nerveux (*type ou tempérament*) et ce qui est l'aspect comportemental acquis et modifiable (*phénotype ou caractère)*. Quelle corrélation y a-t-il entre type et caractère ? Pour les auteurs russes, le caractère est la combinaison de systèmes de connections conditionnées complexes et stables formées durant l'éducation individuelle au sens large du mot. Mais cette formation et son fonctionnement dépendent essentiellement des caractéristiques du type. Cela signifie-t-il que le type soit quelque chose de non modifiable ? Pour reprendre une phrase d'un élève de Teplov, « la plasticité des processus fondamentaux n'est pas celle de la pâte à modeler qui change sa forme en réponse à une faible pression imprimée une seule fois. C'est la plasticité de l'acier qui demande de grands efforts pour altérer sa forme ». Par conséquent, les effets plus ou moins rapides d'une psychothérapie sont dus à la formation de nouvelles connexions mais jamais à une altération des propriétés du type.

Teplov, s'est essentiellement polarisé sur l'étude des propriétés fondamentales de « force » et de « mobilité ».

1. *Notion de force* : elle est définie en ce qui concerne les processus d'excitation comme la capacité de travail des cellules cérébrales. Celle-ci a une limite déterminée par leur capacité à soutenir longtemps une excitation forte ou ultra-forte sans passer à l'état d'inhibition. L'expérimentation a démontré qu'il fallait encore faire une distinction entre simulation forte ou ultra-forte d'une part et durée d'une stimulation d'intensité normale d'autre part. Certains systèmes nerveux endurent aisément les stimulations fortes mais tolèrent mal l'action prolongée d'une stimulation d'intensité moyenne.

A la lumière de ces études, notamment sur l'homme, Teplov en arrive à se poser la question de savoir si la notion de faiblesse a bien ce caractère négatif qu'on lui attribuait dans les premières recherches pavloviennes. Teplov montre que la « faiblesse » est la conséquence d'un haut degré de réactivité, de sensibilité des cellules nerveuses. Elle a donc deux aspects : l'un négatif, sa faible capacité de travail, l'autre positif, son excitabilité intense. Teplov en conclut qu'un système nerveux de type faible s'il est apparemment plus «vulnérable» d'un point de vue physiologique doit être considéré d'un point de vue psychologique et éducatif comme un système d'un autre type sans connotation péjorative.

2. *Notion de mobilité* : Teplov la définit en disant que «la mobilité se réfère d'une manière générale à toutes les caractéristiques temporelles du fonctionnement du système nerveux central, c'est-à-dire à tous les aspects de son fonctionnement où la notion de vitesse est applicable» (vitesse d'initiation d'une réaction conditionnelle, vitesse d'irradiation et de concentration des stimuli, vitesse avec laquelle l'inhibition remplace l'excitation, vitesse de changement de la réponse quand les conditions externes changent...). Comme le disait Pavlov «nous sommes ici concernés par la stabilité des connexions anciennes».

On peut à nouveau se poser la question de savoir si la mobilité ou l'inertie, son contraire, sont des notions négatives. L'école de Teplov a largement démontré que sans cette inertie, il n'y a pas de stabilité possible d'où pas d'habitudes, de mémoire...

Teplov conclura une longue suite d'expérimentations sur la mobilité en affirmant que l'inertie contient à la fois une grande stabilité et une grande difficulté à s'adapter. La labilité par contre renferme une grande adaptabilité et une grande instabilité. Ce sont donc là deux modes d'adaptation à l'environnement et non pas différents signes de perfection ou d'imperfection du système nerveux central.

Le lecteur voudra bien me pardonner d'avoir assez longuement insisté sur cette aride typologie pavlovienne, d'autant plus qu'elle n'aboutit actuellement à aucune application clinique. Teplov déclare lui-même qu'il faut 6 mois environ à raison de plusieurs heures de travail par jour pour établir le type d'un seul individu. Il s'agit donc là d'une recherche à long terme dont les résultats peuvent nous faire progresser dans la connaissance de manière spectaculaire. En effet, derrière ces analyses des réactions conditionnelles se profilent toutes les corrélations possibles avec les substrats neurophysiologiques, biochimiques et génétiques dont la typologie n'est que l'émergence.

Typologie d'Eysenck

Le nom de Hans Eysenck, psychologue, professeur au Maudsley Hospital de Londres est bien connu des behavior thérapeutes. Chef de file de la Behavior Therapy anglaise, il est l'auteur de nombreux ouvrages théoriques et pratiques dans ce domaine.

Formé à l'école pavlovienne, il s'est spécialement consacré à des recherches sur les « dimensions de la personnalité chez l'homme ».

A partir de ses premières recherches, Eysenck (1955, 1956) pose un certain nombre de déductions :
- les conduites humaines présentent un certain degré de généralité, sinon il n'existerait pas de théorie générale du comportement possible;
- la personnalité est structurée hiérarchiquement;
- le comportement anormal n'est pas qualitativement différent du comportement normal; le passage de l'un à l'autre s'établit sur un continuum;
- une fois les principales dimensions de la personnalité établies, il est possible de classer chaque individu dans chacune de ces dimensions.

Eysenck (1969) postule qu'il existe *quatre niveaux d'organisation de la personnalité :*
- le type;
- les traits;
- les réponses habituelles;
- les réponses spécifiques.

Au niveau le plus bas, les réponses spécifiques qui sont des comportements ne survenant qu'occasionnellement et déclenchés dans des circonstances particulières.

Au second niveau, les conduites sont celles qui surviennent habituellement chez les sujets dans des situations données. Le niveau suivant est celui des traits de personnalité : le trait regroupe un ensemble de réponses habituelles du même ordre qui le définissent. Ainsi un sujet sera dit «rigide» (trait) s'il émet un certain nombre de comportements habituels allant dans ce sens: par exemple difficulté à modifier ses conduites dans telle circonstance nouvelle, conservatisme des idées reçues...

Enfin, l'ensemble des traits converge vers un type de personnalité. Par exemple l'introverti (type) se définit par des traits tels que persistance des conduites acquises, psychorigidité, irritabilité...

Pour Eysenck, il existe *trois dimensions fondamentales à la personnalité* (en dehors des facteurs d'intelligence).
- le neuroticisme;
- l'introversion versus extraversion;
- le psychoticisme.

Il s'agit là de la décantation d'une série d'études utilisant l'analyse multifactorielle. Le lecteur intéressé pourra suivre en détail les recherches d'Eysenck dans divers volumes écrits par l'auteur (1947, 1952, 1957, 1960 a, 1960 b, 1968). J'essayerai simplement ici d'en résumer très brièvement le contenu.

Selon Eysenck, «l'individu qui a un niveau élevé de neuroticisme est un sujet au système nerveux hyperactif, labile, réagissant de manière trop importante et trop persistante à des stimuli externes puissants».

Avec Yates (1970), on peut s'étonner de lire que le sujet à haut neuroticisme réagit à des stimuli externes puissants. En fait, ce sujet au système nerveux labile et hyperactif à la fois, réagit à des stimuli de faible intensité, ce qui explique la formation précoce de conduites anormales (phobies, obsessions...) alors que le sujet au neuroticisme faible ne sera «perturbé» que par des stress importants. Sur le plan du diagnostic, on peut prédire d'un sujet présentant des troubles polysymptomatiques, qu'il a vraisemblablement un degré de neuroticisme élevé; alors que le sujet atteint d'un trouble monosymptomatique est très vraisemblablement un sujet à neuroticisme bas. On pourrait encore exprimer ces faits autrement en disant que le sujet à troubles multiples, à neuroticisme élevé est ce que nous appelons un « névrosé », alors que le sujet à neuroticisme bas est un sujet « normal » qui peut cependant présenter des conduites anormales, par exemple suite à un traumatisme psychologique violent. Quant au pronostic, il est certes plus favorable pour ce dernier patient que pour le premier, chez qui la probabilité de rechute est par ailleurs plus élevée.

Eysenck analysant la dimension *introversion-extraversion* déclare qu'il s'agit là également de propriétés génétiquement déterminées du système nerveux central. Par exemple, l'extraverti se conditionne lentement, à une moins bonne vigilance devant les tâches monotones et développe plus rapidement une extinction que l'introverti. Toutefois, Eysenck distingue l'introversion ou l'extraversion constitutionnelle de l'introversion ou de l'extraversion comportementale. Pour lui, dans cette dimension, la constitution ne joue qu'un rôle de « potentialité ». Ainsi, un sujet génétiquement prédisposé à l'extraversion, s'il vit dans un environnement où le respect de l'ordre, de la tradition, des valeurs morales est très cultivé, pourra émettre des comportements introvertis et vice versa. On peut donc en déduire qu'une psychothérapie sera capable de modifier la dimension introversion-extraversion alors qu'elle sera totalement inefficace sur les dimensions de neuroticisme et de psychoticisme qui sont la cible des psychotropes.

Par une étude similaire, chez des psychotiques, Eysenck a regroupé un certain nombre de traits à partir desquels il a établi la troisième dimension : le *psychoticisme*.

Diverses études statistiques démontrent qu'il n'existe aucune corrélation entre les trois dimensions de la personnalité décrite par l'auteur.

La typologie d'Eysenck a été fortement critiquée par divers chercheurs soit parce qu'ils n'ont pu reproduire ses résultats (Becker, 1960) ou plus généralement parce qu'ils mettent en doute la validité, voire l'intérêt d'études multifactorielles semblables.

Il serait trop long de discuter ici les arguments pour et

contre la théorie d'Eysenck. Je lui trouve deux intérêts immédiats pour le clinicien : d'une part, elle lui rappelle l'existence des structures de la personnalité avec lesquelles il doit compter dans son travail thérapeutique; d'autre part, elle lui fournit, sous forme d'un test simple, d'utilisation rapide, une base utile à son approche, à partir de laquelle il peut définir certaines prédictions, établir des hypothèses pronostiques. Son utilisation régulière par un grand nombre de cliniciens permettra certainement d'en définir les indications, d'en préciser les limites, d'en discerner les erreurs.

Le phénomène de l'Incubation

Comme nous l'avons vu, toute conduite apprise que ce soit sur le mode pavlovien ou sur le mode operant, finit par disparaître si elle n'est pas régulièrement renforcée.

Pourtant, certains comportements semblent transgresser cette loi de l'extinction. Ainsi, Solomon R. et Wynne L. (1953) ont démontré que certains apprentissages aversifs chez le chien sont pratiquement irréversibles sans que des « rappels » soient nécessaires.

Eysenck (1967, 1968) pour sa part a rapporté une expérience étonnante due à Napalkov :

Chez des chiens, certains stimuli aversifs induisent une augmentation de la pression artérielle qui ne dépasse pas cependant 50 mm de Hg (Pression artérielle normale 120 mm Hg). Après 25 présentations du stimulus aversif seul, il se crée une habituation et la pression se restabilise à son niveau antérieur. Si maintenant, on présente une seule fois un stimulus conditionnel (par exemple un son) suivi d'une stimulation inconditionnelle aversive (par exemple un choc électrique), on observe également une augmentation de la pression artérielle de 30 à 40 mm Hg. Si par la suite on ne présente plus que le son seul, on observe que la pression artérielle continue à augmenter progressivement. L'hypertension importante (190 - 230 mm Hg) ainsi établie peut se maintenir chez certains animaux durant plus d'un an. Par conséquent, là où l'on s'attendait à une extinction progressive, on observe au contraire une amplification du phénomène.

Discutant ce problème, Eysenck postule que dans ce type de situation 2 mécanismes sont à l'œuvre : l'un tend classiquement à éteindre la liaison temporaire ainsi établie, l'autre tend au contraire à l'entretenir. « Normalement », c'est l'extinction qui domine. Par contre, dans certains cas, le phénomène qu'il appelle *incubation de l'anxiété* l'emporte. L'auteur postule à titre d'hypothèse que l'incubation serait favorisée par deux paramètres : d'une part, un niveau élevé de neuroticisme, d'autre part, l'intensité de la stimulation aversive.

Bien que ceci reste au stade de l'hypothèse de travail, le phénomène mérite une étude approfondie. Il pourrait expliquer comment certains traitements aversifs (par exemple le traitement de l'alcoolisme par l'antabuse ou par l'apomorphine) gardent leur efficacité chez certains sujets malgré l'absence de « rappels ». Plus fondamentalement encore, il permettrait de comprendre ce que l'on a appelé le paradoxe névrotique : un apprentissage aversif ancien, qui n'a plus aucune relation objective avec les contingences présentes de l'individu, continue à déterminer une série de conduites inadaptées, malgré les conséquences désastreuses qu'elles entraînent.

Le phénomène de l'incubation ouvrirait ainsi une nouvelle voie de recherche à l'analyse de la « pathologie » des mécanismes de l'apprentissage.

II. LA PSYCHOSOMATIQUE EXPERIMENTALE

Tout médecin attentif admettra qu'un grand nombre de patients qui le consultent présentent des troubles qu'il qualifiera de fonctionnels. Chaque système organique est susceptible de se « dérégler » par le fait de perturbations dont l'origine psychologique au sens large de ce terme peut être démontrée. Le plus souvent, le facteur psychologique sera combiné à d'autres facteurs étiologiques.

En dehors de ces troubles fonctionnels, un certain nombre de maladies organiques bien individualisées tels par exemple l'ulcus gastrique ou la rectocolite ulcéro-hémorragique dérivent essentiellement d'une causalité psychogénétique même si ici également une polyétiologie peut être évoquée dans la plupart des cas. L'interniste a développé de longue date des traitements correcteurs de ces maladies. Ces thérapeutiques efficaces sur le plan de la guérison de la lésion n'accèdent pas à la cause déclenchante. L'interniste pourrait rétorquer au psychiatre que si la méthodologie psychiatrique permet d'établir un certain nombre de corrélats entre troubles psychosomatiques et comportements, sa démarche thérapeutique est jusqu'à présent loin d'être convaincante, ce en quoi il aurait parfaitement raison. Le plus souvent en effet, les thérapies psychosomatiques recourent aux psychotropes associés à une psychothérapie aspécifique qui n'est qu'une adaptation des techniques utilisées dans le traitement des névroses. Or rien jusqu'à présent ne nous permet d'affirmer qu'il s'agit bien là de la voie à suivre. L'étude spécifique des troubles psychosomatiques reste à faire. Elle doit nécessairement passer par une meilleure connaissance des interrelations entre processus du système nerveux central et fonctions viscérales. Un psychosomaticien qui ignore superbement la psychophysiologie et la pathologie des systèmes viscéraux n'a que fort peu de chance de faire progresser un jour notre connaissance dans cet immense domaine de la médecine. De même, le gastro-entérologue par exemple qui se « contente » de reboucher le trou de l'estomac chez l'ulcéreux gastrique, limite-t-il très fort les possibilités de son action thérapeutique à long terme. Indiscutablement, le psychosomaticien de demain sera à la fois interniste et psychiatre.

Ces réserves faites, il serait injuste d'omettre les progrès réalisés depuis quelques années dans notre connaissance des troubles psychosomatiques par la recherche fondamentale.

1. « L'écorce cérébrale et les organes internes »

Si les extérocepteurs ont été très tôt abordés par les physiologistes, psychologues et médecins, la fonction viscérale et proprioceptive est longtemps restée dans le champ d'une étude d'organe isolé de ses interrelations complexes. Le terme même de système nerveux autonome reléguait les fonctions viscérales au rang de mécanismes automatiques, archaïques, sans relation avec les fonctions supérieures de la vie de la relation. Cette dichotomie dangereuse de la médecine « organique » devait mener à une conception fragmentaire, à une juxtaposition de faits, entraînant une stagnation dans l'étude des processus fonctionnels. Si certains chercheurs ont pu démontrer l'existence du contrôle central de certaines activités viscérales (Hering et Breuer pour les poumons, Ludwig et Cyon pour le cœur...) c'est à l'école pavlovienne que revient le mérite d'avoir le plus et le mieux étudié les organes internes dans leur relation avec le système nerveux central, régulateur général de toutes les activités.

Dans un livre remarquable « *L'écorce cérébrale et les organes internes* », Bykov (1956), disciple de Pavlov a réuni une mine de faits dont je voudrais reprendre ici quelques exemples afin de situer la méthode et quelques-uns de ses apports.

Les expériences de Bykov et de ses collaborateurs visaient à résoudre trois types de problèmes :
1. Vérifier l'existence de liaisons fonctionnelles entre l'écorce cérébrale et les divers organes internes.
2. Chercher la possibilité d'élaborer des stimuli conditionnels à partir d'excitations provenant de ces organes.
3. Etudier les relations existant entre extéroception et intéroception.

Liaisons fonctionnelles entre système nerveux central et organes internes

Pavlov en avait déjà fait la preuve avec l'expérience classique du réflexe salivaire. Bykov a étendu l'étude aux divers organes internes. Nous allons illustrer ce type d'approche par deux expériences.

Expérience I

Chez le chien, l'injection intraveineuse de Trinitrine provoque des modifications de l'électrocardiogramme (tachycardie, diminution de voltage du complexe Q.R.S., augmentation de voltage des ondes P et T, altération de l'intervalle S-T). Cet effet survient rapidement et disparaît après quelques minutes.

Si l'on associe un son à cette injection, on observe après un certain nombre de combinaisons une réponse du muscle cardiaque à l'excitant sonore seul, égale à celle obtenue pour la Trinitrine.

Pour bien mettre en évidence à quel point le fonctionnement viscéral peut être sous la dépendance du système nerveux central, Bykov réalise l'expérience suivante : il injecte de l'Acetyl-Choline (substance entraînant de la bradycardie) en l'associant à un son. Après un certain nombre d'associations, le son seul entraîne une bradycardie. Si à ce moment, on associe le son ainsi conditionné à une injection d'Adrenaline (qui est tachycardisante) on obtient une déformation réellement pathologique de l'électrocardiogramme, semblable à ce que l'on peut obtenir lors d'une tachycardie paroxystique.

Expérience II

Réactivité vasculaire. L'avant-bras d'un sujet est plongé dans un vase pléthysmographique renfermant de l'eau chaude (stimulus inconditionnel) ce qui entraîne une vasodilatation réflexe (réaction inconditionnelle). On y associe la présence d'une lumière de couleur blanche (stimulus neutre). Après un certain nombre d'associations la lumière blanche seule déclenche la vasodilatation.

Cette réaction conditionnelle est spécifique du stimulus conditionnel (lumière blanche) car si on la remplace par une lumière rouge, le pléthysmogramme ne varie pas (effet de différenciation).

Etudiant l'effet de différents stimuli externes sur le réflexe conditionnel ainsi établi, Bykov observe que, par exemple, après un travail intellectuel intense, on peut obtenir soit une disparition de ce réflexe conditionnel spécifique, soit une désinhibition de la différenciation, le sujet répondant à ce moment aussi bien à la lumière rouge qu'à la lumière blanche, soit encore une vasoconstriction accompagnée de violentes céphalées.

La conclusion des expériences menées sur les différents systèmes organiques est nette : il existe des liaisons fonctionnelles complexes entre l'écorce cérébrale et tous les organes internes.

Une excitation provenant d'un organe interne peut-elle servir de stimulus conditionnel pour un comportement quelconque ?

Autrement dit, y a-t-il des *intérocepteurs ?* Ceux-ci sont-ils spécifiques et capables d'influencer certains comportements ?

Dans les premières expériences citées, on faisait coïncider un agent indifférent frappant les extérocepteurs avec le stimulus inconditionnel d'une fonction viscérale. Ici l'expérience devra se dérouler en sens inverse. En excitant les intérocepteurs d'un organe, on associé cette excitation à un stimulus inconditionnel d'un autre organe ou système. Le stimulus neutre qui deviendra conditionnel est donc l'excitation de l'intérocepteur.

Expérience I

On injecte de l'eau dans l'estomac d'un chien en l'associant à un choc électrique délivré à la patte. Le choc électrique entraîne une élévation de la patte. Après un certain nombre d'associations, on obtient l'élévation de la patte à la seule injection d'eau dans l'estomac.

Quelle est maintenant la qualité de cet intérocepteur ? Est-il capable de différencier de manière spécifique divers excitants ?

Expérience II

Si nous injectons dans l'intestin une solution d'acide chlorhydrique à 0,2 % que nous associons à un choc électrique à la patte du chien, nous obtenons après un certain nombre d'associations une élévation de la patte à la seule injection de la solution. Si maintenant, à ce même chien, nous injectons de l'eau à des pH différents, on n'observera pas d'élévation de la patte. Il y a donc différenciation très précise entre les divers excitants.

Chez ce même animal conditionné à lever la patte pour une injection d'acide chlorhydrique à 0,2 %, on badigeonne la paroi intestinale à la cocaïne, substance anesthésique : on n'obtient plus d'élévation de la patte.

Adam (1967) dans son excellent ouvrage *« Interoception*

and Behavior» a démontré que les systèmes intéroceptifs étaient non seulement spécifiques du type d'excitant, mais qu'ils possédaient également des propriétés de localisation que le système nerveux central pouvait analyser.

Expérience III

La stimulation de la paroi intestinale à l'aide d'un ballonnet provoque l'activation de la formation réticulée du cerveau enregistrée sous forme d'une désynchronisation de l'électroencéphalogramme. Après un certain nombre de stimulations, on observe une habituation sous forme d'une resynchronisation du tracé électroencéphalographique.

Adam place dans l'intestin de 5 en 5 cm 4 ballonnets qu'il peut gonfler individuellement pour stimuler la paroi de ce viscère. S'il gonfle le 1er ballonnet, il observe une désynchronisation de l'électroencéphalogramme; il poursuit la stimulation de ce point n° 1 jusqu'à habituation, c'est-à-dire jusqu'à ce que l'enregistrement redevienne synchrone. A ce moment, il stimule le point 2 ou 3 ou 4 et observe une nouvelle désynchronisation de son enregistrement. L'expérience prouve que les centres supérieurs discriminent parfaitement les stimuli provenant de ces différents points.

Quelles sont les interrelations entre les intérocepteurs d'une part, et entre les extérocepteurs et intérocepteurs d'autre part?

Bykov a insisté sur le fait qu'il n'y a aucune différence dans le développement et le maintien des réflexes conditionnels extéroceptifs et intéroceptifs : pour lui ils sont gouvernés par les mêmes lois, même s'il existe certaines différences quantitatives (par exemple les réflexes conditionnels intéroceptifs sont plus lents à s'établir que les réflexes conditionnels extéroceptifs).

Expérience I

On forme chez un chien deux réflexes conditionnels :
- injection d'eau à 6° C dans l'estomac (stimulus conditionnel intéroceptif) associé à un choc électrique à la patte (stimulus inconditionnel extéroceptif) entraîne une élévation de la patte;
- une sonnerie (stimulus conditionnel extéroceptif) associée à de la nourriture (stimulus inconditionnel extéroceptif) entraîne une salivation.

Les deux réflexes ainsi constitués, on associe les deux stimuli conditionnels (sonnerie et eau à 6° C dans l'estomac) : on n'observe pas d'élévation de la patte mais par contre l'animal salive. Ici donc, le signal cortical issu des extérocepteurs a inhibé le réflexe conditionnel intestinal.

Expérience II

Ici également, on établit deux réflexes conditionnels :
- métronome + choc électrique à la patte entraîne une élévation de la patte ;
- par ailleurs, on différencie, eau à 18° C dans l'estomac + choc électrique à la patte → une élévation de la patte.

Eau à 4° C n'entraîne pas de lever de la patte (autrement dit, elle inhibe la réaction obtenue par l'eau à 18°).

Ces apprentissages établis, la séquence expérimentale est la suivante :
- le métronome est à nouveau associé au choc électrique et entraîne bientôt à lui seul l'élévation régulière de la patte. A ce moment, on injecte de l'eau à 4° C qui provoque une inhibition de l'élévation de la patte dans le second apprentissage. Si 3' plus tard, on teste à nouveau le son du métronome, on constate que l'animal ne bouge plus. Autrement dit, l'inhibition engendrée par le stimulus intéroceptif « négatif » (eau à 4° C) a pu « soumettre » pendant plusieurs minutes la signalisation positive du milieu extérieur.

Une question importante est de savoir si les intérocepteurs peuvent contrôler des comportements operants. Adam qui a spécialement étudié le problème a réalisé l'expérience suivante :

Un animal, un chien, est conditionné à un programme F.R. 25 (programme dans lequel l'animal doit appuyer 25 fois consécutivement sur un levier pour obtenir une petite quantité de nourriture). Lorsqu'on stimule la muqueuse de manière intermittente, on observe que l'animal interrompt son comportement operant, tourne la tête à gauche et à droite, puis progressivement reprend sa « tâche ».

Dans un second temps, l'auteur utilise la stimulation de la muqueuse comme stimulus discriminatif du conditionnement, c'est-à-dire que les réponses sont renforcées uniquement pendant les périodes de stimulation intestinale. Il constate qu'à l'arrêt de la stimulation, l'animal interrompt son activité operante et ne la reprend qu'avec une nouvelle séquence de stimulation intestinale.

Ainsi donc, un comportement operant complexe peut être suscité ou interrompu par la stimulation viscérale ce qui démontre bien l'étroite interdépendance des deux systèmes.

2. Le conditionnement viscéral operant

Nous avons vu précédemment (chap. I) que l'on décrit deux types de conditionnement : le conditionnement classique et le conditionnement operant. En fait, l'école psychophysiologique russe n'a jamais distingué ces deux modes d'apprentissage (Razran, 1961) considérant qu'il s'agissait là d'un seul et même mécanisme. Epousant les idées de Skinner, la plupart des auteurs occidentaux pensent par contre que le conditionnement *répondant* concerne essentiellement les réactions «involontaires» du système nerveux autonome, alors que le conditionnement operant concerne les réactions motrices de la musculature striée «volontaire». Cette thèse assigne ainsi à chacun de ces deux modes de conditionnement une organisation physiologique différente. L'influence de Skinner n'est certes pas étrangère au fait qu'il faudra attendre les années 1960 pour voir renaître un intérêt pour le conditionnement operant des réponses viscérales.

Ces études tentent de conditionner le réflexe psychogalvanique, la fréquence cardiaque et la vaso-constriction chez le sujet humain. Les résultats obtenus sont contradictoires et prêtent à discussion. En effet, pour les tenants de la position de Skinner, le conditionnement viscéral operant ainsi obtenu n'est qu'un épi-phénomène associé à un conditionnement de la musculature striée et/ou à un conditionnement classique antérieurement établi. Ainsi un sujet peut être renforcé pour une activité musculaire squelettique (médiation somatique), verbale ou cognitive (médiation centrale). Cette activité sert de stimulus conditionnel ou de stimulus inconditionnel à une réponse autonome. On peut citer à titre d'exemple la modification du rythme cardiaque que l'on obtient par un changement dans le rythme respiratoire, changement obtenu à partir de la musculature striée volontaire.

Le rat curarisé

Afin d'écarter l'hypothèse de la médiation musculaire striée, les laboratoires de Neal Miller à la Rockefeller University de New York vont mettre sur pied une expérience spectaculaire : J.A. Trowill (1967) réussit à établir un conditionnement de la fréquence cardiaque chez des rats curarisés par la D-Tubocurarine. Le curare est un agent bloquant de la plaque motrice striée. Aux doses utilisées par Trowill, il rend tout mouvement volontaire impossible alors que le système nerveux autonome et les organes qui en dépendent conservent leurs propriétés fonctionnelles. Dans cette expérience, le renforcement est une stimulation intracérébrale des « centres du plaisir » découverts par Olds. L'équipe de Miller pense que cette préparation écarte l'objection de la médiation musculaire striée. Afin d'éliminer l'influence de tout effet inconditionnel de ce renforcement intracérébral sur la fréquence cardiaque, Trowill conditionne une partie des rats à augmenter le rythme cardiaque et l'autre partie à le diminuer (modification bi-directionnelle). Il obtient des variations de la fréquence de l'ordre de 5 % par rapport au rythme de base dans les deux sens. Bien que peu élevée, cette différence s'avère significative.

Dans une seconde expérience, N. Miller et Dicara (1967) tentent d'obtenir des modifications plus importantes de la fréquence cardiaque d'une part; d'autre part, ils essaient d'établir une discrimination en alternant des périodes actives où le renforcement est disponible et des périodes où l'activité cardiaque, quel que soit son rythme, n'entraîne pas de conséquence. Par un apprentissage progressif, ils obtiennent ainsi des variations du rythme cardiaque de l'ordre de 15 à 20 % dans les deux sens par rapport au rythme de base.

Un auteur (Black, 1966, 1967, 1968) formule rapidement une objection importante à ces résultats. Pour lui, si l'activité squelettique est interrompue par le curare, il persiste cependant une activité du cortex moteur. Ces impulsions corticales peuvent avoir un effet conditionnel ou inconditionnel sur le rythme cardiaque et servir de médiation au conditionnement instrumental du système nerveux autonome. Si cette activité centrale existe, son effet doit être général et influencer de manière spécifique les structures autonomes. Par conséquent, les résultats obtenus par Miller ne seraient pas spécifiques mais liés à une augmentation générale du niveau d'activité. Pour répondre à cette objection, Miller et Banuazizi (1968) présentent l'expérience suivante : deux groupes de rats curarisés sont renforcés l'un pour des changements dans la motilité intestinale, l'autre pour des changements dans la fréquence cardiaque. Tout en enregistrant simultanément les deux paramètres, on n'observe aucune modification du rythme cardiaque chez les sujets renforcés pour des changements de l'activité intestinale, et vice versa. Les auteurs en concluent que les conditionnements établis sont bien spécifiques et non un sous-produit d'une augmentation ou d'une diminution de l'activité générale ainsi que le laissait entendre Black.

Enthousiasmée par ses premiers résultats, l'équipe de Miller va publier un nombre important de recherches montrant que le conditionnement viscéral obéit aux mêmes lois de l'apprentissage que les réponses squelettiques (discrimination, rétention, extinction, augmentation de la performance en cours de shaping ...). Ils démontrent la possibilité d'établir sous curare le conditionnement spécifique d'autres organes ou systèmes dépendant du système nerveux autonome (tension artérielle, filtration rénale, ondes cérébrales...).

Du conditionnement viscéral animal au « bio-feedback » humain

A partir de cette moisson de résultats, Miller affirme que ses expériences permettent de rejeter la distinction traditionnelle entre les deux types de conditionnement rapportés à des domaines différents de l'organisation physiologique. Ses recherches, dit-il, ouvrent une perspective nouvelle à l'étude et au traitement des perturbations psychosomatiques notamment. Pour lui, nombre de ces troubles peuvent être acquis sur le mode instrumental (Miller, 1969). A titre d'exemple, il cite le cas de l'enfant anxieux à l'idée de devoir passer un examen auquel il est imparfaitement préparé et qui présente des douleurs gastriques. Si, dit Miller, la mère s'en inquiète et l'autorise à rester à la maison, la réponse gastrique va acquérir une valeur d'évitement de l'anxiété. Comme tel, cet évitement tendra à se reproduire en présence d'une stimulation aversive similaire, et pourra secondairement se généraliser à toute situation « frustrante ». Très rapidement, Miller et ses élèves vont être tentés par l'application en clinique humaine de la recherche fondamentale. Ils vont mettre au point une procédure d'apprentissage dite par *bio-feedback* (rétroaction biologique) dont le schéma déjà classique est le suivant : un appareillage adéquat transforme l'activité de tel ou tel système autonome en une information extéroceptive (son, lumière...). Cette information est régulièrement transmise au sujet à qui l'on demande de tenter d'exercer un contrôle sur ce paramètre. S'agissant d'un sujet malade, le renforcement dans cette situation est la normalisation progressive de la réponse viscérale perturbée. On remarquera que les problèmes de spécificité et de médiation sont dans ce schéma expérimental relégués au second plan.

La « *médecine du bio-feedback* » va dès ce moment se développer de manière vertigineuse, et, disons-le, inquiétante.

A côté de recherches menées de manière rigoureuse qui demeurent extrêmement prudentes quant aux conclusions à tirer de leurs résultats, on voit aujourd'hui sous l'impulsion de certains cliniciens (?) se créer des groupes dits « d'alpha training » par exemple, dans lesquels les sujets sont supposés acquérir par conditionnement un rythme cérébral alpha abondant qui les mènera au « nirvana ». S'il est justifié et même fondamentalement nécessaire que des recherches sérieuses se poursuivent dans ces domaines, il est clair que la plupart des cliniciens qui dirigent ces groupes n'ont guère la recherche pour motivation. Je reviendrai sur ces problèmes plus en détail au niveau du chapitre clinique consacré à ces techniques.

Pour l'instant, revenons sur quelques points relatifs à la vraie recherche dans ce domaine.

La comparaison du modèle animal tel qu'il est présenté dans les recherches de Miller et de son équipe, à celle du schéma du bio-feedback chez l'homme est possible dans la perspective de la théorie de l'apprentissage. En effet, on peut dire que le conditionnement operant réalise une forme de feedback dans la mesure où une modification de la réponse viscérale entraîne une conséquence que le sujet pourra percevoir, à savoir la présence ou l'absence du renforcement. Le renforcement dans cette perspective acquiert une valeur « informationnelle » par rapport à la réponse. Dans le schéma du bio-feedback, l'information sur une modification positive de la réponse viscérale s'agissant d'un sujet malade peut également avoir valeur intrinsèque de renforcement.

Echecs du conditionnement viscéral

Depuis quelques années cependant, la recherche fondamentale dans ce domaine au niveau animal, s'est heurtée à ce que Miller a appelé un extraordinaire dilemme à savoir l'impossibilité de reproduire les résultats significatifs obtenus dans ses laboratoires et dans d'autres de 1967 à 1972. Si les cliniciens du bio-feedback ne se sont guère intéressés à ce problème et ont poursuivi leurs recherches dans le domaine clinique humain, il me paraît important au niveau fondamental d'analyser ici quelque peu ce problème. Diverses hypothèses ont été avancées pour l'expliquer. Deux me paraissent, après quelques années de recherches, devoir être retenues : l'une est relative aux désordres physiologiques entraînés dans la préparation animale par la curarisation (Dworkin, 1973), l'autre insiste sur l'existence de certains déterminants typologiques qui joueraient un rôle dans la conditionnabilité des réponses viscérales (Fontaine, 1977, 1978). Pour Dworkin, les échecs observés s'expliqueraient essentiellement par une dégradation de la préparation animale sous curare liée à des échanges respiratoires défectueux (en effet, ies animaux sont placés sous respiration artificielle pendant plusieurs heures). Quant à l'hypothèse génétique qui avait été formulée par Miller lui-même en 1974, puis abandonnée, je l'ai personnellement reprise à la suite d'un certain nombre de travaux sur l'animal, travaux qui semblent lui donner une certaine crédibilité. Dans cette perspective, le conditionnement viscéral ne serait possible qu'au travers de certaines prédispositions. Il me paraît difficile d'imaginer que n'importe quel système organique puisse ainsi se dérégler par un apprentissage même coercitif abandonnant l'équilibre homéostatique au hasard d'une rencontre avec un renforcement quelconque.

Quoi qu'il en soit, si le conditionnement viscéral sur le mode operant reste une voie de recherche capitale, il continue à poser plus de problèmes qu'il n'en a encore résolu. L'enthousiasme du départ, actuellement quelque peu refroidi, ne doit pas amener à une désaffection vis-à-vis d'un domaine qui demeure riche en promesses.

III. LES EMOTIONS

Aborder dans une analyse brève ce que l'on regroupe sous le terme générique d'émotion est une tâche périlleuse tant le problème est difficile à cerner. Ne pas en faire mention dans un ouvrage clinique serait, malgré le risque, une erreur. Je me contenterai donc de soulever quelques problèmes en relation avec la mesure des *émotions*, tâche quotidienne du praticien.

Le vocabulaire que nous utilisons pour désigner et décrire nos émotions, même s'il est étendu, reste fondamentalement très imprécis. Ainsi je dirai que j'aime mon enfant, la chaleur du soleil, la lecture d'un roman, un vin délicat, terminer ce livre que j'écris : le même mot pour recouvrir des états émotionnels manifestement très différents.

Si je tente maintenant de clarifier ce que je ressens lorsque je dis aimer mon enfant, je serai plus ou moins vite à court de mots suivant l'élaboration de mes capacités linguistiques et celle de mes aptitudes à l'introspection. Si, de plus, je désire cerner le ressenti que je décris, je pourrai dire que « rien que le fait d'en parler accélère mon rythme cardiaque, crée une certaine tension interne... ». L'explication que je fournis à un tiers lui permettra de dire « qu'il lit sur mon visage » l'émotion que j'exprime : les yeux sont plus brillants, un certain tremblement des mains se marquera peut-être, j'aurai une certaine rougeur ou pâleur au visage, on percevra éventuellement une certaine pilo-érection sur mes joues...

Le comportement émotionnel non verbal et son observateur

L'accès à la mesure des émotions d'autrui par un observateur qui analyse les comportements non verbaux est une tâche extrêmement complexe et pleine d'embuches. Lorsque nous disons d'un sujet que nous regardons se comporter qu'il est anxieux, sociable, déprimé, affectueux ... nous nous référons à un ensemble de comportements que nous intégrons plus ou moins intuitivement en les regroupant en des termes qui restent très généraux et par conséquent peu significatifs. Bien sûr, le clinicien qui a examiné dans sa vie des milliers de sujets a quelque chance d'être un peu plus précis qu'un observateur occasionnel. Pourtant, lorsqu'on fait l'expérience de demander à plusieurs cliniciens d'observer un même document clinique, par exemple sur une bande magnétoscopique, on aboutit parfois à des avis très divergents.

Notre analyse des comportements émotionnels non verbaux (ceci est également vrai pour les comportements verbaux) est sans cesse « contaminée » par notre propre individualité. Eysenck (1969) a ainsi répertorié un certain nombre de facteurs liés à l'observateur qui sont à même d'entraîner une distorsion dans son examen des faits observables. Parmi ceux-ci, il cite

- les différences de contenu de concepts tels que l'anxiété d'un clinicien à l'autre ;
- l'influence de la sympathie ou l'antipathie « spontanée » engendrée par le sujet observé sur l'observateur ;
- le plus ou moins grand développement de la capacité de l'observateur à examiner les comportements d'autrui ;

- la sélection opérée dans les comportements retenus ou écartés par le biais de problèmes conscients ou inconscients propres à l'examinateur;
- les conceptions théoriques préalables sur lesquelles il appuie son observation;
- etc.

C'est aux éthologistes que l'on doit les meilleures études expérimentales sur la description et l'analyse des comportements émotionnels chez les animaux. Les travaux bien connus de Lorenz (1967) sur ses oies, représentent un prototype de recherche dans cette perspective. Plus récemment, des éthologistes se sont intéressés à décrire le comportement humain par les mêmes méthodes d'analyse (Eibl-Eibesfeldt, 1971, 1976). Une série de comportements sociaux « ritualisés » chez l'homme ont été ainsi décomposés pour tenter d'y retrouver les émotions « primitives » sous-jacentes. C'est que la pression culturelle a en effet modelé l'expression émotionnelle dans des conduites stéréotypées qui varient de culture en culture. Ces empreintes de la culture et de l'apprentissage rendent encore l'analyse plus difficile. Ainsi un sujet déprimé pourra se présenter souriant, un patient légèrement anxieux pourra manifester les signes extérieurs d'une profonde détresse, etc.

Le comportement émotionnel verbal et son observateur

Les psychothérapies utilisent le langage au travers duquel le sujet décrit des faits et le « vécu » subjectif qui les accompagnent. Cette analyse se fait à l'aide de l'autodescription, de questionnaires, d'échelles établis en fonction de tel ou tel paramètre que l'on souhaite étudier.

Tous ces moyens présentent les mêmes risques d'arbitrarité dans le choix des comportements retenus, d'imprécision dans les termes utilisés, d'erreurs d'interprétation que celles que l'on retrouve dans l'analyse des comportements non verbaux malgré tous les perfectionnements que l'on a pu apporter aux méthodes : vérifications de la « sincérité » consciente ou non du sujet, analyses statistiques complexes, etc.

Les paramètres physiologiques de l'émotion

Enfin, pensera le lecteur, nous entrons là dans du « solide », de l'objectif.

Les moyens de l'électronique moderne, l'évolution des techniques neurophysiologiques et biochimiques nous permettent aujourd'hui d'enregistrer en « continu » un grand nombre de paramètres et de les correler à des états émotionnels précis : de la réactivité du rythme cardiaque aux fluctuations des corticostéroïdes sanguins, nous pouvons suivre le travail des organes internes; nous pouvons également analyser les modifications biochimiques qui se déroulent dans le système nerveux central.

Cette voie d'analyse a jusqu'à présent donné de nombreux résultats extrêmement intéressants. La méthode fournira encore dans l'avenir des faits nouveaux : ainsi, il serait fondamental de développer une étude circonstanciée des réactivités individuelles dans des stress similaires.

On a pu croire que cet abord physiologique et biochimique de l'émotion « en action » allait enfin nous permettre de résoudre les difficultés. Malheureusement, une fois de plus le problème est loin d'être aussi simple.

Emotion et cognition

Nous avons vu que pour les psychologues cognitivistes, notre cerveau fonctionne comme un ordinateur qui sélectionne ses entrées, les évalue à partir d'expériences passées, pose des jugements, établit des plans d'action... Si ceci semble avoir un certain degré de démonstration sur le plan de la perception extéroceptive, des études récentes (Lazarus, 1968; Meichenbaum, 1972; Seligman et al., 1971) semblent confirmer que les informations viscérales sont traitées de la même manière par le système nerveux central. Un même état physiologique sera décrit dans certains cas comme agréable, désagréable ou neutre suivant la « lecture cognitive » qui en sera faite par le cerveau. Dans d'autres cas, une émotion liée à un stress de l'environnement sera rapidement éliminée si le sujet croit discerner une solution d'évitement, etc.

Il est amusant de résumer ici une expérience due à un des pionniers de ce type d'approche (Schachter, 1966).

L'auteur injecte de l'Adrénaline, hormone qui est normalement libérée dans l'organisme lors d'un stress et entraîne une série de modifications physiologiques généralement ressenties comme désagréable (tachycardie, vasoconstriction des vaisseaux, contraction des muscles lisses, stimulation des glandes sudoripares...).

L'auteur divise ses sujets expérimentaux en quatre groupes:
- le 1er groupe est informé des effets produits par l'Adrénaline;
- le second groupe ne reçoit aucune information;
- le troisième groupe reçoit une information fausse sur ce qu'il est supposé ressentir;
- quant au quatrième groupe, il reçoit un placebo quelconque.

Schachter introduit alors dans chacun des groupes un acteur professionnel qui mime un état d'euphorie ou d'angoisse. Il constate que le groupe informé ne réagit que très peu aux manipulations émotionnelles de l'acteur et conserve un niveau d'émotion extrêmement faible par rapport aux trois autres groupes.

L'expérience clinique de relaxations surveillées en polygraphie confirme également la relativité des mesures physiologiques par rapport au « vécu » de l'information; un sujet peut se dire bien calme et détendu, ce que l'appareillage infirme complètement, alors qu'un autre sujet dira «je suis tout à fait détendu du corps (ce que les mesures indiquent) mais mon cerveau reste anxieux».

La mesure des réactions émotionnelles qui se situe au centre des préoccupations du clinicien a fait d'incontestables progrès. Mais le phénomène reste d'une incroyable complexité et garde encore pas mal de ses secrets. Au stade actuel, aucun moyen d'approche ne peut à lui seul le cerner. Le groupement de toutes les sources d'information disponibles reste indispensable afin que l'on puisse progresser encore dans l'objectivation de ces phénomènes.

IV. LA PSYCHOPHARMACOLOGIE

L'utilisation de substances agissant sur le système nerveux central est vraisemblablement aussi ancienne que l'homme lui-même. Parmi ces produits, certains avaient un effet pharmacologique objectif tels l'alcool, l'opium, les plantes de coca, d'autres agissaient par un effet de suggestion (placebo). Les progrès de la chimie au XIXe siècle et au début du XXe siècle vont donner naissance aux premiers psychotropes qui seront soit des principes actifs obtenus par purification, isolation à partir des plantes «traditionnelles» (par exemple, morphine et héroïne obtenues à partir de l'opium), soit des produits synthétiques tels l'amphétamine, l'acide barbiturique et les sels qui en sont dérivés, les bromures... Les premiers chercheurs à avoir étudié les psychotropes sur l'animal de manière scientifique sont incontestablement Pavlov et Thorndike. Pavlov s'est inquiété très tôt de l'effet que pouvaient avoir ces quelques rares substances connues sur les mécanismes de l'apprentissage qu'il découvrait.

C'est à Macht, (Macht et al., 1920) élève de Watson que l'on doit l'introduction du terme *«psychopharmacologie»* et les premières utilisations des psychotropes dans le conditionnement instrumental. Ces premières recherches n'ont guère été poursuivies faute de substances nouvelles à tester.

Dans les années 1940, les recherches sur les psychotropes vont prendre un nouvel essor avec la découverte de produits antagonistes de l'histamine, substance libérée notamment dans certaines allergies. De ces recherches, un laboratoire français sortira une phénothiazine, la chlorpromazine. Au départ, sous l'influence des théories freudiennes, les psychiatres s'en désintéressent: d'une part, ils considèrent que les drogues (le mot «drogue» est utilisé dans le sens anglo-saxon du terme. Il s'applique à toute substance pharmacologique active et n'a pas comme en français de connotation nécessairement péjorative) sont de peu d'utilité en psychiatrie, et que d'autre part, elles risquent de masquer les symptômes rendant ainsi leur psychothérapie plus difficile. Il faudra attendre l'année 1954 pour que la Chlorpromazine pénètre enfin les asiles psychiatriques pour les transformer radicalement. La substance avait en effet des propriétés «anti-agitation», «anti-psychotique», «anti-délire». La «fosse aux serpents» se transformait ainsi presque du jour au lendemain en «paisible dortoir».

La médecine venait de subir une révolution d'importance égale à celle que Fleming avait réalisée quelques années auparavant avec la découverte de la Pénicilline.

La découverte de la Chlorpromazine allait stimuler les recherches sur les psychotropes; d'autres substances vont naître qui ont les mêmes propriétés fondamentales que celles de la Chlorpromazine ou qui atteignaient d'autres registres du comportement que ceux de la psychose. L'arsenal thérapeutique va s'enrichir de substances dites «tranquillisantes» (par ex. le Méprobamate en 1954, le Chlordiazépoxide, chef de file de la famille des benzo-diazépines en 1960...), «anti-dépressives» (le premier I.M.A.O. en 1957, l'Imipramine la même année).

On remarquera que les classifications utilisées pour définir l'action de telle ou telle substance psychotrope se réfèrent en fait à des syndromes comportementaux le plus souvent regroupés dans un diagnostic psychiatrique, dont j'ai dit que la fiabilité était relativement peu élevée.

Modèles pharmacologiques et diagnostic psychiatrique

Une voie de la recherche psychopharmacologique est bien entendu de trouver de nouvelles molécules ayant une action de plus en plus efficace, présentant le moins d'effets secondaires possible et entraînant la moindre toxicité. D'autres voies de recherches s'appliquent tant au niveau animal que humain à tester de la manière la plus précise possible les effets comportementaux entraînés par l'administration des drogues psychotropes. C'est surtout cette seconde voie d'approche qui nous intéresse dans le cadre de ce livre.

Une fois la substance synthétisée, il s'agit donc de savoir quel rôle elle va jouer sur l'organisme étudié. L'ensemble des méthodes, des tests choisis par le pharmacologue constituent le « *screening* » de la substance. Or, il est bien évident que la seule façon de classer un psychotrope est de se référer à son action au niveau comportemental. On est étonné de constater que le pharmacologue est bien moins exigeant dans son analyse du comportement qu'il ne l'est pour les techniques qui appartiennent à sa propre discipline. Souvent il empruntera des techniques issues des théories de l'apprentissage sans trop se soucier de leur arrière-plan théorique et des nuances importantes qu'elles nécessitent. Il recherchera des modèles animaux supposés copier telle ou telle entité psychopathologique. Quant au test clinique final effectué sur le patient psychiatrique, il se référera à des nosologies globalisantes. Dans un article publié en 1959, Skinner s'est élevé contre ce type d'approche qu'il considère comme très limité. Pour lui, il ne s'agit pas pour la psychopharmacologie d'inventer de nouveaux tests mais plutôt de développer une véritable science de l'*interaction drogue-comportement*. L'étude d'une substance devrait se faire en termes de fonctions de l'organisme plus qu'en termes de maladie ou de santé. Il s'agit pour cet auteur de construire des situations expérimentales dans lesquelles les mêmes types de variables sont manipulées et les mêmes changements de comportements analysés. Or comme le disait Richelle (1966) « ce que nous pouvons décrire et contrôler, ce dont nous pouvons éventuellement analyser le mécanisme et repérer le substrat physiologique, ce n'est pas l'agressivité mais bien les comportements agressifs, ce n'est pas l'émotivité, mais les réactions émotionnelles, ce n'est pas l'anxiété, mais certaines formes particulières de comportements sous contrôle aversif ».

Analyse comportementale et psychopharmacologie

Lorsqu'on administre une substance psychotrope on est tenté de ramener uniquement ses effets à une modification de certains paramètres biochimiques et physiologiques. La drogue « miracle » corrige un mécanisme perturbé, rétablit un bon fonctionnement du système nerveux central : aux sujets anxieux, l'anxiolytique, aux déprimés, l'antidépressif, aux psychotiques, l'antipsychotique...

Il est incontestable que les drogues agissent en modifiant ainsi la biochimie, la physiologie de l'organisme. On ne peut dans cette perspective que regretter le peu d'études consacrées à l'analyse des effets de ces substances sur ce que nous connaissons des typologies : comment par exemple modifier les notions de force ou de mobilité dans la typologie pavlovienne, comment réduire le degré de neuroticisme ou de psychoticisme dans la théorie d'Eysenck, comment corriger les déficits d'extinction dans le phénomène d'incubation... Il est probable que les psychotropes agissent à ces différents niveaux et parviennent par ce biais à faciliter certains apprentissages (l'inverse peut être également vrai).

En plus de son action sur les « substrats » biochimiques, le psychotrope est également en constante interrelation avec les divers comportements émis par le sujet. De nombreuses études expérimentales démontrent qu'une même substance administrée à la même dose chez un même animal est susceptible d'avoir des effets diamétralement opposés en fonction des comportements émis, c'est-à-dire en fonction des contingences de son environnement. L'interaction drogue-comportement n'est donc pas une relation simple, univoque qui peut s'interpréter uniquement en termes de modification biochimique ou physiologique (du moins dans l'état actuel de nos connaissances). On peut dire que si une substance est à même de modifier un comportement, le comportement lui-même est à même de modifier l'action de la drogue. Ainsi au-delà des problèmes liés à son action sur les substrats, la substance pharmacologique pourra être perçue comme tranquillisante sur tel comportement, inactive sur tel autre ou éventuellement provoquer un effet paradoxal d'excitation sur un troisième. La relation drogue-comportement ainsi envisagée mène à un éclatement des classifications traditionnelles qui enferment la détermination des effets d'une substance dans des classifications simplificatrices. Seule une analyse d'un large éventail de comportements précis permet d'éviter ce simplisme.

Outre son effet direct, sur les mécanismes biochimiques ou sur les comportements, la substance pharmacologique possède des propriétés qui lui décernent la *qualité fonctionnelle d'un stimulus*. Cette perspective d'analyse des effets d'une substance quoique encore récente permet déjà de mieux comprendre toute une série de phénomènes que le « simple » effet biochimique ou physiologique n'expliquait pas. Prenons quelques exemples :

- lorsque j'injecte une substance, les effets provoqués peuvent jouer le rôle d'un *stimulus inconditionnel* dans le schéma pavlovien, et entraîner des liaisons conditionnelles par contiguïté avec des stimuli de l'environnement puisque l'application clinique des psychotropes est généralement chronique. On pourrait assez aisément expliquer sur ce schéma par exemple l'effet placebo ainsi que certains phénomènes survenant à l'arrêt de l'injection de la drogue vis-à-vis de laquelle l'organisme a acquis un certain degré de dépendance (réaction de sevrage);

- différentes expériences ont démontré que les substances pharmacologiques possèdent des propriétés qui rendent leurs effets identifiables par l'organisme. La drogue peut ainsi acquérir les propriétés d'un *stimulus discriminatif*. Or si l'on se rappelle que la présence ou l'absence d'un stimulus discriminatif peut contrôler l'émission ou la non-émission d'un comportement, la présence ou l'absence de la substance pourra jouer par ce biais un rôle de modification des comportements. Par exemple un comportement appris sans drogue peut ne pas se produire ou avoir des difficultés à être émis quand on introduit la substance et inversément. L'action thérapeutique de certaines drogues pourrait ainsi dans certains cas s'expliquer par une altération des conditions de stimulation qui contrôlent le comportement anormal;

- certaines substances peuvent également jouer le rôle de *renforcement* positif ou négatif d'une conduite exactement comme le feraient des renforcements plus classiques. La drogue perçue comme renforcement est au centre de nombreuses études portant sur les toxicomanies.

Il n'est guère possible dans le cadre du présent ouvrage d'expliciter plus avant l'intérêt des recherches psychopharmacologiques dans le cadre des psychothérapies. L'analyse comportementale utilisant les méthodes issues des théories de l'apprentissage a permis de dégager le psychotrope de l'effet de tout ou rien qu'on lui assigne le plus souvent. Envisagé comme un agent capable de modifier le fonctionnement des substrats biochimiques, susceptible d'influencer le fonctionnement des conduites de manière très différenciée, analysé en tant que stimulus faisant partie à part entière des contingences de l'environnement, le psychotrope est appelé à jouer un rôle extrêmement important au niveau des psychothérapies et plus particulièrement au niveau des behavior therapies. Leur utilisation mal à propos, l'exagération de leur consommation est un fait; ce fait ne peut cependant à lui seul justifier le mépris ou le rejet. D'autres substances en médecine tels les antibiotiques qui connaissent les mêmes vicissitudes ont cependant modifié complètement le «panorama» de la santé.

Lectures recommandées

1. Les typologies

Gray, J.A., *Pavlov's Typology, recent theoretical and Experimental developments from the laboratory of B.M. Teplov*. New York: Mac Millan 1964.
La traduction des travaux de l'école de Teplov par A. Gray est un apport essentiel pour tous ceux que les structures fonctionnelles et les différences individuelles du système nerveux central intéressent. C'est une mine de réflexions pour les physiologistes, biochimistes, pharmacologues qui y trouveront sans peine nombre d'hypothèses de travail pour leur propre discipline.

Eysenck, H.J., *The structure of human personality*, 3rd ed., London: Methuen, 1969.
Eysenck est un auteur très prolifique. Il a consacré de nombreux ouvrages et articles à sa théorie typologique.
Ce livre me paraît, avec le suivant, une bonne synthèse de ses idées.

Eysenck, H.J. et Eysenck, G.B.G., *Personality, structure and measurement*, London: Routledge and Kegan Paul, 1968, 365 pp.

Le clinicien pourra ici mieux se familiariser avec l'application de la théorie typologique de l'auteur.

2. Psychosomatique expérimentale

Bykov, K.M., *L'écorce cérébrale et les organes internes,* édition en langues étrangères, Moscou, 1956.

Menée dans la tradition pavlovienne, l'œuvre de Bykov et de ses élèves est capitale non seulement pour le psychosomaticien mais également pour l'interniste et le physiologiste.

Il s'agit d'une étude dynamique des différents systèmes viscéraux qui tient sans cesse compte des interrelations avec le milieu. L'examen d'un transit baryté, les dosages hormonaux, l'analyse des urines donnent des résultats qui fluctuent en fonction de cette interrelation avec l'environnement physique et psychologique. Bien sûr, le médecin le sait, mais il agit le plus souvent dans son interprétation en éliminant ces facteurs de son analyse.

Schwartz, G.E., Beatty, J., *Biofeedback: theory and research*, Academic Press, Inc., 1977.

Il s'agit là d'un livre écrit par un groupe de spécialistes du biofeedback qui examinent ses implications à partir des faits issus de la recherche fondamentale tant au laboratoire animal qu'en recherche clinique.

On y trouvera notamment deux chapitres de N. Miller et B. Dworkin.

Avant toute approche du biofeedback clinique, le médecin ou le psychologue se doit d'avoir lu ce livre qui « encadre » l'application de la rétroaction biologique et l'empêche de devenir un ensemble de « gadgets ».

3. Les émotions

Levi, L, *Emotions, their parameters and measurement*, New York: Raven Press Books, 1975.

Cet ouvrage collectif de 800 pages reprend tous les aspects actuels de la recherche dans les domaines de l'émotion. C'est une mise au point magistrale réunissant des chercheurs venus de tous les horizons: biochimistes, physiologistes, comportementalistes, anthropologues, cliniciens, pharmacologues...

Ce livre donne en plus accès à une énorme masse d'informations bibliographiques.

4. *Psychopharmacologie*

Pickens, R. & Thompson, T., *Stimulus properties of drugs*, New York : Appleton, 1971.

Le concept de la drogue en tant que stimulus est au centre de nombreuses recherches dont l'importance en clinique humaine est capitale. Les auteurs qui ont formalisé ce concept livrent leurs réflexions basées sur des expérimentations nombreuses. Ils font à partir de là quelques incursions dans la clinique.

C'est un ouvrage à lire par tout « professionnel » de l'utilisation des psychotropes.

Iversen, L.L., Iversen, S.D. & Snyder, S.H., *Handbook of Psychopharmacology*, New York : Plenum Press, 1975-1978.

Cet ouvrage encyclopédique en 14 volumes fait le point de tous les aspects de cette science en pleine évolution.

La qualité de chacun des auteurs confère à cet ouvrage la valeur du livre de référence par excellence.

Le lecteur intéressé par les seuls aspects comportementaux pourra se référer pour la recherche animale aux tomes 7 à 9, pour la psychopharmacologie humaine aux tomes 10 à 14.

CHAPITRE IV

THEORIE ET PRATIQUE

Eysenck écrivait en 1964 : « la Behavior Therapy représente la tentative de modifier le comportement humain et les émotions de manière bénéfique par les lois de la théorie moderne de l'apprentissage ».

L'évolution de la Behavior Therapy ne permet plus aujourd'hui d'intégrer conceptuellement tous les moyens de son action dans les seules théories de l'apprentissage. Comme je le soulignais d'ailleurs au début de l'ouvrage, il est mieux justifié à ce jour de parler des Behavior Therapies. Les théories de l'apprentissage (behaviorisme et cognitivisme) y représentent encore le corps théorique le plus consistant : c'est la raison pour laquelle j'y ai insisté dans cette première partie. Il ne fait cependant pas de doute, que de nouveaux moyens d'action viennent et viendront s'y ajouter de tous les horizons des sciences humaines, physiologiques, biochimiques... Il serait absurde d'imaginer que les théories de l'apprentissage puissent à elles seules expliquer tout le comportement humain.

Ceci dit, et avant d'entamer la partie de l'ouvrage tournée vers la pratique, on peut se demander ce que fait le behavior thérapeute de tout ce corps théorique dont nous n'avons effleuré qu'un petit nombre d'aspects et plus encore ce qui distingue fondamentalement ce praticien des autres psychothérapeutes.

Je serais tenté de dire que les différences essentielles devraient résider dans une *approche méthodologique* particulière de l'anamnèse, dans une *étude expérimentale* précise de l'évolution qui confirme ou infirme l'hypothèse de départ (ces deux aspects seront développés au chapitre V). Si l'on peut espérer que la majorité des behavior thérapeutes procèdent ainsi (ceci reste à démontrer), il demeure qu'entre le « diagnostic » et l'étude de l'évolution, il y a le *choix d'une méthode thérapeutique*. Comment s'effectue ce choix et pourquoi ?

La littérature montre deux positions extrêmes vis-à-vis de cette question : l'une estime que la théorie n'est pas nécessaire voire nuisible pour la progression des méthodes thérapeutiques, l'autre affirme qu'il faut partir de la théorie pour poser des hypothèses à tester dans la pratique.

TECHNOLOGIE ET PSYCHOTHERAPIE

Lazarus (1973b) un behavior thérapeute de la première heure, s'est résolument engagé dans un « éclectisme technique » qu'il intitule *Thérapie multi-modale*. Il ne s'agit nullement pour cet auteur d'utiliser un amalgame de techniques prises au hasard mais d'expérimenter empiriquement certaines méthodes plutôt que de se servir des théories pour choisir une voie d'approche. De plus, dit Lazarus, pour aborder un problème, il ne faut pas hésiter à multiplier les techniques : ainsi un alcoolique sera traité par aversion mais également par relaxation, thérapie familiale, etc. Lazarus pense que plus un patient apprend d'une thérapie, moins il a de chance de présenter des rechutes. Par conséquent, pour chaque patient, il envisage toute action possible sur un certain nombre de paramètres différents qu'il regroupe sous l'acronyme de B.A.S.I.C.I.D. (le jeu de mot avec le ID de la psychanalyse y est évident).

B. Behavior	comportement
A. Affect	émotions
S. Sensation	perceptions
I. Imagery	images « mentales »
C. Cognition	facteurs cognitifs
I. Interpersonal Relations	relations interpersonnelles
D. Drugs	drogues psychotropes

A travers une analyse détaillée de chacun des problèmes affectant ces divers paramètres se dégage « un profil d'action thérapeutique » *(modality profile)* qui peut être révisé tout au long du traitement. Un nombre important de techniques diverses peuvent être ainsi utilisées soit simultanément soit dans un ordre qui dérive de l'analyse du cas.

D'autres behavior thérapeutes de renom se sont élevés contre la liaison de la Behavior Therapy aux théories de l'apprentissage. Ainsi, pour London (1972) prétendre que la Behavior Therapy dérive des théories de l'apprentissage comme le fait Eysenck n'est qu'un argument de prestige : les behavior thérapeutes s'y sont ralliés pour se démarquer de la psychanalyse, à un moment où ils étaient « pauvres » sur le plan théorique. Actuellement, poursuit London, la seule théorie dont dispose la Behavior Therapy est d'affirmer sur base d'une analyse scientifique fouillée que telle technique est efficace à tel degré pour telle personne présentant tel problème. Par conséquent, poursuit l'auteur, si elle ne dispose pas de théorie, la Behavior Therapy se ramène à une *technologie* plus qu'à une science. Il ajoute « c'est ce qu'elle est, et je le crois, ce qu'elle doit être, de même que la médecine est une technologie plus qu'une science ».

L'auteur ne rejette pas l'intérêt des théories, qui, à certains stades, peuvent être nécessaires mais ce n'est pas à son avis le cas présent de la Behavior Therapy. Elle se résume en fait à une méthode d'analyse fonctionnelle dont est dérivé un ensemble de techniques. Celles-ci n'ont pas besoin de théorie pour démontrer leurs effets. De toute façon, assure London, il est rare que les techniques se développent à partir des théories alors que l'inverse est plus souvent vrai. Au stade actuel, il propose de laisser purement et simplement tomber les théories, de se tourner vers les techniques disponibles ou vers d'autres à venir. Les seules questions que le behavior thérapeute doit se poser vis-à-vis des méthodes de traitement : « sont-elles actives ? sur qui ? quand ? » Le comment et le pourquoi viendront plus tard.

Moins provocateur, mais épousant la même pensée que London, Arthur (1972) part en guerre contre la recherche expérimentale en laboratoire qui lui paraît peu adéquate pour la clinique. Il s'agit là pour lui de recherches orientées par la théorie alors que la clinique exige des recherches orientées vers l'action. Comme London et Lazarus, il estime que les approches du comportement disposent de trop de théoriciens et manquent cruellement d'hommes d'action, d'« ingénieurs » du comportement qui imaginent, mettent au point et testent des techniques.

Yates (1975) s'élève contre cet éclectisme empirique intégral. Pour lui, si la psychologie manque incontestablement de théories indiscutables et indiscutées (malgré leur prolifération), il est nécessaire de s'appuyer sur ces théories quand c'est possible. A partir de là, on se posera les questions valables qui amèneront à une expérimentation qui confirmera ou infirmera la théorie. Yates appuie son argumentation d'une part sur l'œuvre de Kuhn (1970), historien et philosophe des sciences, d'autre part, sur celle de Claude Bernard, le père de la méthode expérimentale en médecine.

Pour Kuhn, les sciences évoluent par *paradigmes* : le paradigme est un ensemble de lois, de théories, d'applications et de techniques qui fournit à la recherche scientifique des modèles cohérents acceptés par tous. Ainsi, en physique, la dynamique newtonienne, l'optique corpusculaire sont des paradigmes. Kuhn insiste sur le fait qu'une fois le paradigme accepté, tout scientifique qui travaille dans ce domaine se pliera dans ses prémisses aux prescrits du paradigme. Le paradigme représente donc une sorte de point de non retour.

Appliquant ces notions à la psychologie, Yates note que ni la position behavioriste, ni la position freudienne par exemple ne sont acceptées par tout le monde, ce qui signifie pour lui que nous sommes en psychothérapie au stade des *pré-paradigmes*. Or que se passe-t-il dans d'autres sciences à ce stade : Kuhn constate des débats incessants sur la légitimité des méthodes, des problèmes soumis à l'analyse, des solutions proposées... ce qui sert plus, dit Kuhn, à définir des écoles qu'à produire un accord. C'est donc une période de plus grande liberté expérimentale mais aussi de plus grande confusion. Ceci, affirme Yates, ne justifie cependant pas l'éclectisme technologique tel que le prônent aujourd'hui certains behavior thérapeutes. Pour lui, si l'on ne s'appuie pas sur les pré-paradigmes, qui sont par définition partiellement faux ou incomplets, on n'accède jamais au paradigme. De même, c'est en s'appuyant sur les paradigmes donc sur des théories que l'on fait progresser les sciences.

Mais comment composer alors de la science au stade pré-paradigmatique de notre psychologie contemporaine ? Pour Yates, il n'y a que deux voies possibles et complémentaires : d'une part, celle qu'ont suivis les physiologistes en médecine, voie que Claude Bernard a génialement tracée dans son ouvrage *Introduction à l'étude de la médecine expérimentale*, l'autre, qui en dérive, s'appuyer sur des théories (Claude Bernard aurait parlé d'hypothèses) que l'on teste scrupuleusement en analysant sujet par sujet (analyse expérimentale du cas unique dont je parlerai au chapitre suivant).

CLAUDE BERNARD ET L'ANALYSE EXPERIMENTALE

Le trajet de l'expérience pour Claude Bernard comprend plusieurs étapes précises : après avoir constaté soit accidentellement, soit en organisant les conditions un certain type de problème, le chercheur se pose une série de questions : comment puis-je expliquer ce qui se passe ? Quel est le mécanisme qui sous-tend ce que j'observe ? A ce moment, le chercheur élabore des hypothèses. Celles qu'il retient vont servir à mettre au point l'expérience qui devra les tester. Claude Bernard insiste sur le fait qu'une expérience ne sert jamais à confirmer une hypothèse mais à la tester. On note alors impartialement le nouveau phénomène observé. Celui-ci pourra s'intégrer par la suite comme un fait dans une nouvelle hypothèse...

On remarque qu'au départ le chercheur doit avoir une idée « préconçue »; ensuite, il ne se « contente » pas d'accumuler des faits, des observations, mais il les groupe, les organise, s'en sert dans des déductions... qui seront les matériaux d'une nouvelle hypothèse de travail. En un mot, il élabore une théorie.

TECHNOLOGIE OU THEORIE ?

Le débat décrit plus haut est à la fois peu clair et peu convaincant. Les auteurs ne parlent manifestement pas le même langage. Lorsque Lazarus dit qu'il faut tester des techniques diverses, il ajoute qu'il ne s'agit pas d'un mélange de techniques prises au hasard « out of the air ». Cela signifie donc qu'il a dans son choix une « idée derrière la tête », une hypothèse. En cela, il rejoint l'attitude prônée par Claude Bernard. J'imagine mal d'ailleurs un travail psychothérapeutique digne de ce nom sans hypothèse. Cela me paraît donc un faux problème. La discussion peut porter sur la validité d'une hypothèse, point sur sa présence ou son absence.

En fait, le nœud du problème me paraît être de savoir si oui ou non les *théories de l'apprentissage* doivent *systématiquement* être à la base des hypothèses en Behavior Therapy. La réponse de Lazarus est clairement non. Il faut laisser la Behavior Therapy perméable à toute autre forme d'approche à condition bien entendu d'en tester la validité. Le titre de son livre est clair quant à l'intention : « *Behavior Therapy and beyond* » (1971).

La position d'un London est nettement plus extrémiste. Il est faux que, comme il le dit, toute la Behavior Therapy du départ n'ait rien eu à voir avec les théories de l'apprentissage tout comme il serait inexact de dire que toute la Behavior Therapy est issue de la recherche expérimentale en laboratoire. Les choses ne sont malheureusement jamais aussi nettes. Ce qui est certain c'est que les premiers behavior thérapeutes ont pris les théories de l'apprentissage pour asseoir leurs hypothèses. Que l'on découvre aujourd'hui que les résultats positifs qu'ils ont obtenus n'ont dans un certain nombre de cas rien à voir avec les théories de l'apprentissage, prouve simplement que la validation d'une hypothèse clinique par son seul résultat thérapeutique est difficile. Dans leur critique, London et Arthur oublient qu'ils profitent d'un recul de vingt années d'expérimentation; cette durée a permis d'affiner, de décanter, d'expérimenter toute une série de techniques. C'est là l'évolution naturelle de toute science. Ce type de progression par essais et erreurs ne sera jamais évité. Quant à l'utilisation d'appareillages, de computers ... qu'ils proposent, elle ne fera rien progresser si le chercheur qui s'en sert n'a pas d'idée, d'encadrement méthodologique donc d'une base théorique.

En fait, je vois derrière ces prises de position se profiler la crainte justifiée d'un grand nombre de behavior thérapeutes : celle de voir les recherches se figer dans des techniques stéréotypées, utilisées comme des recettes de cuisine, donnant bonne conscience au thérapeute par une référence à un cadre théorique qui ne représenterait plus à ce moment que le dogmatisme irréfléchi d'une école. Le dogme, la technique toute faite, la prescription « magistrale » passe-partout : autant d'écueils qui se présentent sous une forme reposante et apaisante devant le praticien. La psychanalyse n'a pas échappé à ce « chant des sirènes ». Les Behavior Thérapies le pourront-elles ? Yates, lui-même, rejoint ceux qu'il attaque en avouant qu'il le souhaite mais qu'il n'en est pas sûr. Peut-être, dans cette perspective, certaines prises de position agressives, « déstructurantes », comme celles de Lazarus, de London et d'autres sont-elles nécessaires pour secouer quelque peu l'assoupissement prématuré de certains ?

Lectures recommandées

Bernard, C., *Introduction à l'étude de la médecine expérimentale*, Paris: Nouvel Office d'Edition, 1966.

Durant mes études médicales, mes maîtres conseillaient de lire cet ouvrage. Je l'ai lu et il m'a ennuyé. J'avais l'excuse de mon jeune âge. Confronté à la recherche, je l'ai relu et ce fut une découverte. Prenez ce livre écrit il y a plus d'un siècle, remplacez les mots physiologie et médecine par les termes psychologie et psychiatrie, et c'est un ouvrage d'une étonnante actualité. Tout y est dit sur la méthode expérimentale.

Les Anglo-Saxons viennent de le découvrir avec enthousiasme dans une traduction récente (An introduction to the study of experimental medecine, 1865. New York: Dover, 1957).

Combien de francophones ont-ils lu Claude Bernard dans le texte?

Kuhn, T.S., *The structure of scientific revolutions*, Chicago: University of Chicago Press, 1970.

Le passé est toujours une source d'enseignement pour le présent. Derrière les apparences trompeuses, peu de choses changent fondamentalement. Kuhn, historien et philosophe, recherche les chemins de la connaissance dans l'évolution de sciences comme la physique ou la chimie. L'anarchie de la découverte n'est qu'apparente. Pour le psychologue ou le psychiatre, il est possible d'en tirer un certain nombre de déductions et de prédictions quant à la situation présente et au devenir probable de sa propre connaissance.

Lazarus, A.A., *Behavior Therapy and beyond*, New York: Mc Graw Hill, 1971.

Lazarus a vu naître la Behavior Therapy dans l'école de Wolpe. Clinicien de formation et de tempérament, il a constaté comme un certain nombre de praticiens à l'esprit expérimental, qu'entre la théorie et la pratique il y a le patient, individu unique, ne se laissant pas réduire à des théories toutes faites, à des techniques «miracles».

Son livre m'apparaît plus comme un cri d'alarme devant la tendance de certains à se figer dans des recettes thérapeutiques, à se placer à l'abri des théories toutes faites.

Je ne vois pas personnellement ce livre comme Yates, qui y perçoit un rejet de toute théorisation, un éclectisme stérile.

Pour le Behavior Thérapeute, c'est un livre de réflexion, même s'il n'en accepte pas toutes les propositions.

Yates, A.J., *Theory and Practice in Behavior Therapy*, New York: John Wiley & Sons, 1975, 243 pp.

Voici encore un vrai clinicien scientifique. Il ne se gargarise pas de mots. Quand il parle de Behavior Therapy, c'est à partir d'une vaste expérience sur le terrain, armée d'une profonde connaissance de la littérature.

Son livre, excellente suite à son ouvrage de 1970, « Behavior Therapy » est une critique intelligente des behavior therapies : avons-nous résolu le problème de l'énurésie, du bégaiement ? Les échecs de la Behavior Therapy dans le comportement du fumeur, de l'obèse, état actuel de la désensibilisation systématique...

Une véritable attitude scientifique ne craint pas la remise en question.

DEUXIEME PARTIE

METHODOLOGIE ET PRATIQUE DES BEHAVIOR THERAPIES EVALUATION

Depuis quelques années, il paraît annuellement en anglais trente à quarante ouvrages consacrés à la pratique des Behavior Therapies. Submergé par cette énorme masse d'informations, il est devenu difficile, même pour le clinicien qui consacre un temps raisonnable à son recyclage permanent, de suivre ce rythme infernal (l'Association Américaine de Behavior Therapy regroupe actuellement plus de 6.000 behavior thérapeutes chevronnés).

En langue française, le choix est nettement plus aisé. En dehors de quelques ouvrages essentiellement théoriques, ils se ramènent à 4 livres d'actualité.

- En 1970, Rognant J. publie aux éditions Masson et Cie l'excellent rapport de thérapeutique qu'il avait présenté au Congrès de Psychiatrie et de Neurologie de Langue Française à Milan : « *Les thérapeutiques de déconditionnement dans les névroses* ». Très documenté, l'auteur choisit de discuter l'aspect clinique des méthodes disponibles à ce moment. Conscient du danger d'une utilisation mal à propos de ces méthodes en clinique, Rognant écrit : « sachant que dans ce domaine plus que dans tout autre, la mise en œuvre d'une technique ne peut se concevoir sans une certaine information sur les bases théoriques qui l'ont inspirée, nous nous efforçons de faire apparaître celles-ci aussi simplement que possible, malgré le caractère souvent aride de leur formulation ». Tout au long de l'ouvrage, Rognant passe ainsi l'information actuelle au crible d'une critique qu'il appuie tant sur la théorie que sur sa propre pratique de clinicien expérimenté. Cette approche du problème permet au livre de ne vieillir que très lentement. Les nouvelles techniques apparues depuis 1970 n'en modifient pas le fond. Il suffirait d'une mise à jour.

- Malcuit, G., Granger, L., Larocque, A., *Les thérapies behaviorales*, Presses de l'Université Laval, 1972.

L'ouvrage de ces Canadiens français est très documenté, enthousiaste, et critique à la fois. Je lui reprocherai personnellement d'avoir trop lié les Behavior Therapies au seul behaviorisme. Ils écrivent en effet : « en utilisant (les termes) ''thérapies behavoriales'' nous ne voulons pas franciser le mot behavior, mais montrer la référence au behaviorisme ». L'évolution récente des Behavior Therapies ne semble pas leur donner raison.

- Wolpe, J., *Pratique de la thérapie comportementale*. Paris, Masson et Cie, 1975.

Traduit par J. Rognant, cet ouvrage d'un des « pères » de la Behavior Therapy est extrêmement intéressant pour le clinicien et pour le lecteur profane. Le livre est illustré de nombreux cas cliniques décrits de manière très détaillée. Si les positions théoriques de Wolpe ne sont pas toujours indiscutables, elles ont cependant l'intérêt de susciter la réflexion.

- Ladouceur, R., Bouchard, M.A., Granger, L. & coll., *Principes et applications des thérapies behaviorales*. Edisem Inc., Quebec, Maloine S.A., Paris, 1977.

Dix-sept behavior thérapeutes canadiens français ont collaboré à cet important travail. Très complet tant par les problèmes abordés que par l'abondante bibliographie citée, c'est un excellent ouvrage de référence. Après avoir présenté les différentes méthodes classiques des Behavior Therapies, les auteurs analysent les traitements d'un certain nombre de troubles comportementaux. Cette présentation, loin de créer une redondance inutile est très didactique et fait de ce volume un excellent outil de travail. Ce livre mériterait dans l'avenir une mise à jour régulière.

Prenant ainsi appui sur la littérature existante en langue française, j'ai pensé qu'il fallait formuler la partie clinique de cet ouvrage de toute autre manière.

Ce qui me paraît définir les Behavior Therapies, c'est une manière nouvelle d'aborder en clinique l'analyse des troubles du comportement et une méthode scientifique d'évaluation des résultats obtenus. Ceci fera l'objet du chapitre suivant (chap. V).

Les moyens thérapeutiques des Behavior Therapies sont nombreux. Tantôt, ils s'adressent à de vastes ensembles de problèmes psychologiques, tantôt ils s'appliquent à des symptômes très spécifiques. Certains prennent l'aspect de méthodes très structurées (désensibilisation systématique), alors que d'autres présentent plus une manière générale d'aborder le patient et son problème à travers une série de lois de l'apprentissage (thérapies operantes).

Par ailleurs, si les facteurs d'efficacité s'expliquent «aisément» dans certains cas en faisant référence à tel ou tel aspect théorique, pour d'autres, la situation est moins claire permettant des explications alternatives ou complémentaires.

Enfin, si certaines méthodes ont aujourd'hui dépassé le «banc d'essai» pour entrer dans la pratique quotidienne, d'autres demeurent encore au stade expérimental.

La plupart des ouvrages présentent la pratique des Behavior Therapies de deux manières différentes: ou bien, de chapitre en chapitre ils énoncent les méthodes essentielles des Behavior Therapies, ou partant des entités cliniques ils montrent ce que les Behavior Therapies ont apporté à leur traitement.

Mon souci de clinicien orienté vers *la demande du malade* m'a amené à chercher une autre voie de présentation: quand un patient se présente à moi, que vient-il chercher, quel registre de problèmes peut-il présenter, quelle aide puis-je lui proposer à partir des Behavior Therapies? Enfin, l'esprit scientifique que je souhaite appliquer à mon travail clinique m'amène à me demander, en confrontant mon expérience propre à celle de la littérature existante, si le résultat obtenu est bien lié à mon action spécifique, si la conceptualisation théorique établie est solidement étayée ou fragile.

CHAPITRE V

LE PROCESSUS THERAPEUTIQUE EN BEHAVIOR THERAPY

L'analyse fonctionnelle
Le traitement et son évaluation

L'action psychothérapeutique, comme toute intervention clinique, devrait comporter une suite logique d'opérations indissociables :
- poser un diagnostic aussi précis que possible à partir des données recueillies ;
- établir un plan de traitement visant à atteindre un ou des objectifs clairement définis ;
- évaluer l'adéquation et la spécificité de la thérapie à partir des résultats observés.

La dimension du travail psychothérapeutique, plus étalé dans le temps que d'autres approches, a trop souvent permis l'imprécision dans ces trois prescrits du travail clinique. Ce laisser-aller est renforcé par la difficulté de saisir les faits pertinents par rapport au traitement, de quantifier les entités retenues, d'établir les relations de cause à effet entre action thérapeutique et modification engendrée. A partir de ces incontestables difficultés, on a vu se développer sur un mode théorique des concepts qui visaient à rationaliser ces imprécisions : par exemple, la « non-directivité » de l'anamnèse nécessaire à la pleine expression par le sujet de sa probléma-

tique, l'«attention flottante» rendant accessible au thérapeute des informations qu'il perdrait, paraît-il, s'il était à
l'état vigile. Quant à la validation du traitement, des interprétations qui le jalonnent, des résultats auxquels il aboutit,
on nous assure «que l'accord d'un certain nombre d'esprits
scientifiques peut se faire sur des questions de cet ordre,
parce qu'on fait confiance à leur esprit critique, parce qu'ils
se contrôlent les uns les autres, parce que le temps valide
expérience et interprétation». (Brisset, in Ph. Bassine, 1973,
p. 401).

Jusqu'à preuve du contraire, il me semble impossible
d'étudier un problème clinique qu'il soit psychologique ou
autre, sans anamnèse fouillée: que l'on soit directif ou non
dans le recueil des données est une question d'attitude, discutable, qui ne change rien quant au fond. Par ailleurs, l'attention flottante ne permet pas de se dispenser d'une stratégie précise à adopter vis-à-vis d'un but à atteindre. Sinon elle
ne peut qu'aboutir à une somnolence intellectuelle! Quant à
la validation du traitement par les bons esprits scientifiques,
on pourrait aisément démontrer par des faits historiques,
combien d'erreurs ont été véhiculées durant des siècles par
ce type d'analyse.

Le fond du problème est en fait de savoir si une attitude
expérimentale est pertinente en psychologie

Brisset, parlant des apports théoriques de l'approche analytique déclare: «ces connaissances ne sont pas démontra-
bles expérimentalement... La conviction scientifique en
cette matière ne repose pas sur une démonstration expérimentale à la manière des sciences de la nature. La limitation
de la méthode expérimentale en ce qui concerne les liens
rationnels fait que la démonstration, ici, est d'un ordre différent. Il s'agit de comprendre et non pas d'expliquer».

Qu'il existe de nombreuses difficultés à aborder le comportement humain par la méthode expérimentale est bien
évident. Que celle-ci ne nous fournisse à ce jour dans ce
domaine qu'un nombre limité d'explications à un nombre

restreint de problèmes est un fait. Il n'autorise cependant pas à transformer en une incapacité d'ordre épistémologique ce qui n'est très probablement que difficulté d'ordre historique.

Dès le départ, les behavior thérapeutes ont tenté de fournir à la clinique les moyens de son analyse diagnostique, les méthodes de son évaluation de la progression thérapeutique, qui pour eux, constituent l'indispensable « logistique » d'une véritable approche scientifique de l'explication en psychologie.

I. L'ANALYSE, LE DIAGNOSTIC FONCTIONNEL

Critique du diagnostic médical en psychothérapie

Le diagnostic médical issu de l'analyse physiopathologique a incontestablement entraîné de rapides progrès en médecine dans la mesure où la nosologie qui en est issue permet au médecin de déterminer une étiologie, d'en déduire un traitement logique et de poser un pronostic. La psychiatrie, branche médicale, a tout naturellement suivi cette même voie pour classifier les entités « mentales » et « ses maladies ». Cette approche est certes valable pour certains types de problèmes qui sont superposables au modèle médical. C'est le cas par exemple pour des désordres cérébraux liés à des facteurs précis tels que les troubles du comportement secondaires à une atteinte vasculaire, microbienne, toxique... Par contre, dès que le diagnostic se réfère aux troubles fonctionnels, les plus fréquents, il perd rapidement son intérêt et se perd dans la construction de syndromes, de sous-syndromes qui tente tant bien que mal de cerner une réalité mouvante et n'accède finalement ni à une détermination précise de l'étiologie, ni à une décision thérapeutique claire, ni à un pronostic fiable. On peut d'ailleurs constater dans le contexte pratique combien le psychiatre se détache rapidement de cette nosologie qui n'ayant plus d'utilité fonctionnelle demeure tout au plus un élément de communication, d'ailleurs fort imparfait, avec ses collègues.

Outre son peu d'intérêt fonctionnel, la nosologie psychiatrique a depuis quelques décennies subi un véritable éclatement par les «grandes mutations des tableaux cliniques», comme le notait Timsit (1975) non sans un certain trouble, ni une certaine nostalgie. Cet auteur se déclarait obligé de reconnaître que «les manifestations typiques de l'hystérie n'ont plus qu'un caractère historique, et qu'une asthénie plus prosaïque a pris leur place, de constater que les catatonies d'antan sont révolues, que les paraphrénies ont perdu leur luxuriance...». Devant cette évolution qui n'est que l'expression des effets des grandes mutations sociales sur le comportement collectif et individuel, on a vu se dégager plusieurs attitudes (Timsit, 1975):
- une attitude «conservatoire marquée par un respect certain des habitudes nosographiques»;
- la recherche de l'explication dans d'autres disciplines voisines: bio-physique, sociologie, économie...;
- le traitement exclusif des comportements;
- l'anti-psychiatrie qui postule «que c'est la société qui est malade» et «conduit à dénier la légitimité de toute démarche nosologique».

Si l'on accepte qu'un syndrome psychiatrique est la résultante de l'interrelation de l'individu total avec un environnement mouvant, l'attitude conservatoire amènera à revoir sans cesse la nosologie. Une caractéristique de notre époque n'est-elle pas ce changement rapide et constant des faits socioculturels. La recherche de l'explication par d'autres sciences est un leurre que Skinner a dénoncé très tôt. Elles peuvent enrichir les données des sciences du comportement mais en aucun cas les remplacer. Quant à l'anti-psychiatrie, on lui doit certes d'avoir attiré l'attention, souvent avec fracas, sur le rôle de la société et de ses structures en tant qu'élément de «déséquilibration» des individus. L'extrémisme même de ses positions, niant toute participation de l'individu en tant qu'«émetteur» par rapport à ce milieu, ne le concevant que comme «récepteur» passif, la condamne à être rapidement stérile.

Reste ce que Timsit appelle une attitude « opératoire » (nous dirions fonctionnelle) s'intéressant exclusivement au comportement ou à des « réalisations sectorielles méthodiques » : c'est la position adoptée par les behavior thérapeutes.

Critique de l'approche psycho-dynamique au diagnostic

L'objection la plus fréquemment émise à l'égard des behavior thérapeutes est : « vos méthodes permettent de changer le comportement mais vous ne changez pas réellement la personne ».

Cette affirmation suppose qu'il y aurait une personne « réelle », une personnalité sous-tendant le comportement. Une telle dissociation entre personnalité et comportement, entre trouble sous-jacent et symptôme n'est pas aussi scientifiquement certaine que les théories qui l'adoptent le laisseraient penser.

En fait, les approches psycho-dynamiques de la personnalité sont sujettes à trois sources d'erreurs majeures :
- la tendance à « figer » le comportement en lui accolant une étiquette diagnostique qui tend à éliminer toute analyse ultérieure de ce comportement;
- en plus de cette sur-généralisation, ce type d'approche amène rapidement à employer la description du comportement comme une explication de ce comportement;
- l'approche psycho-dynamique dans son mépris des conditions de l'environnement, dans son étude quasi exclusive des structures sous-jacentes censées diriger toutes les conduites quelles que soient les contingences externes, construit une série d'hypothèses et néglige les faits d'observation.

Si les traits de personnalité étaient perçus comme des inventaires de comportement, ou comme une analyse des forces relatives de ces différents comportements, ou encore comme une mesure de la vitesse avec laquelle ces processus comportementaux peuvent s'installer, le behavior thérapeute marquerait volontiers son accord. Ce que nous observons le plus généralement c'est une quantification très différente des faits observés. Un exemple classique nous est fourni par la façon dont s'analyse par exemple un test d'intelligence. Lorsqu'on soumet un sujet à la mesure du quotient intellectuel, le score brut que l'on obtient est une mesure arbitraire qui dépend d'une série de variables telles la nature des items, leur nombre, le temps mis par le sujet pour répondre au questionnaire... Afin d'obtenir une mesure moins arbitraire, on a « fait passer » ce test à un grand nombre de sujets dans des conditions comparables et on a converti le score brut en score standard. Ce score standard ne représente nullement une mesure quantitative d'un trait mais démontre simplement que la performance d'un individu donné est égale ou différente de celle du groupe. Or ce groupe, tout comme le score original, est arbitraire. Par conséquent, la prédiction qu'un tel test donnera sera parfois extrêmement différente de ce qu'une analyse fonctionnelle peut montrer. La prédiction réalisée par ce type de test n'est pas une prédiction de cause à effet mais plutôt d'effet à effet dans la mesure où l'on ne connaît pas les variables responsables du score obtenu ni celles du comportement prédit.

On pourrait faire le même type de critique pour nombre de tests projectifs couramment utilisés dans le diagnostic psycho-dynamique.

D'un point de vue strictement opérationnel, une telle analyse est incapable de faire progresser notre compréhension et notre connaissance des *variables qui contrôlent le comportement*. La conséquence logique de cet état de fait réside en une incapacité fondamentale du diagnostic psychodynamique à fournir au clinicien les méthodes précises de son action.

L'approche comportementale en Behavior Therapy

Si l'approche comportementale diffère d'un clinicien à l'autre par l'arrière-plan théorique auquel il se réfère, il est cependant possible d'extraire des différentes pratiques, un ensemble de principes communs.

- L'analyse et le traitement en Behavior Therapy portent essentiellement sur le *comportement*. Il s'agit donc d'étudier l'individu, son environnement spécifique et leurs interrelations. Cette approche exclut toute interprétation faisant référence par exemple à des pulsions, des traits de personnalité envisagés en tant que facteurs explicatifs des comportements observés. Ceci ne signifie nullement que le behavior thérapeute nie l'existence des facteurs internes, des processus symboliques et cognitifs. Il refuse de ne considérer le symptôme que comme le signe, l'épiphénomène d'un processus psychodynamique sous-jacent. Comme le fait remarquer Kazdin (1978) à l'intérieur des Behavior Therapies, il existe des nuances importantes vis-à-vis de cette position. Ainsi, lorsqu'un auteur comme Wolpe parle d'anxiété, il fait référence à un état interne, et non à un comportement directement observable. Par ailleurs sous l'influence des cognitivistes, certains événements privés tels que les ruminations obsessionnelles, les sentiments, les images, les pensées constituent des médiateurs du comportement observable et sont devenus pour certains behavior thérapeutes l'objet même du traitement.

- Toutes les conduites sont régies par les *mêmes principes psychologiques*. Il n'est donc pas question de distinguer comme le font les psychanalystes une psychologie de l'« ego » où les lois de l'apprentissage seraient applicables par exemple à l'acquisition d'un certain nombre de connaissances, d'une psychologie « des profondeurs » qui, différente dans ses principes, dégagerait les lois de l'intégration de la personnalité.

Ce second principe implique également qu'il n'y a pas de discontinuité entre comportement normal et comportement anormal. Les conduites sont apprises, maintenues et modifiées par les mêmes lois qu'il s'agisse du comportement normal ou déviant.

- Le comportement humain est analysable et explicable dans sa totalité par un raisonnement scientifique et une méthodologie d'approche similaires à ceux qui ont permis aux autres sciences naturelles de se développer. La prise de position des behavior thérapeutes refuse l'idée émise par certains psychanalystes suivant laquelle, l'homme étant une « histoire », ses comportements peuvent se comprendre mais pas s'expliquer. En réponse à Brisset (1973, in Ph. Bassine) qui défend cette position, Ph. Bassine se demande si « par là-même il (ne) refuse (pas) à la psychanalyse, le droit d'interpréter d'une façon *déterministe* toutes les manifestations et tous les états psychiques »... Pour Bassine, « cette conception se trouvera exclue du nombre non seulement des sciences naturelles (opposées aux sciences « historiques ») mais aussi du *domaine de la connaissance argumentée de façon rationnelle »* (souligné dans le texte).

- La psychothérapie comportementale ne représente pas une approche anhistorique des conduites contrairement à ce que d'aucuns prétendent. Elle estime que les événements passés permettent de comprendre comment un comportement s'est structuré. Toutefois, l'analyse historique ne permet pas d'expliquer comment le comportement se maintient aujourd'hui; de plus elle n'agit pas au niveau thérapeutique. Par conséquent, l'action thérapeutique s'instaurera à partir des éléments actuels.

Quelques modèles d'analyse fonctionnelle

Le terme d'analyse ou de diagnostic fonctionnel implique clairement qu'il s'agit d'examiner les fonctions d'un organisme en relation avec son milieu tant interne qu'externe, telles qu'elles s'expriment dans les divers registres comportementaux, et non de tenter exclusivement de rattacher ceux-ci à un hypothétique « appareil psychique » dont ils ne seraient que l'émergence.

Mais que va-t-on exactement analyser en clinique? Théoriquement, chaque comportement pourrait être testé pour lui-même comme on peut le faire en laboratoire, en isolant par exemple une réponse au niveau de laquelle on va faire agir une ou plusieurs variables pour ensuite observer le résultat. Cette approche est évidemment impossible en pratique courante.

Tenant compte de ces contraintes spécifiques de la pratique, différents modèles ont été proposés. Ainsi Goldfried et ses coll. (1968, 1969, 1972) ont mis au point et utilisé un certain nombre de tests formels dont ils ont défini l'esprit par opposition à l'utilisation du testing diagnostic de type projectif. Dans le testing projectif, on tente d'extraire un certain nombre de caractéristiques supposées être à la base de la personnalité du sujet testé. Cette analyse se fait donc en dehors de toute condition de l'environnement et les faits recueillis sont supposés être des invariants. Par contre, la perspective des tests comportementaux tente beaucoup plus de cerner ce que l'individu *fait* dans telle ou telle situation spécifique. Ainsi, là où le test projectif décrira par exemple un certain niveau « d'agressivité » chez un sujet, le test comportemental tentera de déterminer dans quelle situation spécifique ce sujet se comporte de manière agressive et dans quelle situation spécifique il se comporte différemment. Goldfried et ses coll. ont ainsi établi une batterie de tests comportementaux qui permettent une analyse précise des conduites du sujet au travers d'une série d'événements les plus caractéristiques de la vie sociale. Comme le fait remarquer Yates (1975) si l'esprit du modèle proposé par Goldfried est théoriquement dans la ligne de l'analyse fonctionnelle, il reste cependant insatisfaisant dans la mesure où il se réfère dans son appréciation au rapport subjectif du patient et manque de contrôle objectif. Un autre reproche que l'on peut faire est son aspect formel qui « oblige » en quelque sorte le sujet à entrer dans le cadre d'une série de situations qui lui sont proposées de manière arbitraire.

Le modèle proposé par Kanfer et Saslow (1969) est nettement plus souple. Leur propos est de rechercher les classes de variables dans le comportement à partir desquelles il serait possible de déterminer les facteurs actuels qui contrôlent ces comportements, les stimuli sociaux, physiologiques ainsi que les renforcements dont ces comportements sont fonctions. Pour ces auteurs, le but de l'analyse fonctionnelle est de spécifier quels comportements doivent être modifiés, de savoir dans quelles conditions ils ont été acquis, les facteurs qui actuellement les maintiennent. Grâce à ces données on pourra spécifier les procédures thérapeutiques à utiliser pour accéder à la modification comportementale. Kanfer et Saslow proposent pour réaliser ce programme sept catégories d'analyses.

1. *Examen du problème spécifique*. Il s'agit de préciser dans le moindre détail tous les événements ou situations relatifs au problème : par exemple, sa fréquence, son intensité, sa durée, les formes qu'il peut prendre, les situations qui peuvent l'entourer... Les auteurs insistent sur le fait que les classes de réponse que l'on retire de cette analyse représenteront véritablement les cibles de l'action thérapeutique.

2. *Clarification de la situation problème*. On examinera ce qui dans l'environnement du patient concourt à maintenir le comportement problème ainsi que les conséquences que ce comportement peut avoir sur l'environnement lui-même et sur le patient.

3. *Analyse motivationnelle*. Son but est de préciser ce qui pour un sujet donné, en fonction d'une histoire personnelle unique, constitue un renforcement (qu'il soit positif ou négatif).

La liste de renforcements ainsi obtenue sera par la suite utilisée comme levier thérapeutique.

4. *Analyse développementale*. Le thérapeute fera un examen précis du passé tant biologique que socioculturel du patient, des conditions spécifiques dans lesquelles il a évolué tout au long de son existence.

5. *Analyse de l'autocontrôle*. Elle vise à connaître les moyens et l'importance des méthodes dont dispose le patient au niveau de son autocontrôle dans la vie de tous les jours. De même, on cherchera à savoir quelles ont été les conséquences positives ou négatives de cet autocontrôle en d'autres circonstances.

6. *Analyse des relations sociales*. L'examen portera non seulement sur la sociabilité générale du patient mais plus encore sur l'influence que lui-même exerce sur les personnes

significatives de son environnement, ou inversément jusqu'à quel niveau celles-ci peuvent influencer son comportement. On perçoit ici le souci des auteurs de trouver dans l'environnement immédiat du patient d'éventuels co-thérapeutes. Ceci permet également de se faire une idée précise des diverses contingences sociales dans lesquelles le patient est amené à évoluer.

7. *Analyse de l'environnement socioculturel et physique*. Dans les points précédents, il s'agissait d'examiner les réactions de l'individu de manière non normative. Ici, il est perçu dans ses possibilités et limitations par rapport aux normes standards dans lesquelles il évolue.

D'autres systèmes d'analyse fonctionnelle ont été proposés tel celui de Lazarus dont j'ai parlé précédemment, ou celui de Cautela et Upper (1973, 1976).

En pratique, la grande majorité des behavior thérapeutes ne suivent pas un modèle formel d'analyse. Le plus souvent, ils se réfèrent à des classes de problèmes comportementaux plus généraux. Comme le signalent Ullmann et Krasner (1969) dans la réalité de la pratique quotidienne, le behavior thérapeute s'intéresse à ce que son patient fait ou ne fait pas, au problème qui l'a amené à consulter. Une fois ce problème-cible posé, le behavior thérapeute tentera de cerner les conditions dans lesquelles ce comportement apparaît ou n'apparaît pas. Suivant la nature du problème posé, il sélectionnera les sources d'informations qui lui paraissent pertinentes par rapport à ce problème. A ce moment, il tentera de reformuler en termes comportementaux (c'est-à-dire en se référant à son arrière-plan théorique) les événements qui viennent de lui être décrits. A partir de là, il décidera d'un traitement.

S'il est bien évident qu'une analyse fonctionnelle aussi complète que celle proposée par exemple par Kanfer et Saslow demande en pratique beaucoup de temps, si par ailleurs, on peut supposer qu'un clinicien rompu à sa discipline est capable de sélectionner les points qui lui paraissent essentiels et de laisser de côté un certain nombre d'autres qui lui semblent de peu d'intérêt par rapport aux problèmes posés, le danger d'une analyse trop « laxiste » est de passer à côté du véritable problème ou de sélectionner de manière arbitraire les éléments qui s'inscrivent le mieux dans une traduction théorique rassurante. Ici, aussi, l'« attention flottante » peut être dangereuse.

Les moyens de l'analyse fonctionnelle

Une chose est de proposer un idéal d'examen empirique des faits, une autre est de l'appliquer au niveau pratique. De quels moyens dispose empiriquement le thérapeute, qui voit son patient une à deux heures par semaine pour établir dans un temps raisonnable une analyse fonctionnelle sérieuse.

1. L'interview

L'interview est et demeure l'outil principal de l'analyse. A travers ce que dit le patient, les questions que lui pose le thérapeute, ce dernier tentera de cerner au mieux le problème. Certains auteurs ont proposé des modèles précis d'analyse (Kazdin et Mahoney, 1976; Fenstherheim, 1972...). J'estime que chaque thérapeute a au fil du temps établi son propre schéma anamnestique. A mon avis, la forme importe peu à condition que les différents thèmes repris dans le modèle de Kanfer et Saslow soient envisagés. Au thérapeute de prendre la responsabilité de laisser dans l'ombre tel ou tel aspect des différents points proposés par ce modèle à condition qu'il se pose systématiquement les questions relatives à la pertinence ou non de tel aspect par rapport au problème qui lui est proposé. La perspicacité, l'ingéniosité du thérapeute jouent ici un rôle important et malheureusement peu quantifiable. Il est fondamental que les thérapeutes acceptent de se former à la technique anamnestique fonctionnelle. De nombreux moyens, par exemple audiovisuels, permettent aujourd'hui cet apprentissage.

L'attitude du behavior thérapeute est *directive* dans son anamnèse. Cette directivité, orientée vers la recherche de l'information pertinente, ne signifie nullement, contrairement à ce que certains en disent, que la chaleur humaine en soit absente. Le comportement du behavior thérapeute est au contraire celui d'un être humain qui s'attache avec un de ses semblables à la solution d'un problème. Le contact est et doit être chaleureux, permissif, égalitaire. Le behavior thérapeute ne se protège pas derrière l'auréole du savoir ou du pouvoir. C'est une relation d'aide, de contrat thérapeutique par lequel il s'engage, acceptant sa part de responsabilité dans l'echec autant que dans la réussite.

Cette implication directe, contractuelle, l'amène à ne pas se contenter d'un discours imprécis de la part de celui qui s'adresse à lui, à rechercher l'*information concrète*. Lorsqu'un patient lui déclare être anxieux, avoir peur... il cherchera à savoir depuis quand, dans quelles circonstances; il lui demandera de préciser les manifestations qui accompagnent ces états, les réactions de l'entourage, les conséquences directes et indirectes de sa conduite...

Quelle est la *qualité des informations* recueillies? Elles dépendent d'une série de variables. De la part du patient: son intelligence, son état émotionnel dans la situation d'interview, la perception cognitive qu'il a de lui-même qui pourra éventuellement l'amener à trier, à modifier l'information, sa motivation... De la part du thérapeute: son degré « d'empathie » qui met le patient en confiance, le rassure, la vigilance vis-à-vis des « détails » qui peuvent être cruciaux, son évaluation des distorsions cognitives des discours, etc. En bref, c'est ici que se fait le vrai travail clinique, celui qui malgré tous les apports théoriques et techniques reste le plus individualisé.

2. Les autres apports

A côté de la relation directe, verbale des faits par le patient, de multiples moyens sont disponibles pour enrichir, voire contrôler les informations.

On peut ainsi, suivant le patient ou le problème, demander au sujet de consigner par écrit le maximum de faits relatifs à sa problématique, prendre des informations auprès de la famille. La qualité de ces informations sera à nouveau analysée de manière critique par le clinicien : la partialité volontaire ou non, l'imprécision, la sélection cognitive sont autant de pièges dans lesquels peuvent tomber le patient et son thérapeute.

On a proposé différents tests qui seraient susceptibles de serrer au plus près l'objectivité : test de Cautela et Kastenbaum (1967) pour répertorier les renforcements adéquats, test de Rathus (1973) pour quantifier la compétence sociale, test de Lang et Lazovik (1963) qui établit un inventaire des peurs, échelle de personnalité de Willoughby (1934)....

Personnellement, pour les avoir utilisés, je les estime de peu d'intérêt. Ils ne fournissent qu'une fausse impression de pouvoir quantifier scientifiquement certains aspects du comportement. Ils ne remplacent ni n'enrichissent substantiellement les données fournies par les interviews malgré les notables imperfections et risques d'erreurs de celles-ci.

Enfin, en laboratoire, on tendra à compléter l'information par des mesures psychophysiologiques, destinées à quantifier les réactions émotionnelles du sujet. Cette voie est certes intéressante mais l'interprétation des résultats reste très difficile. Ce procédé me paraît encore se situer essentiellement au niveau expérimental.

En résumé, en dehors de l'interview, au stade actuel, les moyens de l'analyse fonctionnelle sont encore pour la plupart du domaine de la recherche. Pour le clinicien en « action » ce sont les informations issues du rapport verbal, du patient, recueillies avec le maximum de minutie qui demeurent et encore pour un certain temps vraisemblablement la base la plus substantielle dans l'élaboration de son travail thérapeutique.

II. LE TRAITEMENT ET SON EVALUATION

Entre ce qui se déroule réellement dans une psychothérapie et ce qui s'écrit sur le même sujet, il existe indubitablement d'énormes différences. Celles-ci trouvent diverses explications. Chaque thérapeute, même s'il est éclectique, tente de se rassurer par un encadrement théorique qui le mène à une interprétation de ce qui se passe dans le décours de sa thérapie. Cette interprétation, qui n'est pas nécessairement une explication des variables cruciales, l'amène à établir un schéma descriptif de l'évolution du traitement. Cette schématisation ne peut se faire sans qu'un choix s'établisse dans les faits retenus. De plus, l'analyse du résultat s'établit généralement sur une «impression globale» supposée confirmer ou infirmer l'interprétation. Cet argument de résultat, qu'il soit négatif ou positif, repose uniquement du point de vue de la fiabilité sur les capacités présumées du thérapeute à intégrer les phénomènes dans lesquels il a joué un rôle. J'ai dit plus haut ce que je pensais de cette analyse, et de ses risques d'erreurs.

Dans la littérature, c'est le plus souvent ce type de rapport qui va servir à établir des statistiques pour affirmer que telle procédure thérapeutique est plus efficace que telle autre dans tel problème spécifique. J'avoue avoir toujours été très sceptique devant ce genre de statistique. Que signifie le fait de dire par exemple que la désensibilisation systématique est efficace dans 80 % des cas sur une série de cent agoraphobes traités ? Pas grand-chose.

Tout d'abord les 100 sujets sont définis par une étiquette diagnostique, véritable carcan qui rabote toute spécificité. Examinez 100 agoraphobes, ils sont tous différents et pas seulement sur des points de détail. On prétend ensuite leur avoir appliqué la même technique, dans l'exemple, la désensibilisation systématique. Cette affirmation peut être rejetée d'emblée. Chaque thérapeute a ses variations sur le «thème» de la désensibilisation systématique et, qui plus est, le même thérapeute traitant deux agoraphobes par désensibilisation systématique variera sa technique d'un patient à l'autre.

Que peut-on alors tirer de cette statistique ? Simplement, que certains aspects de la désensibilisation systématique semblent bien être efficaces dans un nombre assez important d'agoraphobies. Rien de plus. Certains diront que cette constatation est importante. Certes, mais elle n'apprend rien quant aux variables cruciales qui ont joué le rôle thérapeutique efficace dans tel cas précis. Deux phrases de Claude Bernard clarifient bien ce problème : « Si, dit-il avec humour, nous recueillons l'urine d'un homme pendant 24 h, que nous la mélangeons pour en analyser la moyenne, nous pratiquons l'analyse d'une urine qui tout simplement n'existe pas; en effet, l'urine obtenue lorsqu'on est pressé est différente de l'urine émise pendant la digestion. Une expérimentation de ce type a été inventée par un physiologiste qui récoltait les urines de l'urinoir d'une gare de chemin de fer, où des gens de toutes les nations passaient et qui pensait ainsi présenter l'analyse de la moyenne de l'urine européenne ». « Pour moi, *les statistiques n'atteignent jamais la vérité scientifique, et de ce fait n'aboutissent jamais à une méthode scientifique.* Un exemple simple peut illustrer ma pensée. Certains expérimentateurs ont publié des recherches par lesquelles ils démontraient que certains ganglions de la face antérieure de la colonne sont insensibles. D'autres expérimentateurs ont publié des expériences par lesquelles ils montrent que ces mêmes ganglions sont sensibles. Ces cas apparaissent aussi comparables que possible; il s'agit de la même expérience, effectuée avec la même méthode sur les mêmes ganglions. Allons-nous pour cela compter les cas positifs et négatifs et dire : la loi est que ces ganglions sont sensibles par exemple 25 fois sur 100 ? Ou admettons-nous, en accord avec la théorie appelée la loi des grands nombres, que dans un nombre immense d'expériences nous trouverons ces ganglions également toujours sensibles ou insensibles ? De telles statistiques sont ridicules, parce qu'il y a une raison pour que ces ganglions soient insensibles et une autre raison pour qu'ils soient sensibles. Cette raison doit être définie; je la recherche et je la trouve; de cette manière, nous pouvons maintenant dire : ces ganglions sont toujours sensibles dans telle condition et toujours insensibles dans d'autres conditions également définies. »

Si les méthodes statistiques, les corrélations ont un intérêt indiscutable pour éveiller l'attention du chercheur, pour l'amener à poser certaines hypothèses de travail, elles ont d'un autre côté causé un grand préjudice à la recherche clinique en psychologie. Un exemple parmi d'autres : le thérapeute qui traite avec succès un problème n'osera pas le publier parce qu'il n'a pas « assez de cas » pour établir une statistique. Cette position est fausse dans son principe. L'exposé d'un cas est intéressant ou anecdotique non pas parce qu'il n'a trait qu'à un seul sujet mais parce qu'il manque de *méthode*. Or, cette méthode expérimentale, capable de transformer chaque thérapie en expérimentation au sens noble du mot, existe. Elle avait été décrite il y a plus de 100 ans par Claude Bernard pour la médecine et elle est parfaitement applicable à la psychothérapie. Dans leurs laboratoires, les expérimentateurs « operants » l'utilisent depuis le départ pour leurs recherches en prenant *le sujet comme son propre contrôle*, sans faire référence à des analyses statistiques portant sur de grands groupes.

En clinique, c'est à l'Anglais Shapiro que l'on doit d'avoir le premier formulé « l'analyse expérimentale du cas unique », encore appelée méthode du n = 1. Les premiers articles de Shapiro sur ce sujet datent de 1951. Peu remarquée au départ, l'œuvre de Shapiro a été reprise depuis quelques années par des auteurs comme Hersen et Barlow (1976); Leitenberg (1973, 1974)...

Je voudrais dans le cadre de ce chapitre illustrer quelque peu cette méthodologie essentielle au travail clinique quel que soit d'ailleurs son arrière-plan théorique.

*Son principe est de démontrer que les changements obtenus sont sous le contrôle spécifique de la stratégie thérapeutique utilisée (*Baer, Wolf & Risley, 1968).

1. La méthode du A-B-A

Lorsqu'un clinicien, après avoir établi une analyse fonctionnelle précise, a sélectionné le comportement cible (A) dont il a soigneusement établi la ligne de base, idéalement de manière répétitive (modalités du comportement, sa fréquence, sa durée...) il introduit la variable thérapeutique (B) et observe la modification qu'il obtient. Celle-ci est supposée être due au traitement installé. De nombreux rapports cliniques sont ainsi publiés sous cette forme que l'on appelle A-B. On admettra que dans ces conditions la relation de cause à effet n'est pas certaine. De nombreuses variables fortuites ont pu jouer à l'insu de l'expérimentateur. La seule vérification dont il dispose est celle qu'il peut obtenir à travers l'examen d'un grand nombre de cas semblables traités dans les mêmes conditions. Cette vérification est elle-même peu certaine; le résultat peut être obtenu par une variable que le clinicien introduit systématiquement dans son traitement alors qu'il l'estime dû à une autre variable qu'il croit manipuler spécifiquement. Quoi qu'en pense Brisset (cité plus haut), même les « bons » esprits scientifiques sont sujets à ce type d'erreurs. C'est pourquoi, au niveau expérimental, on préférera la séquence A-B-A. Cette séquence peut être utilisée de deux manières différentes :

Exemple 1

Allen, Hart, Buell, Harris & Wolf (1964). Ces auteurs étudient les interactions sociales d'un enfant de 4 ans et demi fréquentant l'école maternelle. Cet enfant qui fuit le contact des autres enfants de son âge et recherche la compagnie de l'institutrice est examiné de manière précise par les auteurs. La ligne de base (A) établie montre que 15 % du temps scolaire de cet enfant est consacré à jouer avec les autres enfants, 45 % aux interactions avec l'enseignant, les 40 % restant étant constitués par une certaine isolation sociale. Les auteurs posent l'hypothèse que pour cet enfant le renforcement dans cette situation est l'attention que lui porte l'institutrice. La consigne est donnée à celle-ci de s'occuper de lui lorsqu'il joue avec ses compagnons et d'autre part de s'en désintéresser soit lorsqu'il tend à s'isoler, soit lorsqu'il cherche le contact de l'adulte (B). Les auteurs constatent une confirmation de leur hypothèse : les chiffres s'inversent très nettement. Ils demandent ensuite à l'institutrice de prendre l'attitude strictement opposée, c'est-à-dire de ne pas s'en occuper lorsqu'il joue avec ses condisciples ou lorsqu'il s'isole et au contraire de renforcer toutes les approches que l'enfant a vers elle

(A). Les différents pourcentages d'utilisation du temps par l'enfant reviennent à ce qu'ils étaient au moment de l'établissement de la ligne de base. Dans cet exemple, l'A-B-A démontre une réversibilité parfaite (*reversal design*) et par là la spécificité de la technique utilisée. Cette utilisation de l'A-B-A, nettement plus démonstrative quant à la spécificité de la méthode thérapeutique utilisée, ne peut s'envisager que dans certaines situations bien précises et pose par ailleurs dans bon nombre de cas un problème éthique.

Exemple 2

On administre à un patient délirant (A) un neuroleptique (B) qui fait disparaître le comportement déviant. Au bout d'un certain temps, on arrête l'administration de la drogue (A) et l'on voit réapparaître le délire.

Cette seconde modalité d'application de l'A-B-A consistant en fait en une suppression du traitement (*withdrawal design*) pose exactement les mêmes problèmes que ceux évoqués dans le cas précédent. En clinique, l'A-B-A « strict » est peu utilisé si ce n'est par exemple lorsqu'un patient rompt unilatéralement un traitement ou lorsque à la fin d'un traitement on a l'occasion de suivre l'évolution du patient et de constater au cours de celle-ci une rechute.

Dans d'autres cas, on utilisera la séquence A-B-A-B. Prenons un exemple : un patient souffre de céphalées de tension anxieuse (tension headache). Je souhaite savoir si une relaxation musculaire associée à un feedback de cette relaxation est plus efficace que la relaxation seule. Après avoir placé les électrodes d'électromyographie sur le muscle frontal du patient, j'enregistre répétitivement ou durant un certain temps déterminé les potentiels d'action émis par ce muscle en demandant au patient de le relâcher au maximum (A). Dans le temps suivant, par l'intermédiaire d'un appareillage adéquat, le sujet reçoit l'information sur les performances auxquelles il accède dans le relâchement de sa musculature frontale et on lui demande de s'aider de cette information pour améliorer la performance (B). Dans un troisième temps, je supprime cette information tout en continuant à enregistrer son électromyogramme frontal et en incitant le patient à rechercher le relâchement maximal possible (A). Enfin, tout en continuant à enregistrer, je rends au patient l'information sur sa performance (B).

Une autre modalité d'action est la séquence A-B-C-B. Cette séquence est particulièrement intéressante notamment pour déterminer les effets aspécifiques ou placebo d'un traitement. Par exemple : on mesure la ligne de base des comportements d'un enfant instable psychomoteur en classe. La mesure est celle du temps durant lequel il reste assis à son banc par exemple pendant une heure (A). La consigne est que l'enseignant s'occupe nettement plus de l'enfant lorsqu'il est assis que lorsqu'il quitte sa place (B). On observe par exemple une augmentation de la durée de la position assise dans le temps déterminé. Dans la phase suivante (C) on accorde à l'enfant le même nombre de renforcements sociaux (l'intérêt de l'enseignant) mais cette fois quel que soit le comportement émis (C). Ou bien l'enfant reviendra à son niveau de ligne de base et dans ce cas on aura la preuve de la spécificité de l'action du renforcement sur le comportement « rester assis » ou bien la performance obtenue en B persistera dans les conditions C ce qui amènera à réexaminer le problème du type de renforcement à utiliser. On reviendra enfin aux conditions B.

On peut ainsi multiplier les modalités d'application de l'A-B-A suivant le type de problème, les conditions d'application, le but recherché par le thérapeute à travers cette analyse.

2. Lignes de base multiples, programmes multiples

L'A-B-A et ses multiples combinaisons ne peuvent être utilisées dans nombre de situations cliniques. Outre les problèmes éthiques relevés, son emploi peut se heurter à des difficultés pratiques : par exemple, le changement obtenu par une stratégie thérapeutique peut avoir modifié les contingences de vie du sujet au point de rendre la situation irréversible, un effet placebo peut persister au-delà de la durée de l'intervention du clinicien...

Le clinicien peut alors recourir à d'autres méthodes.

- *Les lignes de bases multiples*

Dans ce système, on établit la ligne de base de plusieurs comportements problèmes relevés chez le sujet. On applique ensuite une stratégie thérapeutique visant un des comportements cible. Dans cette situation, ou bien seul le comportement cible est modifié les autres ne changeant guère et dans ce cas, la spécificité de la technique utilisée par rapport à ce comportement est hautement probable. Ou bien tous les comportement sont plus ou moins modifiés : dans ce cas, on peut poser soit qu'il s'agit d'un effet placebo, soit que les différents comportements sont en interrelation.

En fait, l'analyse par lignes de base multiples représente une succession de séquences A-B. Elle présente les mêmes imperfections que celles-ci à cette différence qu'elle permet d'éliminer un effet placebo ou un effet aspécifique. Elle ne certifie pas cependant que ce sont les variables que le thérapeute croit manipuler à l'exclusion de toute autre qui sont efficaces. Tout ce dont il peut être certain, c'est qu'il a utilisé une variable active sans pouvoir nécessairement l'identifier.

- *Les programmes multiples*

Alors que dans les lignes de base multiples, plusieurs comportements étaient analysés en présence d'une stratégie visant l'un d'entre eux, ici un seul comportement sera soumis à une succession de stratégies thérapeutiques différentes. Comme le signale Leitenberg (1973) ce système est basé sur le principe de la discrimination. Prenons un exemple simple : un patient est hospitalisé pour des problèmes de difficultés dans les contacts sociaux. Après une analyse fonctionnelle, précise du problème, on le soumet à une pharmacologie simple, puis on lui applique une psychothérapie individuelle, enfin, on le fait participer à une thérapie de groupe. A chaque étape, on fait un bilan précis des modifications constatées.

- *Programmes concurrents*

Il s'agit ici de la situation que le clinicien rencontre en fait le plus couramment dans sa pratique: un comportement est soumis *simultanément* à un ensemble de conditions différentes. Cette méthode d'analyse n'a encore été que très peu utilisée jusqu'à présent de manière quantifiée. Elle pose à ce niveau de gros problèmes de mesure qui ne sont au stade actuel guère possibles qu'en situation d'hospitalisation.

3. La reproduction

La validation des résultats obtenus en analyse du cas unique exige bien entendu pour accéder à plus de certitude encore que ces résultats soient reproductibles. Outre cet aspect de validation, la reproduction permet de déterminer le degré de généralité du fait enregistré.

Il ne m'est guère possible de dépasser dans le cadre de ce livre le trop bref résumé que je viens d'établir sur la méthodologie du cas unique. Méthode de recherche essentielle, son utilisation régulière par le clinicien lui permettra de se dégager de l'imprécision, de l'«impression» pour tenter d'accéder à une meilleure objectivation de ce qu'il fait et ceci quel que soit le système théorique auquel il se réfère.

Lectures recommandées

I. Le diagnostic fonctionnel

Goldfried, M.R. et Sprafkin, J.N., *Behavioral personality assessment*. Morristown, N.J.: General Learning Press, 1974.

Cet ouvrage reprend la position et les méthodes de Goldfried et coll. dans l'approche du diagnostic fonctionnel. Bien qu'utile dans certains cas, et respectant les principes issus des théories de l'apprentissage, les méthodes de Goldfried restent proches du testing psychologique traditionnel.

Kanfer, F.H. et Saslow, G., Behavioral diagnosis. In C.M. Franks (Ed.), *Behavior therapy: appraisal and status*, New York: Mc Graw Hill, 1969.

La revue, annuelle depuis 1973, éditée par C.M. Franks et G.T. Wilson sur l'évolution et l'évaluation des Behavior Therapies est remarquable. Sa lecture régulière permet au clinicien d'approcher les recherches et découvertes importantes de l'année en clinique.

Les éditeurs y incluent également des articles de réflexion théorique dus aux meilleurs behavior thérapeutes du moment.

Je la considère comme un outil indispensable.

Skinner, B.F., *L'analyse expérimentale du comportement*, Bruxelles : Dessart, 1971.

Les principes d'analyse du comportement dans la perspective operante sont magistralement décrits par l'auteur. Il s'agit d'un ouvrage fondé sur l'expérimentation en laboratoire. Toutefois, ces principes deviennent parfaitement transposables à la clinique.

II. Le traitement et son évaluation

Hersen, M. et Barlow, D.H., *Single case experimental designs,* Pergamon International Press, 1976.

Entièrement consacré à la méthode expérimentale du cas unique, l'ouvrage est complet et critique. Les auteurs illustrent les différentes méthodes à partir de problèmes issus du laboratoire et de la clinique.

Tout clinicien quelle que soit son orientation théorique se doit d'avoir lu ce livre s'il veut prétendre à faire un véritable travail scientifique.

CHAPITRE VI

LA RELATION THERAPEUTIQUE
ET SES MOYENS

Comme je viens de le montrer, il n'est pas de travail psychothérapeutique sérieux sans analyse circonstanciée du problème, sans objectif thérapeutique précis, sans contrôle rigoureux du déroulement du traitement.

La multiplicité et la spécificité des problèmes présentés par les patients, font varier les objectifs thérapeutiques quasi à l'infini. Pourtant, si l'on veut, dans un souci de systématisation se détacher des aspects particuliers, il est possible d'extraire quelques thèmes généraux sur lesquels on greffera plus aisément la demande de chaque patient.

Kanfer et Goldstein (1975) définissent cinq buts thérapeutiques fondamentaux qui se dégagent de la diversité des problèmes posés au praticien.

- réduire la souffrance liée aux phénomènes subjectifs ou objectifs des « émotions »;
- obtenir un changement dans un problème comportemental particulier;
- changer le « mode de vie » du patient non seulement par une modification de ses comportements mais également en agissant sur les contingences de son environnement;

- modifier les distorsions cognitives que le sujet peut avoir de lui-même ou des autres;
- l'aider à «comprendre» les motifs de ses difficultés et des perturbations émotionnelles qui les accompagnent.

J'ajouterai: traiter les symptômes fonctionnels et somatiques où l'intervention de facteurs «psychologiques» est clairement mise en évidence.

Toutefois, la relation thérapeutique ne se limite pas à l'utilisation d'un certain nombre de concepts ou de méthodes appliqués à un problème psychologique défini. Elle est également une *relation humaine* dans laquelle le comportement du thérapeute en tant qu'individu spécifique va jouer un rôle important. Le rôle du thérapeute en tant que variable dans l'évolution d'un traitement n'est pas une découverte des behavior therapies. L'évoquer est presque un truisme. Pourtant, il est justifié de se poser la question de savoir, d'une manière autre que banale ou intuitive, quels sont les paramètres essentiels de la relation médecin-malade qui accroissent l'efficacité des moyens thérapeutiques.

SECTION I: LE BEHAVIOR THERAPEUTE ET LE PATIENT

L'aide psychologique à une personne en difficulté n'est pas l'apanage des seuls thérapeutes professionnels. Depuis longtemps certaines personnes par leur «bon sens», leur âge, leur statut social ont attiré vers eux des «demandeurs» d'aide, de conseils... Ces psychothérapies non professionnelles ont incontestablement soulagé ou résolu un grand nombre de difficultés. Aujourd'hui dans une société où l'individu se sent de plus en plus «seul parmi la foule», ces psychothérapies informelles tendent à disparaître pour être remplacées par des approches professionnelles allant de l'assistance la plus pragmatique aux psychothérapies les plus sophistiquées.

Quoi qu'il en soit des théories psychologiques et de leur évolution, de la complexité des méthodes appliquées, la psychothérapie reste et demeure avant tout un mode de relation humaine, un *rapport* entre deux individus qui élaborent dans un dialogue singulier une recherche vers une solution de problème. Si l'«humanité» de la relation n'est pas en soi suffisante pour résoudre tous les problèmes, elle demeure strictement indispensable quelle que soit la qualité des techniques et des théories psychologiques utilisées.

Chacune des différentes approches aux psychothérapies, à partir de leurs élaborations théoriques, ont tenté de définir quelles étaient les modalités idéales de ce rapport patient-thérapeute. Ainsi pour la psychanalyse, on parlera de l'attitude «permissive» du thérapeute, de sa neutralité bienveillante, de son statut «d'écran» permettant au transfert de s'établir dans les meilleures conditions... Pour les thérapies «non directives» d'inspiration rogérienne, l'attitude du thérapeute doit être «empathique», et accepter inconditionnellement autrui.

Depuis quelques années, les behavior thérapeutes se sont intéressés sur un plan expérimental à cet aspect fondamental: citons les travaux de Wolberg (1967), Truax et Carkhuff (1967), Goldstein (1971, 1973). Je m'en tiendrai ici à quelques aspects essentiels du rapport thérapeutique qui ont reçu d'incontestables démonstrations expérimentales. D'autres types de problèmes actuellement à l'étude ne seront pas repris; le lecteur intéressé pourra se référer aux lectures recommandées s'il souhaite approfondir cette question d'intérêt primordial.

1. La préparation du patient au rapport thérapeutique

Lorsque le patient pénètre pour la première fois dans le cabinet du psychothérapeute, il «apporte» avec lui un état psychologique particulier: une certaine attente d'aide pour résoudre ses difficultés, ou au contraire une méfiance voire une hostilité, une angoisse manifeste ou une attitude feinte de dédramatisation. Certains psychothérapeutes pensent à tort que les patients qu'ils rencontrent connaissent d'emblée les

« règles du jeu » de la relation psychologique. C'est en fait rarement le cas. Le patient expose au psychothérapeute son problème sur le modèle traditionnel du rapport qu'il a avec son médecin de famille. Autrement dit, il s'en tient à une description d'une symptomatologie immédiate. Plus d'une fois, on constatera l'étonnement devant les questions posées par le thérapeute qui ne lui paraissent avoir aucune relation avec le problème qui l'amène.

En bref, différentes études montrent qu'idéalement le patient devrait être en quelque sorte préparé à l'examen psychologique dans une perspective d'optimalisation d'une relation au travers de laquelle la méthode thérapeutique s'installera avec le maximum d'efficacité. Le patient aborde généralement la relation psychologique soit sur une prescription de son médecin de famille, soit par les conseils de parents ou d'amis qui ont eux-mêmes été traités par ce thérapeute, soit par la notoriété dont il jouit. De ces différents modes d'approche, on a pu démontrer que deux arguments déterminent essentiellement la décision de consulter : l'argument de compétence et celui « d'amabilité ».

Réciproquement, Goldstein s'est intéressé à l'effet que peut avoir sur le thérapeute le type d'information qu'on lui donne sur le patient préalablement au premier examen. Une instruction circonstanciée d'un confrère, médecin ou psychologue, la prise d'un rendez-vous par un ancien patient « reconnaissant » ... améliorent de manière décisive le résultat du traitement.

Ces quelques faits semblent évidents ou banals. Il faut cependant constater qu'ils ne sont que très rarement utilisés de manière idéale. Je pense particulièrement à l'attitude d'un certain nombre de médecins de famille qui se sentent « frustrés » devant le demandeur de soins psychologiques. Ils l'adressent au psychiatre ou au psychologue « parce qu'il le faut bien » ou « par la pression du milieu familial lui-même », puis se désintéressent d'un problème qui à leurs yeux ne les concerne pas. Que dire également dans ce domaine de l'action de certains « médias » qui « distrairont » plus volontiers leur public (parmi lequel se trouvent des patients ou de futurs patients du psychothérapeute) en accordant aux erreurs, aux abus, aux faiblesses de la psychologie une attention toute particulière, le plus souvent, en excluant purement et simplement ses aspects positifs. Chaque thérapeute peut prédire ainsi les dégâts qu'il aura à réparer, le travail de remise en confiance qu'il aura à effectuer, après telle émission télévisée ou tel ouvrage à sensation, qu'une certaine presse avide d'émotions aura commentée. Au moment où les problèmes de l'éthique liés au traitement psychologique focalisent tant d'intérêt, il serait bon que chacun vérifie l'absence de poutre dans son œil.

2. La compétence du thérapeute dans la relation

Quelle que soit celle-ci sur le plan objectif, le patient va en faire une analyse particulière. Cette analyse est fonction d'une série de standards véhiculés par une société donnée ainsi que de la façon dont le patient lui-même les a intégrés. Les expériences prouvent que dans notre société, quels que soient l'âge ou la couche sociale, il existe chez les patients un conservatisme évident. Ainsi les résultats d'une même stratégie thérapeutique seront meilleurs si le même thérapeute se fait appeler professeur ou plus simplement docteur, il sera plus efficace si sa liste d'attente est longue, ses honoraires élevés... Goldstein (1971) et Sabalis (1969) ont mené à ce sujet une expérience qui peut paraître anecdotique, mais est très révélatrice. Ils analysent un groupe de patients à partir de leur statut social, des responsabilités qu'ils assument dans leur existence. Ils les soumettent ensuite au traitement dans lequel une partie des patients sont traités par le psychothérapeute jouant le rôle d'un « haut dignitaire de la science psychologique » tandis que pour l'autre groupe, le même thérapeute joue le rôle d'un modeste « assistant ». Les auteurs constatent que les patients habitués à commander, issus d'un milieu social elevé répondent mieux au traitement instauré par le psychothérapeute jouant le rôle d'un grand personnage alors que les autres patients réagissent de la même manière qu'ils soient vus par « le » professeur ou par son « assistant ».

Schmidt et Strong (1970) démontrent qu'outre les attributs externes qui entourent le psychothérapeute, le patient est fortement influencé par le comportement observable du thérapeute, comportement dont il déduit la plus ou moins grande *compétence* de celui-ci : pour son vis-à-vis, le personnage compétent est intéressé mais détendu, il n'est ni familier ni arrogant, l'expression du visage est amicale, mobile et varie en fonction du contenu du discours de l'autre. Lorsqu'il parle, il le fait avec assurance, ses questions ne sont pas posées au hasard, suivent une ligne logique ; il n'interrompt pas sans cesse mais amène assez rapidement vers le centre du problème...

3. La connaissance du patient

Connaître un patient ne signifie pas simplement obtenir de lui ou d'autres sources des informations à propos de ses symptômes, un relevé de ses conditions de vie. Connaître un patient c'est aussi accéder au *vécu émotionnel* dans lequel se déroule cet ensemble de faits et de situations.

C'est l'école rogérienne qui a spécialement étudié ces comportements du thérapeute qu'elle a regroupés sous le terme générique d'*empathie*. L'empathie ne requiert pas du thérapeute une participation aux émotions de son patient (celle-ci est mieux représentée par le terme de sympathie). L'empathie implique au minimum de la part du thérapeute une volonté de comprendre les difficultés dans lesquelles se débat son patient à partir des troubles du comportement qu'il exprime. Le thérapeute empathique tente, à travers les informations qui lui sont fournies, d'exprimer ou d'aider le patient à exprimer ses sentiments d'une manière qui dépasse souvent les possibilités de verbalisation auxquelles le sujet peut accéder spontanément. L'empathie permet au patient ainsi qu'à son thérapeute de construire une sorte de connivence dans laquelle le patient perçoit clairement que ce dernier a compris son problème et sa détresse. Très souvent, à ce moment, le clinicien vigilant constate un véritable virage dans la relation au patient : ce changement s'exprimera soit par une modification dans l'attitude extérieure qui devient moins crispée, plus confiante, soit par des phrases telles que « vous au moins vous m'avez compris », ou « je crois qu'aujourd'hui c'est une bonne séance » ou « j'ai vraiment le sentiment que vous me tirerez d'affaire »...

On ne saurait être trop attentif à l'apparition de ce moment particulier, privilégié, où le rapport psychothérapeutique va atteindre son plein développement et permettre l'introduction des stratégies d'action avec le maximum de chances de succès. Tant que cet état particulier n'est pas atteint, quelle que soit la compétence théorique, l'ingéniosité méthodologique du thérapeute, les chances d'obtenir un résultat valable sont très précaires, voire nulles.

Il ne s'agit nullement pour le thérapeute de se glorifier narcissiquement du « succès » obtenu ni d'envisager la relation sur un mode hiérarchique où l'un des deux protagonistes détient un pouvoir par rapport à l'autre. Il s'agit tout au contraire d'entretenir la relation empathique tout au long du traitement dans une conception de *collaboration contractuellement acceptée* par les deux parties.

4. Relation humaine et psychothérapie

On ne répétera pas assez que la psychothérapie n'est pas que la mise en œuvre d'un ensemble de théories, de techniques, mais qu'elle est aussi une relation humaine où à côté des facteurs intellectuels, de l'intérêt qu'il y a à comprendre, le thérapeute doit développer une *chaleur humaine* vis-à-vis d'un de ses semblables en difficulté. Le psychothérapeute quelles que soient ses conceptions personnelles sur le plan des concepts philosophiques, politiques, moraux ... *accepte le patient* tel qu'il est sans jugement de valeur, sans condition préalable. Ceci ne signifie pas qu'il soit obligé d'être d'accord avec les options cognitives du patient mais qu'il introduit dans sa relation un respect de l'autre, un effort maximal de compréhension, une volonté sincère d'aide, une *spontanéité* dans le dialogue.

Les quelques réflexions que je viens d'énumérer sur la relation client-thérapeute en psychothérapie sont celles qu'émettra tout clinicien digne de ce nom quelle que soit la branche de l'art de guérir qu'il pratique. Elles sont cependant plus importantes dans les psychothérapies que partout ailleurs, dans la mesure où il s'agit d'une relation portant sur la « vie psychique », cet ensemble de conduites où chacun se sent le plus concerné.

Cette attitude du thérapeute, préalable et complément indispensable à l'application des méthodes thérapeutiques, suffit dans bon nombre de cas à résoudre toute une gamme de difficultés. En effet, l'homme moderne ne trouve quasi plus dans son environnement quelqu'un avec qui dialoguer, quelqu'un avec qui il puisse tout simplement réfléchir tout haut. Chaque thérapeute a ainsi vu à sa consultation des « patients » qui, dans ses schémas nosologiques, ne présentaient aucun problème bien particulier. Ces personnes venaient quelquefois, monologuaient, puis disparaissaient en déclarant « vous êtes la première personne qui m'écoute », en s'excusant de « vous avoir fait perdre votre temps alors que vous avez certainement des cas beaucoup plus graves et plus urgents que le mien » ! Certains psychothérapeutes trouveront peut-être ces « cas » inintéressants, d'autres auront le sentiment de n'avoir rien fait. Lorsqu'un thérapeute fait preuve d'empathie, lorsqu'il établit une relation humaine chaleureuse, il fait œuvre de psychothérapie même s'il n'a pas utilisé de technique ou de méthode structurée. Entre les petits « troubles existentiels » et les grands désordres comportementaux, il existe probablement une différence quantitative dans la mesure (d'ailleurs arbitraire) de la souffrance humaine mais non de différence qualitative.

5. La formation du psychothérapeute

Dans l'énumération fort incomplète des comportements du thérapeute, qui améliorent les chances de succès d'un traitement, on est amené à se poser une question cruciale; on peut former un médecin, un psychologue à une théorie psychologique, à une méthode d'application thérapeutique de cette théorie, mais peut-on le former à cet ensemble de comportements que je viens d'énumérer ? Autrement dit, peut-on apprendre à devenir empathique, à acquérir ces qualités de contact humain, qui font le psychothérapeute ? Dans la plupart des cas, l'attirance vers un métier intellectuel suppose une certaine « liberté » de choix. Celui-ci est rarement accidentel ou de pur hasard. C'est ainsi que l'on connaît de longue date le « profil » de l'avocat, du chirurgien, de l'ingénieur... Contrairement à l'idée généralement reçue, la profession ne déforme pas l'individu mais tend à actualiser, à « exacerber » certains registres comportementaux sélectionnés par des motivations qui ont une histoire antérieure au choix professionnel. On peut en déduire que les sujets motivés par la relation psychiatrique ou psychothérapeutique ont donc en commun la recherche de certains renforcements, liés au rapport thérapeutique, même si ces thérapeutes diffèrent par les types de renforcement qu'ils y trouvent, par leur « style » personnel d'action. On peut de même penser que l'attirance vers telle école psychothérapeutique sera en partie déterminée par des facteurs psychologiques individuels. Ainsi le behavior thérapeute est généralement plus porté vers l'action, l'analyse factuelle, l'expérimentation que vers une attitude spéculative orientée vers l'interprétation.

Les ressemblances entre les behavior thérapeutes n'empêchent pas les dissemblances dans l'abord des patients. S'il est souhaitable de conserver des « styles personnalisés » dans le rapport thérapeutique il est tout aussi nécessaire et possible de supprimer certains comportements qui perturbent la relation ou la rendent moins efficace. Wolberg (1967) a énuméré de manière pragmatique, une série de comportements que le thérapeute doit éviter ou au contraire rechercher. Cette approche qui est encore très incomplète au stade actuel mérite toute notre attention.

Les moyens que nous fournissent aujourd'hui les techniques de jeux de rôles, les progrès de l'audiovisuel, constituent des voies d'accès, d'utilisation aisée, tant pour la formation que pour la recherche. Au moment où la relation psychothérapeutique au sens large de ce terme s'étend à un nombre croissant de personnes, on fait encore trop souvent confiance à la seule bonne volonté et au bon sens. Ces « bonnes dispositions » sont loin de suffire, sont fréquemment inadéquates voire nocives. Ceux dont la mission est de former devraient en prendre conscience et agir en conséquence. A côté des grandes envolées théoriques, un peu de sens pratique ne peut faire de tort !

SECTION II: COMMENT REDUIRE LES PERTURBATIONS EMOTIONNELLES

La plupart des problèmes psychologiques sont accompagnés d'un état d'inconfort plus ou moins grand que l'on désigne par les termes de peur, d'anxiété ou d'angoisse. Bien que ces concepts soient loin d'être clairs sur le plan théorique et expérimental ainsi que je l'ai déjà noté, je les utiliserai dans une acception strictement opérationnelle. La peur, l'anxiété, l'angoisse sont des émotions qui s'accompagnent généralement de phénomènes de tension musculaire, par exemple sous forme de tremblements, de bégaiements et de modifications neurovégétatives diverses : dyspnée, tachycardie, extrasystoles, variations de la tension artérielle, sudations, modifications du péristaltisme gastro-intestinal, sécheresse de la bouche...

Nous avons tous, à des degrés divers, pu faire l'expérience personnelle des malaises liés à la peur, à l'angoisse. Ces réactions ont dans certaines limites, tout comme la douleur, une valeur homéostatique : ainsi, avoir peur de la fausse manœuvre que je viens d'effectuer avec mon véhicule, manœuvre qui a failli entraîner l'accident, m'apprendra pour l'avenir à être plus prudent dans cette situation. Par contre, réagir violemment à l'inoffensive souris qui traverse précipitamment la pièce n'a aucune qualité adaptative. On parlera à ce moment de *phobie*. Les thèmes phobiques peuvent être multiples, portant tantôt sur la peur d'animaux inoffensifs, tantôt sur la peur du contact d'une foule importante, tantôt elle se déclenchera dans un espace jugé trop confiné, tantôt dans le contact social...

Selon le thème phobique, la fréquence des rencontres entre le sujet et la situation phobogène et l'importance des réactions émotionnelles qui y sont rattachées, la phobie peut être plus ou moins invalidante.

Dans d'autres cas, à côté de ces phobies d'«objets externes» certains sujets pourront «avoir peur» sans raison apparente: ils diront «je suis fréquemment tendu ... j'ai peur comme si quelque chose allait arriver». Le clinicien parlera à ce moment d'anxiété ou d'angoisse. Une analyse fonctionnelle détaillée permettra dans la plupart des cas d'établir une relation de cause à effet entre un événement précis de la problématique du sujet, et l'angoisse. Ces relations causales échappent au patient par le fait de certains mécanismes psychologiques (par exemple l'oubli motivé). Parfois, la difficulté de l'analyse causale sera le résultat d'une incapacité cognitive pour le sujet à relier entre eux sur un mode logique les divers éléments de la situation. L'absence de «prise de conscience» n'est pas exclusivement le fait du refoulement! Enfin, certains sujets présentent un état de tension quasi permanent, «sine materia» que l'on qualifiera d'«angoisse flottante». On constatera à nouveau combien les termes sont pauvres pour décrire des vécus de problèmes psychologiques dont les causalités de départ sont multiples.

On pourrait introduire ici de nombreuses discussions et considérations: par exemple, quelle est l'importance des facteurs de «terrain» sur le seuil de déclenchement de certaines réactions d'angoisse, quelle est l'influence des phénomènes cognitifs dans l'interprétation du «perçu» somatique, quelles sont les relations et interactions entre anxiété et phénomènes viscéraux... L'ouvrage étant une introduction, je m'en tiendrai à l'examen bref de quelques méthodes utilisées en Behavior Therapy pour traiter les problèmes où la composante de peur ou d'anxiété apparaît à l'avant-plan, dans diverses entités cliniques.

A. LA DESENSIBILISATION SYSTEMATIQUE

La méthode dite de désensibilisation systématique (D.S.) est incontestablement une des plus utilisées en Behavior Therapy.

Historique

Kazdin (1978) rappelle que différentes techniques très semblables à la D.S. ont été utilisées bien avant que Wolpe ne publie son célèbre ouvrage de 1958. Ainsi, en France, en 1893, E. Brissaud traitait les tics en apprenant au sujet à maintenir un certain temps d'immobilité. Cette durée était progressivement augmentée; parallèlement, il proposait au sujet des mouvements « normaux » dans la région musculaire atteinte par le tic. Guthrie partant du principe de l'apprentissage par contiguïté, assurait que pour éliminer un apprentissage « déviant » il fallait agir par paliers successifs (méthode de la tolérance) ou lui substituer un comportement incompatible (méthode du contre-conditionnement). E. Bagby (1928) dans un ouvrage de méthodes suggérait également d'apprendre des réponses incompatibles avec la « mauvaise habitude ».

De nombreux exemples historiques montrent que la technique de la D.S. n'est pas sortie du néant. Quoi qu'il en soit, c'est incontestablement à Wolpe que l'on doit d'avoir décrit à partir d'expérimentations sur l'animal, une méthode dont l'efficacité n'est aujourd'hui plus mise en doute même si de nombreuses discussions demeurent quant aux facteurs qui déterminent son action.

Pratique

La technique de Wolpe comporte deux éléments fondamentaux directement dérivés des principes de Guthrie. D'une part, un « découpage » de la situation anxiogène en une série d'étapes allant graduellement de la moins anxiogène vers celle qui déclenche les réactions émotionnelles les plus intenses. Wolpe a désigné cette procédure sous le nom de désensibilisation systématique vraisemblablement par métaphore avec la procédure utilisée en médecine pour traiter les allergies. D'autre part, il introduit une réponse supposée antagoniste, incompatible avec la réponse d'anxiété : pour Wolpe l'introduction de la réponse antagoniste entraîne un phénomène d'*inhibition réciproque*, terminologie qu'il reprenait à la neuro-physiologie de Sherington. Wolpe définit ce principe en disant : « si une réponse inhibitrice de l'anxiété peut survenir en présence de stimuli anxiogènes, cette réponse pourra affaiblir les liens existant entre ces stimuli et l'anxiété ».

La pratique de la méthode de Wolpe comporte trois types d'opérations :

1. L'établissement de *hiérarchies* de stimuli anxiogènes par rapport à une situation bien définie, à travers une anamnèse détaillée;

2. Le choix et l'acquisition d'une «*réponse de non-anxiété*» supposée antagoniste;

3. La désensibilisation systématique par inhibition réciproque, qui est la phase active du traitement.

Prenons un exemple simple : un patient se présente et décrit les signes d'une anxiété intense survenant dans certaines situations telles que par exemple le fait de se trouver dans un grand magasin, dans un transport en commun, dans une salle de spectacles, dans certains endroits bien particuliers de la ville qu'il habite... Le thérapeute analyse avec le patient ces diverses situations et l'interroge sur ce qui se passe par exemple s'il s'éloigne de son domicile : a-t-il peur dès qu'il sort de chez lui, ou bien cette peur n'apparaît-elle qu'après avoir traversé tel carrefour ? Cette peur est-elle plus importante durant la journée plutôt que le soir, disparaît-elle ou est-elle atténuée lorsu'il est accompagné d'une personne de son entourage... ? Petit à petit, se dégage ainsi une véritable «cartographie» des situations phobiques et des divers niveaux d'anxiété qui les accompagnent. Le thérapeute classe ces diverses situations en partant de la situation la moins anxiogène jusqu'à celle qui apparaît totalement inacceptable, intolérable pour le patient.

Au stade suivant, on apprend au sujet une réponse incompatible avec l'anxiété. Celle-ci peut être obtenue par nombre de procédés différents. Au départ, Wolpe utilise essentiellement la relaxation progressive de Jacobson à laquelle il associe fréquemment l'hypnose. Le sujet ainsi relaxé (pour Wolpe, état incompatible avec l'anxiété), on lui demande d'évoquer de la manière la plus vivante possible l'image relative à l'item le moins anxiogène de la hiérarchie. Lorsqu'il parvient à évoquer la situation sans réaction émotionnelle, on passe à l'item suivant de la hiérarchie et ainsi de suite.

Depuis les travaux originaux de Wolpe, on a utilisé différents types de réponses incompatibles avec l'anxiété. Ainsi, la relaxation de type « training autogène » de Schultz en lieu et place de la relaxation de Jacobson, certaines substances pharmacologiques (Amytal sodique; Méthohexital; anxiolytiques divers). Par ailleurs, de nombreux auteurs ont fait pratiquer la D.S. « in vivo », « sur le terrain » en s'aidant par exemple de substances anxiolytiques, en accompagnant le patient sur le terrain, puis en estompant progressivement la présence de l'agent « rassurant ».

De multiples variantes ont été apportées à la technique initiale de Wolpe : pour plus de détails, je renvoie le lecteur aux sources d'information en langue française citées dans l'introduction à la partie clinique de cet ouvrage.

Théorie

Une énorme quantité de recherches ont été consacrées depuis 20 ans à l'étude de la D.S. De cette impressionnante masse de faits, il semble bien ressortir que la théorie initiale de Wolpe est inadéquate. Ainsi, le statut de « réponse de non-anxiété » attribué par Wolpe à la relaxation semble inconsistante. Les mesures psychophysiologiques pratiquées en cours de D.S. montrent que les réponses du système nerveux autonome lors de l'évocation des situations anxiogènes sont plus intenses avec relaxation que sans relaxation. Celle-ci permettrait en fait une meilleure concentration du sujet sur les images à contenu anxiogène qu'il évoque, augmentant ainsi leur effet de réalité. Par contre, la répétition de la présentation de ces stimuli « imagés » amène une plus rapide diminution des réponses autonomes sous relaxation que sans relaxation. Quoi qu'il en soit, il est bien évident que ces recherches mettent en doute l'intervention du principe de l'inhibition réciproque invoqué par Wolpe.

En ce qui concerne les hiérarchies, l'utilité du principe de la gradation en fonction du contenu anxiogène de chaque item semble également douteux. On obtient les mêmes résultats en présentant les divers items sans tenir compte de l'intensité de la charge émotionnelle qu'ils contiennent. Par contre, les résultats sont significativement meilleurs si le nombre d'items est élevé. De nombreux auteurs pensent que deux ordres de phénomènes ont un rôle efficace dans la présentation du problème sous forme de hiérarchies de situations.

- L'alternance des phases de concentration du sujet sur les situations anxiogènes évoquées sur le mode « imagé » et des phases de « détente » créées par la relaxation, ou par tout autre moyen qui dérive l'attention du sujet (Lazarus par exemple fait alterner images anxiogènes et images « agréables » sans relaxation). Cette alternance constituerait une sorte d'entraînement permettant au sujet d'acquérir une forme de contrôle sur la situation anxiogène.

- L'exposition volontaire à une situation de non-évitement. Le phobique ne reçoit jamais d'information sur les conséquences d'un comportement de non-évitement des situations phobiques dans la mesure où il les évite systématiquement. La technique de Wolpe lui apprend à affronter ces situations. Wilkins (1972) pense que cette technique des scènes imaginaires évoquées sur un mode de non-évitement contient un élément d'apprentissage par *modèle* (cfr infra), le sujet étant son propre modèle dans la scène imaginée.

Il est certain par ailleurs que des *facteurs cognitifs* interviennent à différents niveaux dans la technique. Ainsi Valins et Ray (1967) rapportent une expérience dans laquelle ils pratiquent une D.S. avec de faux bruits cardiaques que les patients interprètent comme étant le bruit de leur cœur. Si le rythme cardiaque diminue, les sujets se décrivent spontanément comme moins anxieux; par contre, si les auteurs l'augmentent ou le laissent inchangé, les sujets ne décrivent aucune modification.

Sur le plan cognitif, on peut dire également que la technique de Wolpe apporte au sujet une série d'informations sur son évolution au cours du traitement. La progression dans les hiérarchies l'informe sur son niveau d'amélioration. Cette progression vers la guérison est cognitivement renforçante. Elle expliquerait la nécessité d'un grand nombre d'items, ainsi que « a contrario » le peu d'intérêt de leur organisation en fonction de l'intensité du contenu anxiogène. Autre aspect relevant également des facteurs cognitifs : la façon dont le sujet « va vivre » le perçu des réactions émotionnelles entraînées par l'imagination des scènes anxiogènes. J'ai signalé (chap. III) qu'une même réaction neurovégétative pouvait être interprétée comme joie ou comme angoisse à partir de l'analyse cognitive que le sujet en fait. Dans la technique de Wolpe, le sujet apprend à « approcher » ses réactions émotionnelles, à les décrire dans une perspective rassurante.

Enfin, le *rôle du thérapeute*, du rapport thérapeutique est fondamental. Comme le signale Rognant (1970) « Wolpe n'insiste pas assez, à notre avis, sur le rôle joué par l'explication scientifique et rassurante du trouble névrotique, fournie au malade en termes de réflexe conditionné ». Leitenberg et al. (1969, 1975) rejoignent cette position en démontrant que sur deux groupes de sujets, on obtient des résultats meilleurs si l'on présente au patient la technique dans tout son détail plutôt que de l'appliquer sans aucune explication. L'attente d'un gain thérapeutique décrit par le thérapeute joue un rôle considérable. Par conséquent, l'aptitude du thérapeute à développer cette attente de succès équivaut à un renforcement social de première importance. Kahn et Baker (1968) ont démontré que l'effet de ce renforcement est extrêmement puissant, perdure même si le contact avec le thérapeute est bref; par contre, les renforcements verbaux relatifs aux succès obtenus en cours de désensibilisation ne semblent avoir aucun effet particulier.

Au fur et à mesure où se développent les recherches, les facteurs cruciaux de l'efficacité de la D.S. se révèlent nombreux et complexes. Les modèles théoriques utilisés pour expliquer les principes d'action de ces facteurs avantagent tantôt une explication en termes de conditionnement operant strict, tantôt en termes d'apprentissage cognitif, tantôt en termes de conditionnement pavlovien... Méthode riche et complexe, la D.S. ne me semble pas pouvoir se réduire à un modèle explicatif simple.

Au stade actuel, dans la pratique de la D.S., un certain nombre de points sont acquis : ils doivent être présents dans l'application de la méthode pour lui donner son maximum d'efficacité.

- Un rapport thérapeute-patient empathique permettant de développer une attente d'un gain thérapeutique notamment par une explication circonstanciée des différents temps de la méthode et de leur rationnalité;

- L'utilisation d'un nombre d'items important qui permet au patient de « suivre » une progression régulière vers un but défini;

- Une alternance de centrations sur les situations anxiogènes que le sujet affronte et de décentrations volontaires, alternance apprenant au sujet à supprimer le perpétuel évitement des situations anxiogènes auquel il s'est habitué. Personnellement, je pense qu'il reste utile d'utiliser la relaxation;

- Lorsque c'est possible, ou dès que c'est possible, amener le patient à expérimenter «in vivo» les situations phobiques. Peut-être est-il à ce moment nécessaire de reprendre le système des items hiérarchisés comme le proposait Wolpe. Il est en effet très important que le patient ne soit pas confronté à un échec, lors du «transfert» de la situation imaginée à la situation réelle.

Indications

La technique a été utilisée avec succès dans un grand nombre de troubles comportementaux impliquant une certaine «charge anxieuse», ainsi toutes les phobies, les difficultés dans les contacts sociaux, l'angoisse de l'échec rencontrée dans certains dysfonctionnements sexuels, l'angoisse «existentielle», certaines formes d'obsession et de compulsions de répétition, le bégaiement...

Dans un grand nombre de cas, la D.S. est utilisée conjointement à d'autres techniques : par exemple, dans une thérapie de couple, à côté de techniques telles l'entraînement à la communication, le contrat thérapeutique instauré pour résoudre une attitude-problème chez l'un des conjoints, on pourra utiliser la D.S. chez l'un des partenaires, trop anxieux pour participer de manière adéquate à la thérapie. Dans d'autres cas, la D.S. sera parfois l'introduction à une thérapie qui se poursuivra par une approche cognitive. Ce peut être le cas dans le traitement de certaines personnes qui souffrent d'«incompétence sociale»; après une D.S. des principales situations anxiogènes en relation avec le contact d'autrui, on établira une thérapie visant à modifier les distorsions cognitives que le sujet a de lui-même.

B.   THERAPIES PAR IMMERSION (FLOODING) ET IMPLOSION

Alors que dans la D.S., les stimuli déclencheurs d'anxiété sont présentés au patient avec une intensité croissante, dans le thérapie par immersion, le sujet est placé d'emblée soit en imagination soit in vivo dans les situations qui entraînent le maximum d'angoisse. La base théorique de la thérapie par immersion est de chercher à obtenir une *extinction* des réactions conditionnelles d'angoisse liées à la situation, réactions conditionnelles qui sont à la base des réponses d'échappement et d'évitement du sujet. Par la répétition de cette exposition aux stimuli conditionnels, ceux-ci perdent progressivement leur capacité à entraîner les réactions d'angoisse, ce qui entraîne par voie de conséquence une disparition des comportements d'évitement.

Historique

De nombreux travaux portant sur la névrose expérimentale ou sur les apprentissages d'évitement ont démontré combien les apprentissages acquis sur le mode aversif peuvent être résistants à l'extinction. J'ai évoqué ce problème lors de la présentation du phénomène de l'incubation (chap. III). Masserman (1943) dans ses expériences sur des chats avait montré qu'il était possible de supprimer un tel conditionnement aversif en forçant l'animal à rester confronté avec le stimulus conditionnel préalablement couplé à un choc électrique. D'autres expériences (Baum, 1970; Katzev, 1967) confirment le fait que l'extinction de la réponse d'échappement-évitement s'établit nettement plus rapidement soit en empêchant l'animal de fuir la situation, soit en présentant le stimulus conditionnel de manière répétitive toujours dans une situation de non-échappement possible.

Pratique

La pratique de la technique chez le sujet humain est similaire. Il s'agit de placer le sujet dans la situation qui déclenche le maximum d'anxiété soit en lui demandant d'évoquer en imagination la scène la plus traumatisante, soit en la lui faisant affronter « in vivo ».

Si le mécanisme d'extinction a été le plus souvent invoqué pour expliquer les succès obtenus par cette méthode, il faut bien constater qu'il existe d'énormes différences entre le modèle expérimental animal de l'acquisition conditionnée d'une peur précise et les problèmes accompagnés d'angoisse chez le sujet humain. Comme le signale Kazdin (1978), dans les recherches animales, on apprend au sujet expérimental une peur bien particulière que l'on supprime par la suite. Au niveau humain, les processus d'acquisition de l'anxiété phobique sont nettement moins simples. Très souvent, ces angoisses phobiques sont acquises par le biais notamment de mécanismes symboliques et non pas par un apprentissage direct de type pavlovien. De plus de nombreux facteurs en cours de thérapie rendent les deux modèles extrêmement différents : le patient n'est jamais « forcé » par le thérapeute. Il « accepte » la thérapie dans une perspective contractuelle ce qui introduit une multitude de facteurs qui empêchent de réduire l'explication de l'efficacité de la méthode à un simple phénomène d'extinction.

Stampfl (1966, 1970; Stampfl et Levis, 1967) a introduit une variante extrêmement intéressante à la thérapie par immersion, variante qu'il a appelé *thérapie implosive*. Il s'agit en fait d'une tentative d'intégrer certains concepts psychodynamiques dans le traitement par immersion. Pour Stampfl, les phobies représentent l'expression symbolique d'un matériel refoulé. Stampfl analyse les phobies ou d'autres formes d'angoisse à partir des hypothèses psychanalytiques introduisant ainsi des notions d'agressivité, des représentations psychiques de pulsions refoulées...

Prenons l'exemple d'une patiente qui a développé une intense agressivité « refoulée » vis-à-vis de son mari. Elle se dit anxieuse, asthénique, incapable de faire le ménage, de cuisiner, d'aider son mari dans certaines tâches. Le thérapeute interprète cette incapacité comme une volonté agressive, secondairement transformée par un sentiment de culpabilité, de s'opposer au mari. La thérapie implosive utilisera les items issus de cette interprétation. La méthode que certains appelleront une psychanalyse « sauvage » propose au sujet des répertoires comportementaux qui vont au-delà de ceux qu'il sera amené à émettre dans la réalité. Elle vise à obtenir une extinction « supra-maximale ».

Indications

L'immersion et l'implosion se sont révélées efficaces dans des situations telles que les phobies, l'angoisse dite « flottante », la peur de situations sociales... L'implosion n'est guère utilisable par les thérapeutes qui n'ont pas reçu une formation analytique suffisante.

Evaluation

L'efficacité des techniques d'implosion et d'immersion est incontestable. Leur explication théorique demeure difficile, Comme dans la D.S., il est vraisemblable qu'un ensemble de mécanismes sont à l'œuvre. Outre les réserves éthiques que l'on peut émettre à leur sujet, les difficultés et les dangers qu'elles présentent dans le contrôle des réactions qu'elles déclenchent, il reste que les recherches n'ont pas clairement délimité quel type de problème ou quel type d'individu devait être traité préférentiellement soit par la D.S. soit par l'immersion. C'est probablement dans cette perspective d'approche que les recherches futures devraient se développer. Sur un plan strictement pragmatique, il m'apparaît que le flooding ou l'implosion doivent pour l'instant, en dehors des recherches, être réservés aux problèmes que l'on n'a pu résoudre par D.S.

C. LE TRAINING ASSERTIF

Les problèmes assertifs recouvrent toutes les difficultés que peut éprouver un sujet à émettre des comportements sociaux adéquats. Le sujet non assertif ne peut pas ou peut mal se défendre, défendre des personnes de son entourage, des idées qui lui sont chères face à d'autres personnes. Il n'arrive pas ou avec difficulté à exprimer ses sentiments, que ceux-ci soient positifs (amour, affection...) ou négatifs (incapacité à dire non, à exprimer une agressivité justifiée et mesurée...) d'une manière habituelle. Il se sent mal à l'aise dans le contact des autres.

Analyse du concept d'assertion
et comportement assertif

Diverses explications théoriques ont été fournies pour définir les raisons qui amènent un sujet à se comporter de manière « incompétente » dans ses relations sociales. Pour certains auteurs, il s'agit d'une prédisposition typologique associée à des apprentissages de type pavlovien (Salter, 1961). Cette interprétation amènerait à déduire qu'un sujet incompétent dans un registre de comportements sociaux le serait également dans tous les autres registres relatifs à ce thème. Une autre prise de position assez proche de celle-là, quoique faisant moins intervenir les facteurs typologiques, considère qu'une anxiété conditionnelle à thème social acquise par apprentissage aversif amènerait progressivement un processus de généralisation de l'incompétence. C'est la position adoptée par Wolpe (1973). Un auteur comme McFall (1976) adopte un point de vue strictement inverse : pour lui, les conduites sociales ne font pas partie du répertoire comportemental « inné » des sujets. Ce sont des comportements qui s'acquièrent ou ne s'acquièrent pas tout au long de l'existence par apprentissage sur le mode operant. Dans cette perspective, le sujet ne devient pas socialement incompétent parce qu'il est anxieux, mais devient anxieux parce qu'il n'acquiert pas la compétence voulue.

Quoi qu'il en soit de ces prises de position théorique, les praticiens du training assertif ont tenté depuis quelques années de définir sur un mode opérationnel ce qu'est un comportement assertif (Lazarus, 1973a; Eisler et al., 1975; Gay et al., 1975...).

Ces modèles définissent un certain nombre de comportements que le sujet doit être capable d'émettre pour être déclaré assertif. Certains de ces modèles globalisent autour de quelques termes généraux un ensemble de conduites, d'autres tentent de faire un relevé plus ou moins exhaustif des divers comportements sociaux auxquels un sujet peut être soumis dans son existence. Ces diverses classifications ne présentent à mes yeux, guère d'intérêt. Seule une analyse fonctionnelle détaillée, individualisée, établie dans une perspective d'examen du cas unique, permet de déterminer de manière valable quels sont les comportements non assertifs d'un sujet évalués au niveau des conduites verbales et non verbales.

Technique et pratique de l'assertion

Selon les prises de position théoriques des auteurs, les techniques utilisées dans l'assertion sociale sont différentes. Les plus utilisées sont la désensibilisation systématique, la technique des jeux de rôle dans laquelle le patient soit avec le thérapeute soit avec un autre patient apprend à jouer un rôle défini à partir de situations spécifiques que l'on déduit de l'analyse de ses difficultés, l'apprentissage par «modèles» (voir plus loin) dans lequel le sujet visualise, par exemple à partir de bandes magnétoscopiques le comportement d'un autre dans des situations qui lui causent problème, des apprentissages de type operant par «façonnement» progressif de réponses adéquates à des situations déterminées...

Ici encore, le rôle du thérapeute comme *agent de renforcement* dans la relation psychothérapeutique est fondamental. De nombreuses recherches ont été faites sur les différents paramètres de ces techniques : ainsi dans le jeu de rôle comme dans la D.S., on établira des hiérarchies de difficultés; dans la technique du modèle les résultats sont encore meilleurs si le modèle proposé n'est pas «trop à l'aise» dans les situations présentées; sinon, le patient développe un sentiment d'incapacité à s'identifier au modèle...

Quelle que soit la technique utilisée, un training assertif suivra rigoureusement un certain nombre d'étapes :

- Analyse fonctionnelle très détaillée de toutes les situations sociales dans lesquelles le sujet éprouve des difficultés. Ces situations seront organisées sur un mode hiérarchique en partant des moins anxiogènes vers les plus angoissantes.

- Dans chacune des situations, et quelle que soit la technique utilisée (D.S., jeu de rôle, façonnement operant des réponses) le thérapeute doit avec son patient imaginer le plus grand nombre de possibilités d'interactions sociales, ainsi que le maximum de réponses tant verbales que non verbales que le patient pourrait émettre en réponse à ces stimuli.

- Lorsque l'entraînement en imagination est arrivé à un certain stade, le thérapeute propose au patient de passer à l'action, dans la vie réelle, toujours en partant des situations les plus simples. Les résultats obtenus seront commentés, discutés à la séance suivante en vue de la mise au point de l'étape ultérieure. Le thérapeute renforcera socialement les résultats positifs obtenus et banalisera les échecs objectifs ou subjectifs décrits par son patient.

- Quel que soit le niveau de performance auquel accède le patient, il est inévitable que certaines situations ne soient pas surmontées avec toute la compétence voulue. A ce stade, le thérapeute devra introduire un correctif «cognitif». Ces patients présentent en effet, d'une manière générale, une certaine distorsion cognitive relative à l'appréciation qu'ils ont d'eux-mêmes. Le thérapeute aura à les aider à accepter certains échecs objectifs apportés par l'entraînement à l'assertion sociale.

Evaluation

De nombreuses difficultés psychologiques sont la résultante plus ou moins directe d'une incompétence sociale. D'où l'importance que l'on doit accorder à l'étude de ces techniques non seulement dans une perspective thérapeutique mais également dans une approche préventive. Que les moyens actuellement disponibles soient efficaces ne fait pas de doute. De nombreuses recherches cliniques en font foi. La relative jeunesse des techniques assertives permet de supposer que dans un futur proche, on pourra en augmenter encore l'efficacité et la spécificité.

Il reste une fois de plus que les explications théoriques de l'incompétence sociale sont encore mal précisées. S'agit-il d'une prédisposition typologique qui «facilite» les apprentissages aversifs amenant ainsi à l'incompétence sociale, ou au contraire, l'incompétence sociale est-elle la résultante d'un apprentissage sur le modèle operant par exemple? Aucun travail ne permet jusqu'à présent de trancher de manière définitive une question dont les prolongements éducationnels et préventifs seraient énormes.

SECTION III: COMMENT MODIFIER LES COMPORTEMENTS

Dans la majorité des cas, les problèmes d'origine typologique mis à part, un patient consulte pour un ensemble de symptômes. Ceux-ci représentent les phases terminales, les *conséquences* directes ou indirectes de séquences comportementales complexes. La demande du patient porte en priorité sur une réduction des malaises liés à ces symptômes: manifestations anxieuses variées, incompétence à résoudre certains problèmes, troubles phobiques, rituels...

Les Behavior Thérapeutes à partir de leurs acquis expérimentaux, se sont naturellement interrogés sur les méthodes propres à supprimer ces comportements «terminaux», déviants et l'inconfort qui les accompagnent. On leur en a fait le reproche en décrivant la Behavior Therapy comme un ensemble de traitements symptomatiques, dangereux dans la mesure où ils ne résolvaient pas le «fond du problème», entraînant par là une haute probabilité de récidive, voire une «substitution de symptômes».

Pour bien situer le problème, il s'agit de rappeler quelques faits: tout d'abord, un grand nombre de difficultés psychologiques se résolvent à l'aide d'une chimiothérapie adéquate, ou d'une psychothérapie symptomatique ou par la conjonction de ces deux approches. Je pense que dans ces cas il y a intérêt à rester au niveau du symptôme, à ne pas prolonger inutilement des traitements à l'aide d'interprétations intempestives qui risquent de «psychiatriser le patient». Ici comme dans bien des domaines, le mieux peut être l'ennemi du bien.

Quant aux «demandes d'aide» qui indiquent une intervention plus circonstanciée, il est certain que la dénomination de « techniques» utilisée pour désigner certains moyens thérapeutiques en Behavior Therapy a permis de soulever le problème du traitement symptomatique. Cette impression a été renforcée par le fait que nombre de behavior thérapeutes des débuts étaient des expérimentateurs sortis des laboratoires pour tester des hypothèses de travail précises, limitées sur des problèmes spécifiques. De plus, l'attrait des méthodes codifiées et efficaces a entraîné l'application de l'approche comportementale par des praticiens manquant de l'arrière-plan théorique nécessaire, incapables d'utiliser ces moyens autrement que sous forme de recettes administrées de manière stéréotypée.

Ces faits indéniables font aujourd'hui dans la majorité des cas, partie de l'histoire de l'évolution des Behavior Therapies en clinique.

Je ne pense pas qu'il se trouve encore un grand nombre de behavior thérapeutes pour affirmer avoir « guéri » un agoraphobe en lui donnant la possibilité de se déplacer, un obsessionnel en supprimant les répétitions compulsives de ses conduites, un impuissant en rétablissant un fonctionnement sexuel normal. Le behavior thérapeute d'aujourdhui ne traite pas un problème « par désensibilisation systématique » ou par « technique assertive »; il pratique une psychothérapie complexe où ces techniques efficaces s'intègrent dans une approche beaucoup plus générale visant à éliminer non seulement l'ensemble symptomatique, mais aussi les « causes » de ces perturbations. Cependant et contrairement au psychanalyste, il considère que le symptôme est plus qu'un simple « révélateur » d'un problème sous-jacent, qu'il représente en soi un répertoire de comportements à traiter comme tel. Quant aux causes, il en cherche les origines dans les contingences de l'environnement, dans l'organisation fonctionnelle des apprentissages « déviants », dans les perceptions cognitives erronées. Que ces causes échappent ou non à l'analyse consciente du sujet, qu'elles s'expriment sous forme de comportements observables ou sous des aspects symboliques n'entraîne pas qu'elles soient autre chose que des comportements dont les interrelations seront examinées à partir d'une analyse fonctionnelle détaillée. Ainsi causes et conséquences, « fond du problème » et symptômes ne représentent que des maillons de chaînes de conduites contrôlées par l'histoire comportementale antérieure, par les interactions entre sujet et environnement, par l'organisation de différents systèmes cognitifs. Le traitement qui en dérivera ne cherchera pas à modifier un appareil psychique devenu autonome dans l'organisation structurelle de l'individu, ne relèguera pas le symptôme au rang de simple signal avertisseur des perturbations sous-jacentes. Il sera recherche de stimuli adéquats susceptibles de contrôler un comportement, apprentissage de nouvelles conduites, suppression de comportements déviants, correction de cognitions erronées, apprentissage d'autorégulations complexes...

Les diverses méthodes que nous allons aborder dans cette section examinent un certain nombre de modalités actuellement disponibles pour accéder à ces résultats.

A. LES THERAPIES OPERANTES

L'approche operante des troubles du comportement vise essentiellement trois buts :
- apprendre un comportement ou un répertoire comportemental, augmenter la fréquence d'émission de certaines conduites ;
- réduire ou éliminer des comportements inadéquats ;
- maintenir le changement obtenu.

Pour accéder à ces différents objectifs, la thorie operante dispose d'un ensemble de principes qui pour la plupart ont eu une vérification expérimentale en laboratoire. Leur application à la clinique est cependant assez récente. Au départ, les thérapeutes « operants » ont traité des problèmes rencontrés chez l'enfant ou chez le psychotique, le plus souvent dans un cadre institutionnel. Depuis quelques années, les principes et modalités de son application s'étendent à des troubles psychopathologiques de plus en plus divers. De nombreux behavior thérapeutes se servent des concepts operants dans leur analyse fonctionnelle et à des degrés divers les intègrent aux différentes autres techniques.

Rappel théorique

L'« operant » est une réponse ou un ensemble de réponses entraînant un changement dans l'environnement du sujet. Ce changement, cette conséquence est définie comme renforcement de la réponse lorsqu'elle en modifie la probabilité d'apparition. Le paradigme operant implique donc la coexistence, dans une relation temporelle définie, de deux types d'événements : la *réponse* et sa conséquence, le *renforcement*.

Le renforcement. Il est souvent malaisé en clinique de définir la valeur renforçante d'un stimulus. Ainsi un même stimulus peut avoir une valeur renforçante très différente d'un individu à l'autre et chez un même individu varier en qualité d'un moment à un autre en fonction de son histoire, des contingences externes ou internes. Par conséquent, l'efficacité d'un renforcement se jugera d'après les données d'une analyse fonctionnelle détaillée pour un sujet donné dans une situation déterminée. De plus, en cours de traitement, et en fonction même de l'évolution du traitement, il sera parfois nécessaire de réévaluer l'effet renforçant d'un stimulus. L'efficacité du renforcement dépend non seulement du sujet mais également du *programme de renforcement* dans lequel les réponses sont émises. Ainsi par exemple, un renforcement fourni au sujet pour chaque réponse adéquate perd plus rapidement sa valeur renforçante que s'il est délivré à des intervalles variables. De nombreux exemples de la résistance à l'extinction des programmes renforcés à intervalles variables (V.I.) ou pour un nombre variable de réponses (V.R.) nous sont fournis dans la vie quotidienne : les machines à sous, le tiercé...

Classiquement, un certain nombre de stimuli sont définis comme des *renforcements « primaires »* dans la mesure où ils ne dépendent que très peu de l'histoire comportementale antérieure du sujet et ont une efficacité assez générale (renforcements alimentaires, diminution de la douleur, renforcement sexuel, enrichissement de l'environnement après une certaine privation sensorielle...).

Toute une série de stimuli de l'environnement ont par ailleurs acquis par association répétée à des renforcements une valeur renforçante. Ils représentent la classe des *renforcements conditionnés*.

De même, il faut souligner la grande importance en clinique des *stimuli discriminatifs*. Ceux-ci par le fait qu'ils « annoncent » l'entrée en vigueur du programme ou au contraire son interruption acquièrent valeur de renforcement positif ou négatif et contrôlent aussi des chaînes de conduites qui chez l'homme peuvent s'étaler sur des durées très longues, parfois plusieurs années. Enfin, et toujours sur un mode opérationnel, les cliniciens parleront de *renforcement généralisé* pour classer des stimuli qui dans une culture donnée ne dépendent pas de conditions momentanées : ainsi par exemple, l'argent et l'attention des autres (renforcement social) sont dans notre culture des renforcements généralisés. Le renforcement social sous toutes ses formes est un des renforcements parmi les plus puissants, particulièrement apte à être utilisé dans les conditions thérapeutiques.

Les réponses. Les réponses que l'on étudie en Behavior Therapy sont rarement, comme c'est le cas au laboratoire, des réponses simples, élémentaires. Il s'agit en fait le plus souvent de *chaînes de réponses* complexes. Dans ces chaînes, chaque réponse émise joue le rôle de stimulus discriminatif de la réponse suivante. Dans le comportement humain, ces chaînes de réponses sont rarement « linéaires », comme par exemple le fait d'émettre une série de comportements pour aller de son domicile au restaurant. Le plus souvent, on observera des chaînes de conduites complexes sous la dépendance de divers éléments renforçants; d'une manière imagée ces chaînes seront appelées « branches » ou « arbres ». Ainsi par exemple, l'étudiant qui tente d'obtenir un diplôme universitaire, « jalonnera » ses années d'études d'une série de conduites intellectuelles, sportives, amoureuses ... qui contiennent leurs propres sources de renforcement. Ces *multi-operants* sont en fait plus aisément placés sous contrôle que des chaînes linéaires comprenant de longues séries de réponses toutes orientées vers un renforcement final unique.

Lorsque l'analyse fonctionnelle a détaillé pour un sujet ses répertoires comportementaux, les différents programmes de renforcements dans lesquels ils s'insèrent, les renforcements les plus efficaces, le psychothérapeute peut commencer son travail de *modification du comportement*.

Pratique

1. Façonnement (shaping) du comportement, augmentation de la fréquence d'émission

Certains problèmes psychologiques peuvent se caractériser par l'absence de comportements spécifiques ou par le trop faible débit d'une conduite.

Lorsque des comportements font totalement défaut, par exemple le langage et le contact social chez un enfant autiste, le thérapeute pourra dans un premier temps utiliser la méthode du *shaping*. Le shaping ou façonnement d'une réponse consiste, après analyse des différents constituants élémentaires de cette réponse, à en renforcer les ébauches de manière systématique; puis par approximations successives, on renforce différentiellement les éléments qui se rapprochent le plus de la réponse jusqu'à l'obtenir.

Ainsi, Hingtgen et Trost (1966) renforcent par l'octroi de friandises des enfants autistes pour tout son émis. A la phase de différenciation, ils ne renforcent plus les sons indistincts mais uniquement ceux qui par exemple représentent une syllabe jusqu'à obtenir l'articulation de mots signifiants.

Le second but de l'expérience est d'amener une ébauche de relation sociale entre ces enfants; pour ce faire, les auteurs renforcent dans un premier temps certaines approches physiques telles que être proche l'un de l'autre, toucher l'autre; quand ces comportements sont obtenus, ils renforcent le contact physique associé à des vocalisations et ainsi de suite.

On perçoit directement que la méthode du shaping est celle d'un véritable dressage qui par approximations successives sélectionne des conduites de plus en plus proches du but fixé par le thérapeute.

Méthode lente, difficile, le shaping est réservé à des problèmes très particuliers tels que par exemple, le traitement de l'autisme, l'acquisition d'apprentissages spécifiques chez le débile mental, et chez le psychotique, la rééducation de patients qui ont perdu la majeure partie de leurs répertoires comportementaux à la suite d'une atteinte cérébrale post-traumatique par exemple.

A côté de ces cas extrêmes, le shaping visera le plus souvent à rétablir des chaînes comportementales complexes dans lesquelles chaque comportement joue le rôle de stimulus discriminatif du comportement suivant.

Un exemple caractéristique du façonnement de chaînes de réponses est celui du traitement des problèmes d'habillage chez le dément sénile ou chez le retardé mental.

Le fait de s'habiller consiste en une suite d'opérations qui se succèdent dans un ordre logique par rapport au but : par exemple, passer une chemise, enfiler le pantalon puis les chaussettes et enfin, mettre les chaussures et nouer les lacets. Le thérapeute enseigne sur un mode de shaping chacun de ces comportements indépendamment l'un de l'autre. Socialement dans une chaîne de réponses, c'est toujours la dernière qui est renforcée. Par conséquent, le thérapeute aide le sujet dans les premières étapes (chemise, pantalon, chaussettes, chaussures) puis le laisse réaliser seul la dernière (attacher les lacets) en le renforçant. A l'étape suivante, on l'aide dans les premiers comportements puis on lui laisse effectuer seul les comportements : mettre ses chaussures et attacher les lacets ... ainsi de suite jusqu'à ce qu'il soit capable d'effectuer seul la totalité de la chaîne des conduites.

On aura remarqué que chez cette catégorie de patients, le shaping doit souvent être associé à une aide venant du thérapeute. C'est la technique dite du *fading*, de l'estompage.

Par exemple, pour lui apprendre à enfiler un pantalon, le thérapeute placera ce vêtement dans la position adéquate devant lui, prendra les mains du patient pour l'amener à saisir le pantalon, lui fera lever la jambe pour l'enfiler dans la bonne jambe du vêtement, etc. Au fur et à mesure où le patient acquiert les mouvements, l'intervention du thérapeute se fait progressivement de moins en moins active, jusqu'à laisser le patient effectuer seul le comportement.

Les méthodes de façonnement et d'estompage ont été utilisées dans un grand nombre de problèmes de type déficitaire. Il ne s'agit pas ici de psychothérapies au sens où l'on entend traditionnellement ce terme. Toutefois, ceux qui en milieu institutionnel ont à pratiquer de semblables rééducations savent combien ils se trouvent souvent démunis.

Les techniques de façonnement et d'estompage telles qu'elles viennent d'être décrites sont des modalités particulières d'application du principe de renforcement.

Dans la majorité des troubles, le principe du renforcement positif de conduites « souhaitables » est utilisé en Behavior Therapy sans qu'il soit nécessaire de l'appliquer dans des techniques aussi précises. Tout thérapeute operant l'utilise pour réduire certains comportements inadéquats (renforcement négatif) ou pour augmenter l'apparition d'autres estimés « désirables ». L'utilisation du principe du renforcement dépasse d'ailleurs largement le cadre de la pathologie et peut être adapté pratiquement à toutes les conduites humaines, particulièrement en pédagogie.

Pour rester dans le cadre thérapeutique, il faut souligner que l'analyse en termes operants d'un problème ne consiste pas seulement à décrire les comportements, mais surtout à rechercher les situations qui *contrôlent* de manière plus ou moins stable l'émission de ces comportements. Ce type d'analyse où interviennent l'histoire du sujet, les règles qu'il a acquises, les stimuli discriminatifs « signifiants » amènera le thérapeute à comprendre ce qui *maintient* le comportement. Sur un plan pragmatique, il sera souvent plus aisé de modifier des conduites pathologiques déclenchées par des stimuli discriminatifs en cherchant à les éliminer ou à les augmenter plutôt que de tenter de changer le comportement lui-même. Si un couple ne « dialogue pas », il est nettement plus commode et plus rapide de proposer aux partenaires de favoriser les situations repérées par l'analyse fonctionnelle dans lesquelles le dialogue s'installe assez facilement, plutôt que de renforcer les sujets chaque fois qu'ils ont dialogué. De nombreux exemples pourraient être utilisés pour démontrer l'efficacité du renforcement positif, et l'importance du rôle joué dans la modification des conduites par l'utilisation ou la suppression de stimuli discriminatifs.

Une dernière technique visant à augmenter la fréquence d'une conduite est celle du *renforcement négatif*. La notion de renforcement négatif est totalement différente de la notion de punition. Il s'agit en fait d'apprendre au sujet à échapper ou à éviter une situation qui a pour lui des conséquences néfastes. L'échappement ou l'évitement par renforcement négatif a été utilisé dans des problèmes tels les toxicomanies, l'alcoolisme, l'obésité. Par exemple, chez un obèse hyperphage, on expliquera toutes les conséquences négatives que peut avoir son comportement sur sa santé générale, son intégration sociale... Dans ses conditions habituelles de vie, on lui demandera de noter systématiquement le nombre de fois qu'il a évité la tentation de manger en dehors des repas par exemple...

2. *Réduire ou supprimer les conduites déviantes*

J'ai consacré une section de ce chapitre aux techniques aversives. Je n'exposerai ici que les techniques strictement operantes relatives à la réduction ou à la suppression de certains comportements. La distinction est assez arbitraire dans la mesure où certaines de ces techniques sont clairement aversives. Il s'agit donc d'une division établie seulement pour la clarté de l'exposé.

Une première tactique pour éliminer une réponse indésirable est d'augmenter la force ou la fréquence d'un comportement adapté qui est incompatible avec la conduite inappropriée. C'est le procédé dit du «*contre-conditionnement*».

Cette technique a d'énormes avantages sur les techniques aversives qu'elles soient operantes ou non, dans la mesure où elle permet l'acquisition de nouvelles réponses ou l'augmentation de comportements existants et bien adaptés. En effet, les techniques aversives suppriment un comportement mais ne le remplacent par rien. Supprimer un comportement sans donner de réponse alternative, susceptible d'aboutir à des renforcements positifs, entraîne soit des rechutes rapides, soit des symptômes de substitution par déficit comportemental ou par insuffisance de renforcements, ce qui n'est pas sans danger.

Par ailleurs, le contre-conditionnement permet d'agir indirectement sur une conduite indésirable même lorsque les événements qui renforcent cette conduite ne sont pas accessibles à la thérapie. Ainsi Becker et al. (1967) a démontré, dans une classe, que le fait pour le professeur de ne pas prêter attention aux comportements indésirables de ses élèves les augmentaient très fort par l'intermédiaire des renforcements positifs que les élèves s'octroient entre eux. Par contre, combiner ignorance des comportements d'indiscipline et renforcement positif des réponses de travail et d'attention a un effet spectaculaire.

Autre technique pour réduire ou supprimer certains comportements : *l'extinction*. De nombreux comportements mal adaptés sont renforcés, maintenus par l'attention qu'on y porte. Il en est ainsi de comportements dits « colériques » chez l'enfant, de nombre de conduites névrotiques de l'adulte (on parlera à ce moment de bénéfice secondaire). Lorsqu'on pratique en thérapie une méthode d'extinction, on constatera que celle-ci s'installe rarement sur un mode régulier. Il existe incontestablement un phénomène de résistance à l'extinction dont le clinicien doit juger l'importance et les dangers. Très souvent en effet, l'extinction débutera par une augmentation paradoxale du comportement que l'on souhaite éliminer. Cette résistance à l'extinction dépend d'un grand nombre de variables parmi lesquelles le nombre et l'intensité des renforcements qui ont été attachés au comportement que l'on veut éliminer, le type de programme dans lequel ce comportement s'est installé, l'histoire comportementale antérieure du sujet, les variables liées à l'organisme... De plus, le thérapeute est souvent confronté à l'existence de renforcements sociaux ou internes, qui échappent à son contrôle. Les techniques d'extinction représentent incontestablement des procédures aversives. Il est donc nécessaire que le thérapeute juge de la manière la plus précise possible quels peuvent être les risques de cette thérapie, qu'il y associe un traitement utilisant le renforcement positif d'autres conduites.

Très proche de l'extinction est la procédure dite du *time-out*. Dans cette procédure, le sujet est « retiré » momentanément de la situation-problème ou de l'environnement qui fournit des renforcements positifs pour ses conduites pathologiques. Le time-out a surtout été employé pour contrôler des comportements agressifs, par exemple dans des groupes de délinquants.

Une autre technique visant à réduire ou supprimer certains types de comportements, est celle de la *punition*. Je l'envisagerai dans la section du chapitre réservée aux thérapies aversives.

3. Maintien et transfert du résultat dans la vie réelle

Les techniques operantes ont permis de résoudre nombre de problèmes tant pédagogiques que pathologiques.

Toutefois, les lois mêmes de l'apprentissage impliquent que si le comportement ne reste pas contrôlé par ses conséquences, si les stimuli discriminatifs qui déclenchent son apparition disparaissent ou se font trop peu nombreux, si des renforcements positifs aux conduites inadaptées réapparaissent, tout ce que le sujet a appris risque de disparaître. Or les contingences propres au programme que le thérapeute instaure dans sa psychothérapie et les contingences qui prédominent dans la vie de tous les jours du patient, sont très différentes. Pour le clinicien, il s'agit donc là d'un problème de toute première importance; démontrer qu'on peut contrôler un comportement satisfera le théoricien ou l'homme de laboratoire, mais n'a pas de valeur pratique pour le clinicien si cet apprentissage ne peut être transféré à la vie réelle du patient. Différents travaux étudient depuis quelques années ce problème capital. Nous savons par exemple qu'un programme où le renforcement est octroyé après un nombre variable de réponses ou à des intervalles variables est très résistant à l'extinction. On sait également que dans une psychothérapie operante, il faut éviter de renforcer un seul type de comportement, qu'il est nécessaire de multiplier les comportements que le thérapeute renforcera. Cette consolidation d'une série de comportements bien adaptés favorise l'adéquation du sujet à une série de conditions de son environnement social, ce qui facilite une généralisation de la situation thérapeutique à celle de la vie réelle. Le patient pourra alors s'engager dans des répertoires comportementaux nouveaux qui, renforcés, prendront en quelque sorte « en relais » ceux qui ont été acquis dans la situation thérapeutique. Quoi qu'il en soit, le problème reste complexe et l'expérimentation devrait porter le maximum de ses efforts dans cette voie. Un des effets secondaires indésirables des psychothérapies est l'état de « dépendance » que le patient éprouve vis-à-vis de la situation thérapeutique et du thérapeute devenu la source essentielle de ses renforcements. Dans la vie de tous les jours, les stimuli sont multiples comme le sont les comportements et leurs renforcements. Dans la situation thérapeutique, on sélectionne un petit nombre de comportements auxquels on associe sans cesse les mêmes renforcements sociaux venant du thérapeute. Cette situation a pour conséquence un contrôle trop précis, trop univoque. Ce ne sont pas les seules Behavior Therapies qui rencontrent cette difficulté : ainsi, dans les thérapies de type analytique, la « névrose de transfert » n'est-elle pas également l'expression de ce contrôle et l'analyse du transfert que fait le psychanalyste n'est-elle pas pour une bonne part une tentative de généralisation de la situation analytique aux conditions de l'environnement normal du patient ?

Indications

Je ne pense pas qu'il soit possible comme pour d'autres techniques des Behavior Therapies de préciser les indications des thérapies operantes. La littérature montre qu'elles ont été utilisées dans de multiples problèmes allant de l'habillage chez le retardé mental au réapprentissage d'une communication chez des schizophrènes chroniques en passant par le traitement de phobies, de toxicomanies, de rituels... Par ailleurs, en dehors de la pathologie, la technologie operante s'est révélée très efficace notamment au niveau pédagogique.

Il n'est pas justifié de parler ici de techniques, par exemple dans le sens où j'ai utilisé ce terme pour parler de la désensibilisation systématique. La méthode operante est issue d'une théorie générale du comportement, d'une approche globale des conduites humaines dont les postulats ont été vérifiés expérimentalement dans nombre de domaines. Elle est également une méthode d'analyse expérimentale permettant une définition fonctionnelle des conduites dans le cadre général de l'interaction de l'individu avec son environnement.

Je pense donc que dans leur pratique de très nombreux behavior thérapeutes envisagent l'approche du problème que leur présente le patient dans cette perspective globale et que tout au long de leur thérapie, la théorie operante sous-tend la rationnalité de nombre de leurs interventions.

Evaluation

Comme je l'ai indiqué plus haut, un des problèmes essentiels dans l'évaluation de l'efficacité de l'approche operante, est d'estimer dans quelle mesure ces types d'apprentissages peuvent se généraliser de la situation thérapeutique (que celle-ci soit institutionnelle ou ambulatoire) à la vie de tous les jours, et d'autre part, combien de temps ces modifications positives peuvent être maintenues.

J'ai évoqué quelques voies d'approche qui permettent certainement d'améliorer ces deux aspects. Actuellement, il faut reconnaître que nous disposons de très peu d'informations sur l'efficacité à long terme de ces méthodes. Une raison simple peut l'expliquer : l'approche operante n'est introduite en clinique que depuis quelques années. Quoi qu'il en soit, à quelques rares exceptions près, ce problème crucial n'a pas encore reçu de réponse.

Il n'est pas rare de constater dans la littérature des échecs rencontrés par les thérapeutes dans leur tentative de placer des comportements sous contrôle de contingences précises (Kazdin, 1973). De nombreuses explications ont été proposées pour expliquer ce phénomène : analyse fonctionnelle insuffisante ou erronée, renforcements adéquats... Certaines études montrent que l'absence de réponse à un programme institué n'est pas un phénomène général chez un individu donné, et qu'il est possible de corriger la difficulté simplement en changeant les conditions du programme (Winkler, 1971 ; Ayllon, Garber & Pisor, 1975...). Ces études récentes ont testé un certain nombre de techniques capables d'améliorer les performances de sujets qui se montrent non réactifs ou peu réactifs à la psychothérapie. Quoi qu'il en soit, de ces premiers résultats encourageants, il reste que les études doivent être poursuivies, notamment pour définir quels sont les facteurs qui contribuent à ce manque de réactivité de certains sujets à la situation thérapeutique.

Kazdin (1978) insiste sur le fait que dans la pratique operante, plus que partout ailleurs dans les Behavior Therapies, une solide compétence théorique du thérapeute est nécessaire. Sans vouloir ramener toutes les difficultés à ce type de variable, il est certain que la désaffection de certains thérapeutes vis-à-vis des techniques operantes est liée à leurs échecs qui sont la conséquence de leur incompétence.

Toujours dans la perspective des échecs, il est naturel de réévoquer ici certaines discussions conceptuelles. Comme je l'ai signalé dans la première partie de l'ouvrage, les tenants de l'école cognitiviste estiment qu'il est impossible et erroné d'expliquer toutes les conduites psychopathologiques dans une perspective behavioriste stricte (Bandura, 1974). Bandura rappelle, et il est bon d'y insister, que si le comportement est sous le contrôle de l'environnement, l'environnement est lui-même contrôlé par les conduites de l'individu. Certains théoriciens de l'apprentissage operant (Skinner, 1971; Goldiamond & Dyrud, 1968) ont également exprimé cette interaction réciproque et permanente. Il faut bien reconnaître cependant que les techniques operantes appliquées à la clinique ne se sont jamais intéressées qu'à la manipulation des événements externes. Elles ont toujours négligé complètement dans leur analyse des contingences, les perceptions de l'individu, les pensées, les stratégies de solution que l'organisme utilise dans cette interaction avec le milieu.

Quoi qu'il en soit, de ces discussions théoriques, des limitations des techniques operantes, des difficultés de généralisation et de maintien des résultats obtenus, cette voie d'approche a fourni une méthodologie rigoureuse d'approche des conduites humaines et des résultats cliniques indéniables, dans un nombre important de problèmes variés.

Il serait naïf d'imaginer que la méthodologie operante soit à même de résoudre tous les problèmes relatifs à la pathologie. La théorie behavioriste est certainement extrêmement riche, encore loin d'avoir épuisé ses ressources. Un avenir peut-être proche nous dira quelles sont ses réelles limites. Son apport s'intégrera alors comme un des éléments fondamentaux pour notre compréhension des phénomènes qui régissent la manière de nous comporter.

B. LES TECHNIQUES AVERSIVES

L'utilisation de méthodes aversives pour éliminer les conduites « indésirables » est aussi vieille que le monde, tant au niveau des applications individuelles qu'au niveau de l'action sur des groupes sociaux. Je pense que tout parent, tout enseignant, tout responsable et probablement tout individu a un jour ou l'autre dans son existence utilisé une méthode aversive pour éliminer un comportement venant d'autrui qu'il jugeait indésirable.

Historique

Sur le plan clinique, le modèle expérimental d'une thérapie aversive a été établi dans les laboratoires de Pavlov en 1927 en associant l'Apomorphine, substance émétisante à un son, afin de créer des réactions conditionnelles de nausées au son seul. Il semble bien que ce soit Kantorovich (Franks, 1963) qui ait le premier utilisé une thérapie aversive en clinique en associant chez les alcooliques la prise d'alcool à un choc électrique. Ses écrits laissent supposer que la technique était déjà utilisée depuis un certain temps dans les hôpitaux psychiatriques russes.

En Occident, Max signale en 1935 avoir traité des homosexuels par chocs électriques. Ce premier rapport passera longtemps inaperçu.

L'intérêt pour les méthodes aversives subira dès ce moment de nombreuses fluctuations suivant les pays et les problèmes étudiés.

L'avènement de la Behavior Therapy va réveiller dans les années 1960 l'intérêt pour ce type de techniques. Dès ce moment, différents travaux vont examiner l'efficacité des méthodes aversives dans différents domaines tels que les perversions sexuelles et les diverses toxicomanies.

Bien que les études expérimentales sur l'aversion (Skinner, 1938; Solomon & Winne, 1954; Solomon, 1964) aient fait progresser de manière spectaculaire notre connaissance des mécanismes qui interviennent dans les phénomènes aversifs, il est certain que des prises de position éthiques ont fortement ralenti l'étude de ces problèmes en clinique.

Théorie

L'analyse des différents travaux portant sur l'aversion montrent que les auteurs interprètent en général leurs résultats à partir de 3 modèles d'apprentissage: la punition, l'échappement-évitement et le conditionnement classique.

La punition. Rachman et Teasdale (1969) reprennent à Azrin et Olds la définition de la punition: «c'est une réduction dans la probabilité d'émission d'une réponse résultant de la délivrance immédiate d'un stimulus aversif, pour cette réponse». Ce qui différencie donc la punition de l'évitement ou de l'échappement, c'est qu'elle n'entraîne pas nécessairement l'apparition de nouvelles réponses. Elle diffère par ailleurs du conditionnement classique: dans la punition, le stimulus aversif est contingent de la réponse, du comportement, alors que dans le conditionnement classique, le stimulus aversif inconditionnel suit toujours le stimulus conditionnel que le sujet émette une réponse ou non. De cette manière, la punition représenterait théoriquement le modèle «idéal» de l'aversion si le but de la technique est de supprimer un comportement. Rachman & Teasdale pensent que la punition a été peu utilisée parce qu'on observe des rechutes fréquentes ainsi que l'apparition de réponses paradoxales (les méthodes punitives semblent faciliter, chez certains sujets, la réponse indésirable).

Azrin & Holz (1966) ont tenté de définir quelles étaient les variables cruciales d'une thérapie aversive utilisant le modèle de la punition. De leur travail, il ressort que le stimulus aversif doit être intense, fréquent, que l'intervalle réponse-punition doit être aussi bref que possible. On note que les auteurs insistent tout particulièrement sur le fait que la *punition ne doit pas être utilisée seule* mais bien en association avec des techniques visant à fournir au sujet des réponses alternatives ou à réduire l'angoisse (anxiolytiques, relaxation...).

Il reste cependant à expliquer le maintien et la généralisation de la suppression d'une conduite obtenue par punition alors que dans la vie réelle le sujet *sait* que la punition ne sera plus délivrée pour le comportement déviant qu'il émettrait à nouveau.

L'échappement-évitement. Le modèle de l'échappement-évitement déjà évoqué à la section précédente de ce chapitre, a bien entendu attiré un certain nombre de chercheurs tentés par la résistance de ces comportements à l'extinction. Le problème majeur de l'évitement en clinique est qu'il est nécessaire d'apprendre au sujet une *réponse motrice* en présence des stimuli à éviter. On se rend compte qu'il s'agit là d'un problème technique presque insurmontable : si l'on peut apprendre à un rat à appuyer sur un levier pour éviter un choc électrique, comment apprendre à un alcoolique à éviter les cafés, le verre qu'on lui présente chez des amis... Il devrait apprendre un nombre incalculable de réponses motrices en fonction d'une immense diversité de situations spécifiques et d'ailleurs souvent imprévisibles. Par ailleurs, tout comme dans la punition, le renforcement négatif n'existe que dans les conditions thérapeutiques. Une fois retourné à la vie quotidienne, ces situations n'entraînent plus de conséquence aversive. On ne voit donc pas comment le sujet continue à éviter là où il n'y a plus de stimulus aversif si ce n'est en faisant appel au conditionnement classique (ou aux approches cognitives).

Conditionnement classique. Reste sur le plan théorique l'explication de l'efficacité de l'aversion par le conditionnement classique. Rachman & Teasdale rappellent combien les modèles explicatifs de la punition, et de l'échappement-évitement renferment de situations favorisant ce type d'apprentissage. Mais ici également, comment expliquer la persistance de réponses conditionnelles autonomes apprises, l'absence d'extinction ? Razran (1955, 1961) distingue dans le conditionnement classique deux niveaux d'apprentissage : un niveau qu'il appelle « sans perception » et un niveau « perceptuel ». Ces deux niveaux ne s'excluent pas mutuellement mais il semblerait que l'apprentissage non perceptuel soit plus résistant à l'extinction que l'apprentissage perceptuel. Par ailleurs, les conditionnements établis sur le mode intéroceptif ainsi que nous l'avons vu (chap. III) quoique plus lents à s'établir seraient également très lents à s'éteindre. Enfin, certains éléments d'origine typologique pourraient intervenir dans l'explication du paradoxe apparent de la non-extinction d'un conditionnement classique non renforcé. Les auteurs rappellent à ce sujet le phénomène de l'incubation rapporté par Eysenck (chap. III).

Pour intéressantes que soient ces tentatives d'explication les études récentes (Hallam et al., 1972; Hallam et Rachman, 1972) semblent bien démontrer l'implication de phénomènes cognitifs. J'y reviendrai à la section suivante.

Les stimuli aversifs. Les stimuli aversifs testés dans les pratiques aversives sont variés : sons de haute intensité, time out, arrêt respiratoire par curarisation (!)... Les plus utilisés demeurent cependant l'aversion chimique (apomorphine, émétine) et les chocs électriques. De nombreuses recherches relatives aux avantages d'un stimulus par rapport à l'autre, aux modalités d'application de ces stimuli ont vu le jour. Aucune étude ne démontre de manière certaine que le choc électrique soit plus efficace que la stimulation chimique et vice versa dans tel ou tel problème comportemental.

Un troisième type de stimulus est issu des travaux de Cautela sur les *conditionnements privés* «couverts». Cautela assure que le fait d'imaginer une situation précise est capable de contrôler un comportement observable; ainsi donc, pour un alcoolique le fait d'imaginer qu'il est au café, qu'il consomme de l'alcool et que cet alcool entraîne des nausées, des vomissements, des céphalées serait un procédé aversif aussi efficace que la célèbre cure de dégoût à l'apomorphine. Cet auteur a développé toute une série de moyens thérapeutiques basés sur l'utilisation de scènes imaginées. Pour Cautela, ces conditionnements privés, « couverts » (covert conditioning) obéiraient aux lois du conditionnement operant. L'auteur note que la désensibilisation systématique et l'immersion utilisent les scènes imaginées. Elles sont très proches de ses techniques mais n'ont jamais été classées dans les conditionnements «privés» ni interprétées en terme de conditionnement operant.

Indications

Les thérapies aversives ont été essentiellement utilisées dans le traitement de l'alcoolisme, dans les perversions sexuelles, dans différentes formes de toxicomanies.

Evaluation et controverses

Les thérapies aversives semblent avoir donné quelques résultats dans le traitement de l'alcoolisme et plus encore dans le traitement de perversions sexuelles. Franks en 1960 constate cependant la faible qualité scientifique des travaux disponibles tant au niveau des procédures utilisées qu'au niveau de l'évaluation des résultats.

Des études plus récentes (Nathan, 1976; Miller et Barlow, 1973; Sobell et Sobell, 1976) réalisées dans de meilleures conditions méthodologiques démontrent ainsi que le laissaient déjà entendre Rachman et Teasdale que la thérapie aversive utilisée seule a une efficacité très relative. Par contre, lorsqu'elle est intégrée à un traitement utilisant d'autres moyens tels le renforcement positif de conduites alternatives, une thérapie familiale, un training assertif..., elle améliore les résultats que l'on peut obtenir à partir de ces diverses méthodes utilisées isolément.

Les techniques aversives ont été fort critiquées et ont souvent servi de cheval de bataille aux opposants des Behavior Therapies. Pourtant, il faut rappeler que des behavioristes comme Thorndike et Skinner ont été les premiers à émettre de nombreuses critiques vis-à-vis de ce mode de traitement. Ainsi Skinner (1953) déclarait que si les contrôles aversifs étaient efficaces, les effets obtenus étaient momentanés et entraînaient souvent d'autres types de comportements indésirables (substitution de symptômes). D'autres critiques ont porté sur l'aspect douloureux, pénible des méthodes aversives. Parmi les behavior thérapeutes de nombreux cliniciens s'en sont détournés devant le manque de preuves expérimentales évidentes relatives à leur efficacité (Johnson, 1972).

Comme je viens de le dire, des recherches très récentes posent le problème d'une manière plus nuancée.

Que faut-il donc penser actuellement de l'utilisation des techniques aversives ? Il me semble que sur un plan pragmatique on ne doit utiliser les techniques aversives que dans la mesure où les autres méthodes se sont révélées inefficaces.

Lorsqu'une technique aversive est employée, elle recourra à des stimuli qui ne provoquent pas de douleur physique (aversion par images de Cautela). De toute façon, l'*aversion ne sera jamais utilisée seule* mais en conjonction avec d'autres types de techniques dont le but est soit de réduire l'anxiété du sujet, soit de lui apprendre des comportements alternatifs au comportement que l'on souhaite supprimer.

Quoi qu'il en soit, au stade actuel, comme le souligne très justement Sandler (1975) ce dont nous manquons le plus « désespérément » dans l'approche des méthodes aversives, ce sont des recherches très contrôlées. Celles-ci devraient porter tant sur les facteurs cruciaux qui déterminent l'efficacité de certains traitements par aversion que sur les modalités d'application de ces moyens. Dans une perspective plus large, il ne faut pas perdre de vue que les recherches sur l'aversion débouchent sur l'étude des mécanismes qui président à l'*installation* et à la persistance de nombreux troubles psychopathologiques. Ceux-ci apparaissent le plus souvent dans un contexte aversif. Une meilleure compréhension des conduites contrôlées à long terme par l'aversion nous permettrait certainement de progresser dans la connaissance des mécanismes d'établissement et de maintien de nombreuses conduites inadaptées.

C. LES METHODES DE MODELING

Tout un chacun a pu observer combien le comportement peut être modifié ou acquis par l'observation du comportement d'autrui. L'enfant imite « spontanément » le comportement de ses parents ou d'autres enfants; de même l'adulte est « influencé » dans ses conduites par ce qu'il peut observer des conduites de certains sujets qu'il admire.

Différents termes ont été utilisés pour exprimer ce processus tels que imiter, copier, s'identifier, se modeler.

Déjà dans la littérature antique, on retrouve des descriptions du phénomène d'imitation par exemple chez Aristote. Sur un plan scientifique, les premiers auteurs à avoir examiné ce phénomène sont Dollard et Miller (1941). Ils ont tenté de traduire en termes de la théorie de l'apprentissage, l'acquisition de comportements par observation, par imitation. Il faut encore citer les travaux du fonctionnaliste Melton sur ce sujet (chap. I).

Théorie

Bien que de nombreuses explications aient été fournies pour rendre compte du processus impliqué dans les apprentissages par modelage, c'est à la théorie de Bandura que se rattachent le plus grand nombre de recherches que je vais rapidement résumer ici (Bandura & Walters, 1963; Bandura et Rosenthal, 1966, Bandura et Menlove, 1968; Bandura, 1971b).

Lorsqu'un sujet observe les comportements d'un autre, il apprend les comportements du modèle *(phase d'acquisition)*. Dans cette période, l'apprentissage s'établit sans que des renforcements externes ne soient nécessaires et sans que le sujet ne passe à la pratique des comportements qu'il vient d'observer. L'observateur acquiert des images, des représentations verbales et cognitives sur les comportements du modèle. A la phase d'acquisition succède la *phase des performances* durant laquelle le sujet va émettre les comportements qu'il a appris par son observation.

Pour Bandura, le renforcement intervient sur les performances que l'observateur est capable de fournir dans les comportements acquis par observation. Quels sont pour Bandura les mécanismes d'action de l'apprentissage par modelage? Tout d'abord, l'observateur peut apprendre des comportements qu'il n'a jamais émis auparavant: c'est le véritable *apprentissage par observation* (observational learning, vicarious learning). De nombreux systèmes éducationnels, tant au niveau normal que pathologique, relèvent d'apprentissages de ce type. Dans d'autres cas, l'observateur a déjà appris tel ou tel comportement. L'apprentissage par modelage peut dans ce cas avoir ou bien un *effet désinhibiteur* sur un comportement que l'observateur ne peut plus émettre, par exemple par le fait d'une certaine anxiété, ou bien au contraire un *effet inhibiteur* sur le comportement qu'il émet ou souhaite émettre et que l'on considère comme indésirable. Un exemple d'effet déshinibiteur est celui du traitement d'une phobie où le sujet réapprend par modèle l'approche de l'objet phobique. Un exemple de modelage inhibiteur est celui qu'utilisent par exemple les Alcooliques Anonymes en invitant leurs membres devenus abstinents à décrire aux nouveaux venus leurs expériences et la façon dont ils ont pu se délivrer de leur toxicomanie.

Enfin, pour Bandura, le modeling peut avoir un *effet de facilitation* pour certaines réponses qui, bien qu'existant dans les répertoires de l'individu, ne sont que rarement émises sans que l'on puisse pour cela parler d'inhibition. Il s'agit donc par le modelage d'augmenter la fréquence d'un comportement jugé utile.

Bandura insiste sur le fait que la notion de modèle ne se réfère pas uniquement à des comportements directement observables mais peut également s'élargir à des comportements verbaux, symboliques, à l'apprentissage de règles comportementales...

Bandura s'est intéressé aux qualités que devait avoir le modèle pour obtenir l'effet maximal. Bien que ces qualités varient suivant les sujets, la nature du problème, on peut déduire dès à présent quelques communs dénominateurs aux modèles. Le modèle doit bien entendu être compétent dans le comportement que l'on souhaite apprendre au sujet. Toutefois, cette compétence ne doit pas être trop grande, rendant ainsi le modèle inaccessible à son observateur. D'une manière générale, le modèle doit dans toute une série de répertoires comportementaux être aussi proche que possible de l'observateur. En d'autres termes, le modèle doit être « un ou deux pas » en avant par rapport à l'observateur (Marlatt et Perry, 1975). Enfin, le modèle doit créer chez le patient un sentiment de « sympathie ». De nombreux autres problèmes ont été abordés par l'école de Bandura dans l'étude du sujet « modèle » tels que le rôle de l'âge, du sexe, du statut social...

Lorsque l'observateur est à la phase d'acquisition, il faut veiller à ce que les comportements émis par le modèle n'entraînent pas chez le sujet une réaction émotionnelle trop importante. Il devient à ce moment, inapte à une observation soutenue des comportements du modèle. Par conséquent, comme dans la désensibilisation systématique, on utilisera soit des situations hiérarchisées soit des moyens pour réduire l'anxiété du patient (anxiolytiques, relaxation...).

Pratique

Outre le fait que l'observateur doit être d'une attention soutenue aux comportements du modèle, on peut améliorer nettement les performances de l'apprentissage à l'aide de divers moyens : par exemple en demandant au modèle de décrire ses comportements dans le moindre détail, les raisons pour lesquelles il agit de telle ou telle manière; cette description peut également être faite par le thérapeute qui met en relief les composants essentiels du comportement du modèle.

Les expériences prouvent que les résultats d'un apprentissage par modèle seront meilleurs si l'observateur est capable de décrire de la manière la plus adéquate les comportements qu'il a pu observer.

Ritter (1968, 1969) a développé une technique d'apprentissage par modelage d'un type un peu particulier qu'il a appelé «participant modeling» *(modelage de participation)* dans lequel le thérapeute joue en fait le rôle du modèle. Après avoir décrit, montré le comportement à acquérir le modèle guide, participe avec le patient à l'acquisition du comportement désiré. Ce traitement s'est révélé particulièrement positif, notamment dans des problèmes phobiques.

Différents travaux de recherches démontrent que lorsqu'un modèle réalise de manière adéquate le comportement que l'on souhaite faire acquérir au sujet, on augmente très nettement la probabilité d'apparition de ce comportement chez le sujet. Ceci implique l'existence de ce que l'on a appelé un *renforcement vicariant* afin de le distinguer du renforcement direct d'une conduite observable émise par le sujet. Ce renforcement vicariant en augmentant la probabilité d'apparition du comportement, permet un passage aisé de la situation d'apprentissage par modèle aux situations « in vivo » où le sujet pourra recevoir un renforcement direct pour ses comportements adaptés.

Indications

L'apprentissage par modèle est un mode d'apprentissage très général. Il peut donc en principe être utilisé dans un très large éventail de répertoires comportementaux.

Sur le plan expérimental, il a jusqu'à présent surtout été utilisé dans l'acquisition de conduites sociales, dans la réduction de réponses émotionnelles, dans des apprentissages de comportements divers chez les retardés mentaux, dans le traitement de l'autisme, de certaines psychoses.

On n'oubliera pas que l'apprentissage par modèle peut être très utilement employé pour la formation à la relation d'aide.

Evaluation

L'apprentissage par modèle quoique très récent a déjà fourni un grand nombre d'études d'excellente qualité qui permettent d'affirmer son efficacité.

Pourtant, sur un plan théorique, de nombreuses questions restent non résolues à ce jour. Quels sont les facteurs fondamentaux qui chez le modèle rendent la technique efficace pour le patient? Comment les effets du traitement se maintiennent-ils et se généralisent-ils en dehors de la situation thérapeutique?... Sur un plan plus théorique encore, l'explication de l'efficacité de l'apprentissage par modèle se réfère tantôt aux théories cognitivistes (c'est la position de Bandura), tantôt aux théories operantes (Gewirtz, 1971).

D. LES METHODES DE JEU DE ROLE

Les techniques de jeu de rôle sont utilisées par différentes écoles psychothérapeutiques. Ainsi, pour les thérapeutes d'orientation psychodynamique le *psychodrame* de Moreno (1953) est une technique dont le but est de diagnostiquer et de résoudre les difficultés « intrapsychiques » présumées du patient. Pourtant, on notera qu'au départ, Moreno avait mis cette technique au point pour apprendre un répertoire comportemental visant à une meilleure réinsertion sociale à de jeunes délinquants en institution.

Les behavior thérapeutes se servent du jeu de rôle soit pour augmenter certains répertoires comportementaux déficitaires, soit pour apprendre au patient de nouveaux registres de comportements.

Théorie

Il est certain que dans les jeux de rôles, visant par exemple à améliorer la compétence sociale d'un sujet, interviennent des facteurs d'apprentissage par modèle, le patient étant son propre modèle. On retrouve également dans le jeu de rôle les composants essentiels d'une technique telle celle de la désensibilisation systématique...

De nombreux patients sont incapables de décrire leur propre comportement de manière adéquate. Le jeu de rôle leur permet par le « feedback » fourni par le thérapeute ou par les enregistrements d'accéder à une meilleure autodescription, préalable à une modification de leurs comportements. Le jeu de rôle permet ainsi un véritable façonnement des réponses sur un mode operant...

En bref, les techniques de jeu de rôle introduisent les divers modèles d'apprentissage que nous avons examinés jusqu'ici.

Pratique

Comme dans toute approche en Behavior Therapy, un jeu

de rôle doit être précédé d'une analyse fonctionnelle extrêmement détaillée des situations-problèmes du patient ainsi que des divers registres comportementaux qu'il est capable d'émettre.

C'est à partir de cette analyse que le thérapeute établira un certain nombre de buts qui serviront de thèmes au jeu de rôle.

Le jeu de rôle peut se réaliser au cabinet du thérapeute ou « in vivo ». Le thérapeute hiérarchise les situations de manière à ce que le patient reçoive des renforcements positifs en nombre suffisant.

Le jeu de rôle peut également être proposé dans des groupes thérapeutiques où l'on assignera à chacun des protagonistes un rôle défini en fonction de ses problèmes propres.

Indications

Bien que l'on puisse imaginer au jeu de rôle un grand nombre d'indications, la technique a surtout été utilisée en Behavior Therapy dans l'entraînement à la compétence sociale.

Evaluation

Le jeu de rôle est une technique. Son arrière-plan théorique, dont dériveront les modalités de son application, dépend donc du thérapeute. En Behavior Therapy, elle s'est révélée efficace dans l'acquisition de conduites sociales adaptées. La qualité des résultats obtenus dépend de la valeur de l'analyse fonctionnelle qui a été établie, ainsi que de la compétence des thérapeutes à utiliser les différentes lois des théories de l'apprentissage.

S'il est assez naturel que cette technique ait surtout été utilisée dans les apprentissages sociaux, peu d'études jusqu'à présent se sont attachées à démontrer sa valeur comparée à celle de la désensibilisation systématique, du modeling ou des techniques operantes. Ces recherches permettraient de préciser quels sujets peuvent bénéficier des jeux de rôle.

Enfin, la technique du jeu de rôle devrait être plus systématiquement expérimentée sur d'autres types de pathologie, toujours dans cette perspective de mieux préciser les indications de cette modalité thérapeutique.

SECTION IV: COMMENT MODIFIER LES VARIABLES COGNITIVES

Rappelons qu'un certain nombre de behavior thérapeutes se sont écartés du behaviorisme strict dans leur analyse de l'univers « privé » de l'homme. Il ne s'agit nullement de rejeter les apports du behaviorisme, moins encore la méthodologie d'analyse expérimentale en psychologie. Pour ces chercheurs, s'il est évident que nombre de comportements « privés » suivent les lois de l'apprentissage classique ou operant, rien ne permet d'affirmer d'emblée qu'il en est ainsi pour toutes les conduites humaines.

Pour Skinner (1977), l'hypothèse des variables intermédiaires postulées par les cognitivistes représente deux dangers pour l'avenir de notre compréhension du comportement humain : d'une part, elles dispensent le chercheur d'une analyse causale stricte en proposant à l'« inexpliqué » des hypothèses qui « colmatent » les vides de notre connaissance sans rien y ajouter; d'autre part, elles sont le témoin d'un nouveau mentalisme.

Les cognitivistes sont conscients du danger que représentent leurs postulats. Pour les défendre, ils avancent deux arguments : d'une part, étudier des variables intermédiaires n'exclut nullement une analyse scientifique rigoureuse suivant les principes de la méthodologie expérimentale tels qu'ils sont employés par toutes les sciences naturelles. Par ailleurs, certains faits expérimentaux sont inexplicables par le modèle stimulus-réponse sans faire intervenir l'organisme comme variable critique.

Actuellement, le « mouvement cognitiviste » est en pleine expansion et commence à accumuler des faits expérimentaux irréfutables même s'ils demeurent encore peu nombreux.

L'étude des phénomènes cognitifs n'est pas une découverte des Behavior Therapies. De nombreuses théories y
font appel dans leurs conceptions : il suffit de citer l'approche
rogérienne, certains concepts psychanalytiques et sur un
mode moins structuré théoriquement les multiples techniques de groupe, le yoga, diverses techniques de méditation...
dont le but formulé plus ou moins clairement est d'accéder à
une meilleure « connaissance de soi », à une « prise de
conscience » des relations de l'« être au monde ».

Les théories et techniques cognitives en Behavior Therapy
se sont cependant développées à l'écart de ces méthodes
d'action. En dehors de travaux plus anciens, tels ceux de
Tolman, on peut même dire que l'étude des mécanismes
cognitifs a pris sa source dans l'analyse des méthodes propres à la Behavior Therapy. C'est peut-être la critique célèbre de Breger et McGaugh (1965) qui indirectement a cata-
lysé l'intérêt d'un certain nombre de behavior thérapeutes
pour l'approche cognitiviste. Breger et McGaugh ont tenté
de démontrer que les méthodes de traitement utilisées à ce
moment en Behavior Therapy ne pouvaient s'interpréter en
termes d'apprentissage acquis sur le modèle stimulus-réponse. Pour eux, le véritable moteur de leur efficacité devait
être cherché dans les mécanismes cognitifs qu'elles utili-
saient « sans le savoir ». La critique de Breger et McGaugh a
entraîné une véritable levée de boucliers. Excessive par certains aspects, elle a déclenché une série de recherches visant
à mettre en évidence les variables déterminant l'efficacité
des méthodes employées.

Comme le souligne Mahoney (1974) il y a aujourd'hui dans
l'approche cognitiviste plus de modèles explicatifs que de
faits expérimentaux. Ceux-ci semblent toutefois difficilement réfutables. L'« excommunication » systématique des
études cognitivistes paraît relever d'un dogmatisme d'école
qui ne devrait pas avoir sa place en Behavior Therapy.

Je m'en tiendrai dans la présente section à la présentation
de quelques-uns de ces travaux laissant aux ouvrages de la
prochaine décade le soin d'établir un bilan plus complet et

plus académique. J'ai exclu arbitrairement les méthodes utilisant le conditionnement « privé », « couvert » qui me paraissent plus être des variations sur les thèmes envisagés aux
sections II et III de ce chapitre que des techniques relevant
de la psychologie cognitive proprement dite.

A. LA RESTRUCTURATION COGNITIVE

Historique

C'est incontestablement aux travaux d'Albert Ellis (1957,
1962) que se rattache cette méthode. De formation psychanalytique, A. Ellis est arrivé par sa pratique à la conclusion
qu'un grand nombre de troubles psychologiques provenaient
des interprétations fausses ou irrationnelles que le sujet pouvait avoir de ses conduites et de celles d'autrui. Dès lors,
plutôt que de s'intéresser à l'histoire des patients, il s'attacha
à analyser les « distorions cognitives » qu'ils formulaient.
Pour Ellis, ces distorsions sont nombreuses : la nécessité
d'être approuvé par les autres de manière systématique,
l'incapacité à tolérer un échec « sectoriel » sans avoir l'impression qu'il implique la totalité de la personne, la conviction que les difficultés que l'on rencontre sont toujours dues à
des causes extérieures à soi-même, l'idée que l'on est de
manière irrémédiable « prisonnier » de son passé...
Ellis en a déduit une méthode thérapeutique (Rational-
emotive-therapy) qui vise à corriger ces « croyances » irrationnelles. Dans sa pratique, la restructuration rationnelle
opérée avec l'aide du thérapeute se double d'un entraînement « in vivo ».
Ellis était avant tout un clinicien. Il n'a pas exploré, sur un
mode expérimental rigoureux, le contenu de sa théorie. Ce
n'est que depuis quelques années que ses travaux sont mis à
l'épreuve d'expérimentations précises (Meichenbaum, 1972;
Diloreto, 1971; Goldfried et al., 1974...).
Beck (1970) a rassemblé les multiples dissonances cognitives relevées par Ellis, en quelques « thèmes » généraux tels

l'*inférence arbitraire*, qui consiste à tirer une conclusion là où aucun élément objectif ne permet de le faire, ou parfois même lorsque les faits démontrent l'inverse, la *surgénéralisation* qui survient lorsque, à partir d'un élément d'une situation, le sujet extrait une règle générale, l'*amplification* qui exagère les implications d'une situation ou d'un comportement... Pour Beck, ces déficiences cognitives sont la résultante d'une incapacité du sujet à percevoir, intégrer ou utiliser les faits dont il dispose. A ces catégories, Lazarus (1971) ajoute les *raisonnements dichotomiques* par lesquels un sujet évalue une situation sans nuance (vrai ou faux, bon ou mauvais ...) ainsi que les *raisonnements par sur-socialisation* (over socialization) qui rendent le sujet incapable de « réaliser » l'arbitraire de certaines règles culturelles par exemple.

Comme le souligne Mahoney (1974) les mécanismes fonctionnels de ces dissonances cognitives sont l'inattention « sélective », l'anticipation inadéquate des conséquences, et des erreurs dans le raisonnement logique. L'inadéquation des performances, la détresse du sujet relèvent de déficiences dans le traitement de l'information, le monde étant mal perçu, mal interprété ou mal « construit ».

Pratique

Selon M. et A. Goldfried (1975) la *restructuration rationnelle systématique* (systematic rational restructuring) doit comprendre 4 étapes :

- La présentation du traitement : dans cette partie, le thérapeute, sans discuter le problème spécifique du patient, explicite par des exemples simples comment des idées « préconçues » peuvent déterminer ou modifier les sentiments et les comportements. Les auteurs insistent sur le fait qu'il est important de démontrer au patient que ce type de réaction peut être devenu automatique ne nécessitant plus le passage par un raisonnement conscient.

- Dès que le patient a bien assimilé le principe général de la méthode, le thérapeute examine avec lui les principales dissonances cognitives que l'on peut rencontrer telles celles qui ont été relevées par Ellis. Très souvent, à ce moment, le patient fournira lui-même des exemples de distorsions cognitives qu'il a constatées chez d'autres ou chez lui-même.

- La troisième étape est celle où sont traduits en termes rationnels les difficultés spécifiques du patient. Par cette dialectique, le thérapeute tente avec le patient de repérer les dissonances qui apparaissent dans ses propos et de les rapporter aux différentes classes qui ont été décrites à la phase précédente.

- La phase finale consiste à proposer au patient de pratiquer cette analyse dans les diverses circonstances de sa vie quotidienne. M. et A. Goldfried proposent en fin de traitement de passer par une phase de hiérarchisation des situations telle qu'on la pratique dans la désensibilisation systématique. Il est possible à ce stade d'utiliser soit des scènes imaginées, soit le procédé des jeux de rôle.

Indications

En principe, il s'agit d'une thérapie apte à aborder une très vaste gamme de comportements inadaptés. A ce jour, elle a été plus particulièrement étudiée dans les problèmes d'incompétence sociale, dans différents types de dépressions réactionnelles, dans les réactions à la «frustration», dans certaines formes d'interprétations «paranoïaques»...

Evaluation

En dehors des travaux d'Ellis, l'analyse expérimentale de la restructuration cognitive n'a débuté que depuis quelques années. De nombreux articles ont été publiés affirmant les succès obtenus par la méthode. Dans la plupart des cas, il s'agit d'exposés thérapeutiques n'utilisant aucune méthodologie expérimentale précise et n'ayant de ce fait qu'une valeur anecdotique. On peut uniquement en déduire que la restructuration cognitive est efficace dans un certain nombre de cas sans pouvoir toutefois déterminer quels sont les facteurs cruciaux de cette efficacité; d'autre part, sauf quelques travaux tels ceux de Diloreto (1971); D'Zurilla, Wilson et Nelson, (1973), et Goldfried, Decenteceo et Weinberg (1974), très peu de recherches comparent cette méthode avec d'autres utilisées en Behavior Therapy. Les derniers travaux cités bien que d'excellente qualité méthodologique, sont difficilement comparables dans la mesure où les techniques de restructuration cognitive rapportées sont assez différentes d'un auteur à l'autre.

Lorsqu'on examine les éléments de la méthode, on ne peut s'empêcher de constater combien par certains aspects elle se rapproche tantôt de la désensibilisation systématique, par l'explication rationnelle du traitement, et par l'exposition progressive du sujet à des situations de plus en plus anxiogènes, tantôt de l'apprentissage par modelage par l'attitude du thérapeute qui fournit au sujet une série d'exemples de distorsions cognitives et propose une interprétation plus «rationnelle» qui est la sienne... Par ailleurs, et c'est peut-être là un des aspects qui devrait être étudié avec le plus grand soin sur le plan expérimental, la technique implique que le sujet accède à une *auto-description* très fouillée de ses conduites, à une «prise de conscience» de certains automatismes de pensée qui contrôlent divers comportements. Le contrôle des conduites ainsi «repris en charge» par les mécanismes de conscience permet une réorganisation, une modification de certains concepts «remodelant» l'interrelation entre l'individu et son milieu.

B. LA SOLUTION DE PROBLEMES

La vie quotidienne confronte chacun de nous à des situations «existentielles» qui exigent une décision adéquate préalable à une action bien adaptée. Si nous résolvons tous régulièrement quantités de «problèmes», il n'est pas toujours évident que la solution adoptée soit la meilleure. De plus, certains sujets, placés devant des situations de choix, de décision, s'avèrent incapables d'agir ou à l'inverse agissent sur un mode «irréfléchi, impulsif». Les réactions inadéquates à des situations problématiques sont à la base de nombre de perturbations plus ou moins importantes.

Historique et développement

L'intérêt pour les mécanismes intervenant dans la solution de problèmes n'est pas nouveau. De nombreuses études animales ont été consacrées à ce phénomène (Riopelle, 1967). J'ai cité les études de W. Köhler (chap. II) sur l'insight chez le singe et décrit les critiques acerbes de Pavlov à l'égard de ces inférences cognitives.

L'expérience propre de chaque chercheur travaillant sur l'animal fourmille d'exemples où ces « frères inférieurs » s'avèrent capables de trouver de surprenantes solutions pour « déjouer » le programme expérimental : rat qui se protège des chocs électriques délivrés par les barres du plancher de la cage en s'isolant par sa fourrure, chat qui détecte à travers le bruit de fond du laboratoire « le » bruit qui annonce que le renforcement devient disponible plutôt que d'apprendre une discrimination de durée... Si cette « guérilla » (le mot est de Mahoney) entre l'expérimentateur et son sujet animal peut parfois s'interpréter en termes operants, d'autres études semblent montrer que l'animal teste de véritables « stratégies » pour résoudre des problèmes. Celles-ci ne peuvent s'analyser en termes de solutions découvertes au hasard de l'exploration.

Chez l'humain, les recherches ont porté essentiellement sur l'examen des concepts et processus liés au phénomène de la solution de problèmes plutôt qu'à l'examen de sa fonction adaptative (Gagne, 1964; Davis, 1966). Ainsi les chercheurs ont étudié le rôle de la perception, tenté de décomposer les processus du raisonnement logique et de son développement (l'œuvre de Piaget est certainement le plus monumental exemple de cet effort), proposé des modèles mathématiques du choix raisonné (Slovic et Lichtenstein, 1971), examiné le phénomène de la « créativité »... Cette énorme masse de faits et de spéculations encore plus nombreuses démontre l'extrême complexité des mécanismes utilisés par l'homme.

Sur le plan des applications, l'industrie s'y est intéressée bien avant la clinique. Chacun connaît aujourd'hui la technique dite du « brain-storming » développée par A. Osborn (1963). Pour cet auteur, les freins essentiels à la solution de problèmes, à la « créativité » sont la crainte d'émettre un avis non pertinent et d'être critiqué par les autres. Par conséquent, les règles essentielles du « brain-storming » seront : l'exclusion de toute critique des autres ou de soi-même, l'encouragement à émettre des idées de solutions en dehors de toute retenue « formelle », la recherche de multiples solutions alternatives.

Les recherches pédagogiques longtemps centrées sur ce qu'il fallait penser et savoir, s'intéressent de plus en plus depuis quelques années au *« comment il faut penser »* (Mahoney, 1974).

La clinique n'a abordé l'étude de la résolution de problèmes que depuis le début de cette décennie. D'Zurilla et Goldfried (1971) notent que de nombreux comportements que nous appelons anormaux ou perturbés sont en fait des comportements inefficaces issus de solutions de problèmes erronées dont les conséquences sont l'anxiété, la dépression et l'émergence de problèmes supplémentaires. Les recherches disponibles à ce jour ne permettent pas de dire si ces incompétences à résoudre les problèmes sont la cause ou la conséquence de ces perturbations. Différents travaux (Shure et Spivack, 1972; Spivack et Shure, 1974...) démontrent qu'il existe une différence significative dans la capacité générale à résoudre des problèmes entre sujets « déviants » et sujets normaux, qu'un entraînement à la résolution d'un problème a un effet qui se maintient quelque temps après le traitement. De plus, dans une expérimentation portant sur des enfants, Spivack et ses collaborateurs notent que l'entourage signale une généralisation des effets de l'entraînement à toute une série de situations.

Pratique

Dans leur article de 1971, D'Zurilla et Goldfried décomposent la méthode de la solution de problèmes en cinq étapes :

- *Orientation générale* : les thérapeutes expliquent au sujet les grandes lignes de la méthode et lui montrent par des exemples simples que les situations où l'on doit résoudre un problème sont fréquentes et font partie de la vie « normale ». Il s'agit de reconnaître l'existence du problème, de poser qu'il existe vraisemblablement une solution adéquate et qu'il est nécessaire d'éviter toute absence de solution ou de réaction impulsive. La « prise de conscience » du fait qu'un problème à résoudre se pose à un moment donné n'est pas si évident qu'il y paraît; très souvent le sujet ne s'en rend compte qu'indirectement par le malaise qui accompagne l'indécision.

- *Définition et formulation du problème* : les situations problématiques de l'existence ne sont pas nécessairement clairement définies. Il suffit d'interroger un patient pour voir combien son analyse reste souvent vague et abstraite. L'examen fonctionnel que l'on élabore s'intéresse autant aux réactions émotionnelles du sujet qu'aux situations qui les déclenchent. Idéalement, à la fin de cette seconde étape, le problème doit être clairement défini dans tous ses paramètres.

- *Recherche de solutions alternatives* : M. et A. Goldfried (1975) s'inspirent ici de la technique du « brain-storming » décrite plus haut. Le patient doit se libérer de tout jugement de valeur à propos des solutions qu'il propose; il doit se laisser aller à la « fantaisie » la plus débridée sans se préoccuper de savoir si les solutions qu'il découvre sont bonnes ou mauvaises, possibles ou non. Plus il propose de solutions, plus il a de chance d'évoquer les « bonnes » solutions.

- *La décision* : à partir de la liste des solutions découvertes, le patient examine de manière critique chacune d'elles : quelles sont ses possibilités objectives pour choisir avec de grandes chances de succès telle solution plutôt que telle autre, quelles peuvent être les conséquences sur le plan personnel, social, à court terme, à long terme... de son choix ? Une fois la ou les solutions choisies, le patient, avec l'aide du thérapeute, recherche la meilleure « tactique » pour aboutir au résultat souhaité. M. et A. Goldfried proposent d'employer ici également la méthode du brain-storming. Il est évident que certaines situations-problèmes n'ont pas de bonnes solutions. Ainsi si les réactions d'un patient sont la conséquence d'une maladie grave, de la perte d'une personne chère... il ne s'agira pas bien sûr d'apprendre au sujet à résoudre des problèmes mais bien d'analyser avec lui les solutions les plus adéquates à sa situation.

- *Vérification* : si l'entraînement à la solution de problèmes se déroule essentiellement au niveau cognitif, l'étape suivante sera l'application in vivo de la solution choisie et de la tactique adoptée. Le thérapeute continue à ce moment à aider le patient; ainsi si la solution s'avère inadéquate, ou seulement partiellement adaptée, si elle se heurte à une difficulté inattendue, on examinera une autre solution sur le même schéma thérapeutique.

Indications

L'entraînement à la solution de problèmes est en général indiquée pour des sujets qui ne disposent que de peu de capacités à agir de manière indépendante, ou qui se trouvent confrontés à des problèmes particulièrement complexes (par exemple un divorce, un décès...). Dans le second type de situations, il s'agira d'aider le sujet à examiner le problème en le dégageant le plus possible des éléments affectifs qui perturbent le raisonnement.

Plus nombreux sont les cas où les sujets montrent une incompétence générale à résoudre leurs difficultés; jusqu'à présent, des études contrôlées ont porté sur l'adaptation d'un sujet à un environnement nouveau (Goldfried et D'Zurilla, 1969), la réinsertion sociale de toxicomanes traités (Coperman, 1973), l'application à la vie en institution (Rosenhan, 1973), les problèmes existentiels chez les adolescents...

Evaluation

En lisant ces quelques lignes, de nombreux thérapeutes, pédagogues, parents... estimeront qu'ils ont souvent à leur insu utilisé la technique de solutions de problèmes. Ils ont en partie raison. Toutefois, on remarquera que la méthode systématise son approche, tente de laisser au sujet le maximum de liberté dans son choix. Il ne s'agit pas d'apporter une aide sous forme de «conseils» basés sur le bon sens ou sur les options personnelles du thérapeute; le but est d'entraîner un sujet, sur la base d'un problème particulier, à envisager toutes les solutions en se libérant des contraintes, qu'elles soient réelles ou subjectives, ce bilan terminé à raisonner sur chaque solution, à faire un choix, à le tester et à en apprécier les résultats. L'entraînement à la solution de problèmes a pour objectif d'amener un sujet à mieux appréhender, examiner et résoudre de manière générale la multitude des situations qui dans l'existence exigent un raisonnement logique, souple, une décision excluant au maximum le hasard, et une action ordonnée.

La méthode implique un très grand nombre de variables, de processus dont peu encore ont été systématiquement soumis à une analyse expérimentale. Tout comme pour la restructuration cognitive, on pourrait déceler l'intervention de divers modèles théoriques pour expliquer le processus thérapeutique. Nous avons la certitude que la méthode est efficace dans un certain nombre d'indications, que les résultats obtenus sont parfois généralisables à d'autres situations «problématiques».

SECTION V: COMMENT ABORDER LA MEDECINE «PSYCHOSOMATIQUE»

Les relations du corps et de l'esprit ont subi sur le plan conceptuel une série d'avatars dans l'histoire de la culture occidentale. S'il a toujours été reconnu que les facteurs émotionnels étaient capables de modifier les fonctions physiologiques, les sociétés primitives accordaient l'origine des maladies physiques à des forces extérieures. De là, l'importance attribuée aux cérémonies rituelles destinées à «chasser les mauvais esprits», l'angoisse, parfois encore rencontrée de nos jours, devant les «mauvais sorts» jetés par des personnes jugées influentes... La tradition judéo-chrétienne allait dans le courant du Moyen Age continuer à propager cette conception en considérant la maladie comme la sanction d'une faute.

Au moment où les premières approches scientifiques vont s'ébaucher, les mentalités sont encore imprégnées de cette philosophie. Ainsi, le *dualisme cartésien* n'est qu'une traduction en termes rationnellement plus «acceptables» pour Descartes et sa religion d'une division entre le corps et l'esprit: le «soma» obéit à des règles et principes qui sont d'une nature toute différente de celles de l'esprit qui, immatériel, conserve la liberté de son fonctionnement, tout en étant capable cependant d'agir sur le somatique. Cette philosophie allait déterminer toute la méthodologie de recherche en médecine et figer les domaines de compétence: à l'organiciste, l'étude des troubles indépendants de l'«esprit» même si l'on accorde qu'il puisse exister une influence aspécifique sur le corps par les émotions, à la psychiatrie les maladies dites «mentales».

L'évolution des sciences naturelles s'accélère dans le courant du XIXᵉ siècle et manifeste timidement un intérêt croissant pour une étude des relations objectives entre troubles organiques et facteurs émotionnels. Ces travaux trop peu nombreux attirent l'attention sur les liens entre «psyché» et «soma».

L'œuvre de Freud allait fournir les bases conceptuelles de la médecine psychosomatique dont les recherches vont s'accumuler pour atteindre le maximum de leur développement des années 1940 au début des années 1960. Dans ses études sur l'hystérie, Freud avait démontré que les syndromes de conversion, troubles pseudo-neurologiques, étaient l'expression symbolique projetée au niveau du corps de certains affects refoulés. Par exemple, un souhait inconscient et culpabilisé de tuer son enfant entraîne chez une mère une « paralysie » du bras « empêchant » symboliquement le passage à l'acte. La médecine psychosomatique a strictement transposé ce schéma au niveau des systèmes viscéraux. La maladie psychosomatique devenait un *langage du corps* déterminé de manière *spécifique* par des émotions *« signifiantes »*. On se mit donc à chercher d'une part quels étaient les conflits intrapsychiques susceptibles d'entraîner tel trouble particulier. Ces études aboutirent à la définition de *« profils »* de personnalité psychosomatique : on a ainsi décrit le profil de l'asthmatique, de l'ulcéreux gastrique, de l'hypertendu... Signalons au passage que cette conception persistait à véhiculer les concepts philosophiques du dualisme cartésien.

Sur le plan thérapeutique, l'approche psychosomatique ainsi envisagée se révéla être un échec. Depuis les années 1960, les cliniciens de la psychosomatique ont fait le constat de la stérilité de ces concepts pour accéder à la compréhension des phénomènes dits psychosomatiques.

La médecine psychosomatique partait de deux postulats :

- Le postulat du « langage » symbolique des systèmes viscéraux. Il n'existe aucune expérimentation permettant d'extrapoler des mécanismes qui gouvernent le système musculaire strié, commandé par les activités « volontaires » du système nerveux central, aux processus qui régissent le fonctionnement d'organes dépendant du système nerveux autonome.

- Le postulat de l'intervention prépondérante de facteurs psychologiques dans le déclenchement de certaines maladies. La définition de la maladie psychosomatique perçue comme un trouble où les facteurs psychologiques ont un rôle étiologique déterminant, éliminait ce qui devrait être aujourd'hui la base même des études : la recherche de tous les facteurs qui déterminent l'apparition de la maladie dans une perspective intégrative.

En fait, on pourrait dire que *tout* le fonctionnement de l'organisme qu'il soit normal ou pathologique, est psychosomatique, en ce sens qu'il n'existe aucune fonction qui ne soit sous l'emprise des mécanismes régulateurs issus du système nerveux central. Inversément, ces régulations ne peuvent s'exercer qu'à travers des feedback permanents venant de la périphérie.

En dehors de toute polémique, on peut affirmer que la médecine psychosomatique telle qu'elle a été abordée jusqu'aux années 1960 a constitué un « faux pas » basé sur quelques erreurs conceptuelles de départ. De nombreux psychosomaticiens conscients du fait qu'ils se sont engagés dans une voie sans issue, ont abandonné ces « faux problèmes » : recherche des affects spécifiques déclencheurs de la maladie, spécificité du choix de l'organe en fonction de ces affects, prédominance des facteurs psychologiques dans l'éclosion de certains troubles...

On constate avec regret que certains chercheurs se basant cette fois sur les théories de l'apprentissage se sont depuis quelques années engagés dans le même type d'erreurs en substituant aux variables intrapsychiques de la médecine psychosomatique traditionnelle les variables externes. Un exemple caractéristique : le traitement behavioriste de l'obésité. Pour ces behavior thérapeutes, l'obésité est le résultat d'une hyperphagie liée à des contingences de l'environnement. Le traitement consiste à modifier ces contingences, à placer l'hyperphage sous contrôle soit de renforcements négatifs, soit de renforcements positifs alternatifs. Des essais de traitement ont été à l'origine de décompensations sous forme dépressive et de suicides. Il n'y a pas d'obésité, il y a des obèses. Ce que nous appelons obésité est la conséquence de perturbations de mécanismes régulateurs qui ne sont pas nécessairement ceux qui règlent l'« appétit ». Le comportement hyperphage est la conséquence de dysfonctions diverses. Réduire le traitement à cet aspect terminal n'apportera rien à notre compréhension de ces dysfonctionnements.

Si nous voulons méthodologiquement engager l'étude des régulations complexes de l'*organisme total*, il faut partir d'un certain nombre de points qui me paraissent décisifs.

Une maladie qu'elle soit organique ou «psychosomatique» implique l'interaction d'un grand nombre de facteurs: facteurs héréditaires, facteurs exogènes, facteurs «situationnels», facteurs psychologiques au sens large de ce terme. Ces différents facteurs agissent sur l'organe soit directement, soit en modifiant les mécanismes régulateurs du système nerveux central.

Le premier objectif de la médecine psychosomatique doit être l'étude des mécanismes psychophysiologiques régulateurs des fonctions viscérales. Ceux-ci échappent bien entendu à l'analyse consciente du sujet. Ces phénomènes «non appréhendés par la conscience» pour reprendre l'expression de Bassine (1973) ont-ils certaines liaisons possibles avec les phénomènes de conscience; inversément, pourrions-nous par des apprentissages «conscients» agir sur ces mécanismes? Quel est le rôle «structurant» ou «déstructurant» des facteurs d'ordre psycho-affectif sur ces régulations en tenant compte des caractéristiques héréditaires, de l'histoire personnelle?...

Il serait vain de cacher que le problème des régulations internes, de leurs relations avec l'environnement «objectif» ainsi qu'avec le «vécu» de cet environnement est d'une énorme complexité.

Quel peut être à ce jour l'apport des théories de l'apprentissage à l'étude de ces problèmes? Des travaux comme ceux de Bykov et de ses élèves, ainsi que ceux de Miller cités plus haut pourraient constituer des «outils» de première valeur pour aborder l'étude de ces phénomènes.

Je me limiterai ici à quelques faits et considérations sur la médecine de la rétroaction biologique (biofeedback) issus des travaux sur le conditionnement viscéral.

Principe et méthode du biofeedback

Le terme biofeedback se réfère à des procédures que l'on utilise pour amener les sujets à contrôler des réponses du système nerveux autonome et du système nerveux central. Rappelons que dans la technique du biofeedback, le sujet reçoit par le canal d'un appareillage une information sur le fonctionnement d'un viscère quelconque. Prenons l'exemple de l'hypertension artérielle. L'appareillage signale au sujet que sa pression artérielle est trop élevée. La consigne est de lui proposer de tenter de la réduire. Chaque fois que la tension artérielle manifeste une réduction même minime le sujet en est informé. Progressivement, par un entraînement régulier, il pourrait réduire la tension.

Pour expliquer ce type d'apprentissage, plusieurs théories ont été formulées.

- *Apprentissage operant* : pour un grand nombre de chercheurs du biofeedback, et suivant la ligne des recherches menées par Miller et ses collaborateurs, il s'agit d'un apprentissage de type operant dans lequel toute réponse adéquate (par exemple la réduction de la tension artérielle chez un hypertendu) est renforçante pour le sujet dans la mesure où elle signe une «amélioration» de sa santé.

Les partisans de cette conception du biofeedback insistent sur le fait que dans le modèle animal, on a également une sorte de rétroaction dans la mesure où une modification de la réponse viscérale entraîne une conséquence qui est perçue par le sujet. Cette conséquence est la présence ou l'absence du renforcement, qui acquiert ainsi valeur d'information par rapport à la réponse.

- Un certain nombre d'auteurs défendent une perspective que l'on a appelée la *théorie de l'«awareness»*. Pour les tenants de cette perspective, le biofeedback affinerait la discrimination d'états internes, normalement «non perçus», par l'information régulière que l'on en fournit au sujet. Cette «instruction» (to be aware : être instruit de) permettrait ainsi un contrôle «volontaire» progressif sur ces états. Black et al. (1977), après analyse des données recueillies par cette option théorique constatent qu'elle est essentiellement spéculative. En effet, la discrimination d'un état interne n'entraîne pas automatiquement la possibilité de le modifier. De plus, la théorie de l'awareness implique une notion de contrôle volontaire, terme vague, sans support expérimental, qui de toute manière n'apporte rien à notre compréhension du *comment* ce contrôle volontaire peut s'établir.

- *L'analyse cognitive* : pour certains cognitivistes, ce qui se déroule dans le biofeedback est parallèle à ce qui se passe dans les autorégulations des états émotionnels banals de la vie de tous les jours (Lazarus, 1977). Ce que le sujet apprend par le biofeedback, c'est à reconnaître le type d'«émotion» qui entraîne le déficit dans la régulation des processus psycho-physiologiques; dès ce moment, il peut «remplacer» ce type de réponse par un comportement alternatif plus approprié.

- Pour d'autres auteurs enfin, les effets du biofeedback ne sont pas spécifiques. Ils dépendent de facteurs psychothérapeutiques plus généraux: placebo, rassurance, relaxation...

Utilisation thérapeutique du biofeedback

La rétroaction biologique est appliquée à de nombreux troubles organiques qu'ils soient d'«étiologie psychosomatique» ou non:

1. Système neuromusculaire:
- contrôle des relaxations;
- rééducations neuromusculaires diverses (Basmajian, 1978; Brudny et al., 1974; Brudny et al., 1976; De Bacher et Basmajian, 1977...);
- céphalées anxieuses (Budzynski et al., 1973; Budzynski, 1977);
- bruxisme (serrements et grincements des dents) (Carlsson et Gale, 1976; Rappaport et al., 1977);
- torticolis spasmodique (Brudny et al., 1974).

2. Systèmes viscéraux:
- troubles cardio-vasculaires (Engel, 1977; Blanchard, 1978);
- hypertension (Patel et North, 1975; Kristt et Engel, 1975; Shapiro et al., 1977);
- migraine (Sargent et al., 1973; Kewman, 1977);

- énurésie (Finley et al., 1973; Finley et Wansley, 1977);
- troubles gastro-intestinaux;
- asthme (Kotses et al., 1976).

3. Epilepsie (Sterman, 1977).

D'autres problèmes ont été abordés : le syndrome de Raynaud, frigidité, impuissance érectile... Je me suis limité aux troubles qui ont suscité le plus de recherches en plaçant en regard les références qui sont généralement des revues de questions récentes.

Evaluation actuelle du biofeedback

En quelques années, on a publié une multitude d'études sur la rétroaction biologique. Une première constatation s'impose : la plupart de ces travaux sont de faible qualité scientifique (voir les revues de questions citées au paragraphe «indications»). Il s'agit de rapports thérapeutiques dans lesquels les variables ne sont généralement pas contrôlées sur base d'une méthodologie adéquate. Très peu de recherches examinent de manière satisfaisante, les explications alternatives possibles pour rendre compte des changements observés : effet placebo, effet de la relaxation, modifications psychothérapeutiques diverses...

Autre constatation : les chercheurs se sont limités aux seuls aspects thérapeutiques de la méthode et souvent de la manière la plus simpliste. Plutôt que de chercher à expliquer les mécanismes des modifications qu'ils observent, ils ont étendu le champ d'application du biofeedback à un nombre sans cesse croissant de troubles physiologiques.

Aux merveilleuses victoires du biofeedback succède inévitablement aujourd'hui un désappointement de plus en plus marqué quant à l'intérêt thérapeutique de la méthode.

Que peut-on certifier au stade actuel ? D'une part, au laboratoire, les méthodes de rétroaction biologique sont incontestablement capables d'induire des modifications dans un certain nombre de syndromes physiopathologiques; d'autre part, ces modifications, sauf peut-être celles qui relèvent du système neuromusculaire, ne semblent pas se maintenir en dehors de la situation expérimentale.

Comme le soulignait très justement Miller (1978) le moment est venu de réorienter l'examen des problèmes de la rétroaction biologique.

Cette réorientation doit s'engager dans deux directions:

- *Sur le plan de la recherche* : les expériences doivent être menées avec une méthodologie d'autant plus précise que les phénomènes abordés sont complexes. Les chercheurs doivent se poser en premier lieu la question de la *spécificité de la technique* qu'ils emploient : quel est le rôle exact du feedback fourni au sujet par rapport aux multiples variables qui interviennent dans la situation de rétroaction biologique ? Effet placebo, relation patient-thérapeute, rôle de la « mystique » de l'appareillage, rôle de la relaxation, intervention des mécanismes d'ordre typologique... Par ailleurs, le chercheur du biofeedback ne doit plus se contenter « simplement » d'obtenir un changement dans un paramètre physiologique donné : il doit centrer son énergie sur l'*examen des mécanismes* qui sous-tendent cette modification. Ceci exige qu'il s'appuie sur les connaissances de la physiopathologie, ce qui jusqu'à présent n'a été que très rarement le cas. D'autre part, les traitements par biofeedback ont été le plus souvent utilisés de manière purement symptomatique. Ceci est particulièrement étonnant lorsqu'on sait que ces chercheurs s'appuient sur les théories de l'apprentissage. Or, leurs études semblent ignorer les données que leur fournissent ces théories.

- *Sur le plan thérapeutique* : contrôler un phénomène physiologique en situation de laboratoire n'implique pas « ipso facto » la possibilité de transférer cet apprentissage à la vie quotidienne. Ainsi, une hypertension artérielle peut être la résultante d'un apprentissage « déviant » qui a pour résultat de réduire le niveau d'anxiété du sujet par l'inhibition qu'elle entraîne au niveau de certains processus centraux (hypothèse de Dworkin). Contrôler l'hypertension dans une situation de laboratoire sans tenir compte de la valeur « renforçante » que peut présenter la « réponse d'hypertension » dans la vie quotidienne du patient expliquerait aisément l'échec thérapeutique.

De plus, il paraît illusoire qu'un entraînement, même s'il a lieu deux à trois fois par semaine, soit suffisant pour maintenir l'acquisition d'apprentissages aussi complexes si les facteurs déclenchants persistent dans l'environnement objectif ou subjectif du patient. Par conséquent, la *rétrocation biologique appliquée comme seul traitement est symptomatique*. On peut donc prédire la rechute, si l'on n'aide pas le sujet à résoudre les causes dont le phénomène viscéral n'est que l'aboutissement.

Une autre question que les chercheurs du biofeedback ne se sont apparemment pas posée : quelles sont les *indications du biofeedback*, autrement dit, d'autres techniques des Behavior Therapies n'accèdent-elles pas aux mêmes résultats ou peut-être à de meilleurs résultats pour traiter certains problèmes physiopathologiques ?

On pourrait ainsi multiplier les questions que la recherche doit tenter de résoudre dans son examen de la rétroaction biologique.

En conclusion provisoire, il est nécessaire que les chercheurs du biofeedback se resaisissent, retournent à une véritable recherche fondamentale et appliquée, prennent leurs distances vis-à-vis de la « mystique » de l'électronique, se démarquent de manière catégorique d'un trop grand nombre de soi-disant thérapeutes qui utilisent actuellement le biofeedback dans des buts strictement mercantiles.

Malgré la « crise » que connaît la rétroaction biologique, je reste convaincu qu'elle demeure un moyen d'analyse extrêmement riche pour aborder la complexité des interrelations, des régulations entre les systèmes viscéraux et le système nerveux central.

Lectures recommandées

De nombreux livres d'excellente qualité ont été publiés en langue anglaise sur les méthodes d'action thérapeutique. Il est impensable de les citer tous.

J'ai tenté de regrouper un certain nombre d'ouvrages qui, selon moi,

pourraient constituer la base d'une bibliothèque à l'usage du praticien. Mes critères (arbitraires) de choix ont été les suivants:
- qualité scientifique des auteurs;
- ouvrages les plus représentatifs des courants de pensée actuels des Behavior Therapies;
- livres recouvrant les méthodes essentielles pour l'usage thérapeutique.

Ces lectures, je le sais, sont loin d'être les seules valables. J'accepte la responsabilité de mes choix. De toute manière, chacun pourra avoir accès à une littérature beaucoup plus vaste, par les volumineuses bibliographies que renferme chacun de ces volumes. Il était impossible par ailleurs de grouper ces ouvrages par thème puisqu'il s'agit le plus souvent de travaux traitant des diverses méthodes. Je me suis donc limité à un classement alphabétique par nom d'auteur.

Ayllon, T. & Azrin, N., *Traitement comportemental en Institution Psychiatrique*, Bruxelles: Dessart, Ch., 1968.

Bancroft, J., *Deviant Sexual Behaviour. Modification and Assessment,* Clarendon Press, 1974.

Bandura, A., *Principles of behavior modification*, New York: Holt, Rinehart and Winston, 1969.

Bassine, Ph., *Le problème de l'Inconscient*, Moscou: Ed. Mir, 1973.

Birk, L., *Biofeedback: Behavioral Medicine*, New York: Grune & Stratton, 1973.

Calhoun, K.S., Adams, H.E. and Mitchell, K.M., *Innovative treatment methods in psychopathology*, New York: John Wiley & Sons, 1974.

Carkhuff, R.F., *Helping and human relations*, New York: Holt, Rinehart and Winston, 1969.

Diloreto, A.O., *Comparative Psychotherapy: An experimental analysis,* Chicago: Aldine-Atherton, 1971.

Goldfried, M.R., & Merbaum, M., (Eds.), *Behavior change through self-control*, New York; Holt, Rinehart and Winston, 1973.

Goldstein, A.P., *Structured learning therapy: toward a psychotherapy for the poor.* New York: Academic Press, 1973.

Kanfer, F.H. & Philips, J.S., *Learning Foundations of Behavior Therapy,* New York: John Wiley & Sons, 1970.

Kanfer, F.H. & Goldstein, A.P., *Helping People Change: A textbook of Methods*, New York: Pergamon Press, 1975.

Kaplan, H.S., *The New Sex Therapy*, Brunner/Mazel Inc., 1974.

Knapp, P.H., *Expression of the emotions in man*, New York: Int. Univ. Press, 1963.

Krumboltz, J.D. & Thoresen, C.E., *Behavioral Counseling, Cases and Techniques*, New York: Holt, Rinehart and Winston, 1969.

Leiderman, H. & Shapiro, D., *Psychological Approaches to Social Behavior*, Stanford, California: Stanford Univ. Press., 1964.

Leitenberg, H., *Handbook of Behavior Modification and Behavior Therapy*, New Jersey, Prentice Hall, 1976.

Lovaas, O.I. & Bucher, B.D., *Perspectives in Behavior Modification with Deviant Children*, Prentice Hall, 1974.

Luria, A.E. & Yudovich F., *Speech and the development of mental processes in the child*, Staples Press, Penguin Press in Education, 1959.

McGinnies, E. & Ferster, C.B., *The reinforcement of social Behavior*, Boston: Houghton Mifflin Company, 1971.

Marquis, J.N., Morgan, W.G. & Piaget, G.W., *A guidebook for systematic desensitization*. (2nd ed.), Palo Alto, Calif.: Veterans Workshop, 1971.

Millenson, J.R., *Principles of Behavorial analysis*, New York: MacMillan, 1967.

Paul, G.L., *Insight vs. Desensitization in Psychotherapy. An experiment in Anxiety reduction*, Stanford, California: Stanfort Univ. Press, 1966.

Rachman, S. & Teasdale, J., *Aversion Therapy and Behaviour disorders: an analysis*, London: Routledge & Kegan Paul, 1969.

Schwartz, G.E. & Shapiro, D., *Consiousness and Self-Regulation. Advances in Research*. Vol. 1, New York: Plenum Press, 1976.

Schwartz, G.E. & Beatty, J., *Biofeedback. Theory and Research*, New York: Academic Press, 1977.

Singer, J.L., *Imagery and daydreem methods in psychotherapy and Behavior Modification*, New York: Academic Press, 1974.

Staats, A.W., *Learning, Language and Cognition*, London: Holt, Rinehart and Winston, 1968.

Stewart, A.W., *Behavior Modification. Principles and Clinical Applications*, Boston: Little, Brown and Company, 1978.

Ullman, L.P. & Krasner, L., *A Psychological Approach to Abnormal Behavior*, New Jersey, Englewood Cliffs, Prentice Hall, 1969.

Watson, L.S., *Child behavior modification: a manual for teachers, nurses and parents*, New York: Pergamon Press, 1973.

Wessen, A.F., *The Psychiatric Hospital as a Social System*, Charles C. Thomas, 1964.

Williams, J.L., *Operant learning: procedures for changing behavior*, Monterey; California: Brooks/Cole, 1973.

Deux revues annuelles importantes sont à ajouter à la liste des ouvrages que je viens de citer:

- Annual Review of Behavior Therapy. Theory and Practice, New York: Brunner/ Mazel Publishers, 1973-1974-1975-1976-1977.

- Biofeedback and Self-Control, Aldine Publishing Company, 1972-1973-1974-1975-1976-1977.

ETHIQUE ACTUELLE, L'AVENIR DES THERAPIES COMPORTEMENTALES

Il est devenu rituel de terminer un ouvrage consacré aux thérapies comportementales par une discussion des problèmes éthiques relatifs à sa pratique. Le clinicien, qu'il soit attaché à la solution de problèmes organiques ou psychologiques est un *homme responsable*. Il n'a pas attendu que, penseurs et moralistes, qu'ils soient de droite ou de gauche, s'inquiètent des implications individuelles, sociales et politiques de ses interventions pour se poser un certain nombre de questions.

Certes, l'importance d'une codification des principes d'action sur autrui se fait plus grande dans la mesure où l'efficacité des méthodes s'accroît. Mais pourquoi faire ce procès — car c'est bien de cela qu'il s'agit — aux seules thérapies comportementales ? Il faut croire que, malgré les critiques et les sarcasmes dont elles sont parfois l'objet certains craignent l'efficacité de leurs méthodes.

Je parlerai donc d'éthique laissant la «futurologie» de certaines questions à des penseurs plus éminents que moi. Ma position est celle du «combattant» sur le terrain, confronté aux demandes d'aide venant d'individus en état de souffrance. Face à ceux-ci, les discours de salon, même s'ils fleurent bon la réthorique, n'ont guère d'utilité.

Plus importantes sont à mes yeux, les perspectives futures de la recherche dans les Behavior Therapies. En moins d'un quart de siècle, l'approche méthodologique amorcée par les thérapies comportementales a donné naissance à une étonnante masse de travaux. Elle a mis en évidence nombre de faits et imaginé quantité de méthodes d'action efficaces. La véritable explosion scientifique issue de cette approche déborde déjà largement les théories de l'apprentissage même si celles-ci en ont été le point de départ. Pour l'avenir, un optimisme réaliste me paraît défendable si les principes de la méthodologie scientifique demeurent le « fil qui organise les perles du collier », si la flexibilité et la créativité de ses praticiens et théoriciens lui évitent le dogmatisme stérile d'une école à la recherche de sa survie.

CHAPITRE VII

ETHIQUE ET THERAPIES COMPORTEMENTALES

Ainsi donc les thérapies comportementales sont mises au banc des accusés. La liste des griefs est longue au point que la presse en fasse mention aux Etats-Unis dans des revues de bonne vulgarisation. En Europe, on observe le même phénomène alors que les Behavior Therapies n'y sont pourtant guère implantées.

En fait, toute action d'un individu sur un autre débouche sur des implications éthiques. Celles-ci ne peuvent en aucun cas se limiter aux traitements psychologiques. De plus, parmi ceux-ci, il n'existe aucune raison pertinente pour s'adresser aux seules thérapies comportementales. L'ouvrage étant consacré à celles-ci, je voudrais dissiper quelques malentendus habituellement relevés dans les accusations.

L'approche « directive » des Behavior Therapies

Historiquement, les Behavior Therapies dérivent de la recherche sur l'animal. Lorsqu'elles ont abordé les problèmes de la pathologie humaine, elles ont appliqué la méthode expérimentale qui implique la rigueur de l'analyse, l'expérimentation de moyens thérapeutiques précis, la vérification des résultats... Pour certains, c'en est trop! Les méthodes d'objectivation, la notion de contrôle des conduites, la rigueur de la démarche, la recherche de l'efficacité « *déshumanisent* » *la relation*, entravent la liberté de l'individu. On y oppose l'empathie des thérapies rogériennes, la neutralité bienveillante des thérapies psychodynamiques, qui permettraient à l'individu de « se réaliser », d'être « lui-même », d'accéder à « son épanouissement »... Fort bien! Mais que recouvrent exactement ces concepts idylliques? Le *mythe de la non-directivité* des autres psychothérapies, dont dérive celui de l'*absence de « contrôle »* du thérapeute sur l'évolution du patient. De nombreuses recherches démontrent que tous les modèles psychothérapeutiques, quel que soit leur arrière-plan théorique, entraînent une action du thérapeute sur le patient: ainsi, le comportement verbal et non verbal du praticien modifie le discours du sujet (Quay, 1959), le contenu de son auto-analyse (Salzinger et Pisoni, 1958), l'orientation de ses conduites futures (Adams et Frye, 1964; Timmons et al., 1965) ainsi que ses valeurs morales (Palmore et al., 1959; Welkowitz et al., 1967). L'affirmation des thérapies d'orientation « non directive », suivant laquelle leurs systèmes de référence personnels n'interfèrent pas avec le processus thérapeutique, (Gendlin, 1967) est erronée. Sur le plan de l'éthique, ceci indique clairement que la priorité devrait être accordée à l'examen scientifique des variables émanant du comportement du thérapeute et de la situation psychothérapeutique susceptibles d'avoir une influence « indue » sur le patient. C'est en fournissant au praticien les *moyens* de contrôle adéquats de ces variables qu'il deviendra capable de se conformer aux droits et devoirs que lui impose un code d'éthique. La (pseudo) non-directivité est moralement confortable pour le thérapeute qui y croit, mais élude les véritables difficultés.

« Guérir pour normaliser »

Il est courant de lire que les thérapies comportementales qui « contrôlent », « conditionnent », « manipulent » les

conduites aboutissent à une « normalisation » des comportements humains dans le sens souhaité par un système social
donné. Ainsi le behavior thérapeute devient en quelque sorte
le « robotiseur » de sujets façonnés selon les normes sociales
en vigueur.

Récemment, d'éminents cardiologues ont discuté du re-
classement socio-professionnel de sujets atteints de troubles
cardiaques (Entretiens de Bichat, 1978). Les détracteurs des
Behavior Therapies doivent savoir que nombre de ces troubles sont la résultante des stress liés à nos systèmes socio-
économiques. Aucun n'a apparemment osé vilipender ces
« infâmes » serviteurs de la société de consommation ! Mais si
un psychologue ou un psychiatre tente de traiter des victimes
du travail à la chaîne, ce sera un tollé général ! Devrais-je,
pour respecter l'éthique, convaincre mon patient déprimé
par les conséquences personnelles et sociales de la crise
économique actuelle, qu'il n'a pas besoin d'aide psychologique, qu'il doit œuvrer au changement de société pour préve-
nir ce type de régression économique ? L'utopie et le grotes-
que font parfois bon ménage !

Dans l'élaboration d'une société plus juste, ceux qui étudient le comportement humain ont leur rôle à jouer:
augmenter la connaissance des règles qui régissent les
conduites pour aboutir un jour à un ensemble structuré qui
pourra s'intégrer à d'autres approches réformatrices, dénon-
cer l'utilisation mal à propos, abusive des lois de l'apprentissage dont les sociétés se servent de manière empirique depuis
toujours avec une rare habileté, le plus souvent à l'insu de la
majorité des gens.

Ceci ne permet cependant pas au psychothérapeute
comme à tous ceux qui exercent l'art de guérir d'oublier le
*devoir qu'ils ont de répondre à la demande d'aide immé-
diate*.

En tant qu'individu, le behavior thérapeute est un membre
d'un système socioculturel déterminé. En accord avec les
faits de ses expériences, il admet qu'il est lui-même influencé
dans son travail par ses propres conceptions idéologiques.

Mais pourquoi le serait-il plus que d'autres thérapeutes et pourquoi les contrôles qu'il exerce seraient-ils obligatoirement dirigés dans le sens souhaité par un système social donné ? C'est lui faire un procès d'intention.

Les moyens d'action dont il dispose lui permettent certes d'être « normalisateur » mais également de renforcer l'autonomie du sujet, d'élargir son répertoire comportemental, de favoriser sa créativité ...

L'utilisation des méthodes d'action

Certains s'inquiètent de la façon dont pourraient être utilisés soit au niveau individuel soit au niveau de groupes les moyens de contrôle mis en évidence par les recherches sur le comportement humain. Ce problème est en fait celui de toutes les découvertes scientifiques : à côté de l'utilisation de la fission nucléraire dans le traitement du cancer, il y a eu Hiroshima et Nagasaki, lié aux découvertes de la bactériologie qui libère l'humanité de ses principaux fléaux, il y a le spectre de la guerre bactériologique... Ces déviations ne sont pas de la seule responsabilité des scientifiques : elles concernent en fait tout un chacun. Le fait scientifique est éthiquement neutre, en ce sens qu'il a les potentialités d'être utilisé à de bonnes ou à de mauvaises fins (Kazdin, 1978). A partir des lois qui régissent le comportement, on peut décrire la façon d'atteindre un but mais ce ne sont jamais ces lois qui définissent les buts.

Revenant au concret de la clinique, le but souhaitable sera souvent évident tant pour le patient que pour le thérapeute : il s'agira de supprimer telle symptomatologie désagréable, tel comportement ou ensemble de comportements aberrants. Le devoir du thérapeute est dans ce cas de répondre à la demande du patient pour autant qu'elle cherche à atteindre un mieux être réel et qu'elle n'empiète pas sur les libertés d'autrui.

Le problème est très différent lorsque la demande de soins vient de la société au sens large du terme : famille, institution, justice... Si dans certains cas, il apparaît évident qu'un traitement soit nécessaire malgré le refus du patient (agressivité clastique, perversions sexuelles graves, états maniaques sévères, automutilation...) dans d'autres cas la décision sera plus difficile (traitement de certains comportements déviants chez le débile mental, chez le psychotique ou chez des prisonniers). La règle éthique fondamentale sera de servir les intérêts du patient et non les impératifs de l'environnement. Si je rééduque un débile profond à manger seul, à s'habiller sans aide, ce n'est pas pour faciliter le travail du personnel soignant, ou réduire les frais de fonctionnement de l'institution; mon but est de tenter de le réinsérer au mieux de ses possibilités à la micro-société dans laquelle il vit. Tant mieux, si le résultat satisfait tout le monde !

Si le problème du but poursuivi par un traitement peut parfois être source de difficultés, ce seront plus souvent les moyens utilisés pour le réaliser qui seront au centre de l'examen des règles éthiques (Kazdin, 1978). Dans les pages consacrées aux thérapies aversives, j'ai formulé suffisamment de réserves à l'égard de ces techniques tant sur le plan théorique et pratique que sur le plan éthique pour qu'il ne soit pas nécessaire d'y revenir.

Les règles du contrat thérapeutique

Les abus qui ont été faits des méthodes comportementales se sont généralement manifestés dans des institutions ou dans des prisons ainsi qu'en témoignent divers procès qui se sont déroulés aux Etats-Unis. Ces abus sont le fait de quelques « thérapeutes »; ils caractérisent ces individus mais non les méthodes en elles-mêmes.

Plus proche de notre propos est la notion de contrôle des comportements qui semble à beaucoup antithétique avec le concept de liberté de l'homme. Si nous admettons que nos conduites sont contrôlées par nos expériences passées et présentes, par l'environnement objectif et subjectif dans lequel nous nous situons, comment le behavior thérapeute appréhende-t-il la *notion de liberté* ? Un sujet est d'autant plus libre que les contraintes du milieu externe et interne sont réduites et que son répertoire comportemental est étendu. La notion de liberté n'implique dont pas une suppression des contrôles, mais une meilleure adéquation de ces contrôles permettant au sujet le maximum de choix possibles dans un contexte donné. Il est bien évident que la notion de « contrôle adéquat » implique un choix dans lequel le thérapeute risque de faire intervenir ses propres conceptions. Ce danger réel peut être largement, sinon parfaitement, contenu en suivant quelques règles paradigmatiques simples.

- Préalablement à la mise au point de toute stratégie thérapeutique, une analyse fonctionnelle détaillée du patient, de son cadre socioculturel, de ses références philosophiques, morales ... doit être établi. Le contenu de la stratégie thérapeutique devra tenir compte de ces préalables.

- Les buts du traitement se limiteront aux conduites qui perturbent le sujet ou qui constituent un risque pour son entourage familial et social.

- Le thérapeute dans sa relation au patient, telle que je l'ai définie plus haut (chap. VI), intégrera son action dans le cadre d'un contrat implicite ou explicite (Ayllon et Skuban, 1973) dont les termes essentiels sont: empathie, respect de l'autre, définition des limites de l'intervention.

De nombreux problèmes liés à l'éthique n'ont pas été abordés ici. J'ai voulu rencontrer quelques critiques traditionnelles faites aux Behavior Therapies. Certaines dérivent d'une méconnaissance des thérapies comportementales; d'autres ne sont que des malhonnêtetés intellectuelles.

Celles-ci ne mériteraient aucune attention si elles ne risquaient d'induire le public en erreur. Restent les vrais problèmes de l'éthique qu'ils soient spécifiques ou non des thérapies comportementales. La précision des méthodes utilisées dans les Behavior Therapies permet d'y relever mieux que partout ailleurs, les dangers réels ou potentiels d'un non-respect des règles déontologiques. C'est probablement là le meilleur garant pour éviter fautes et abus.

Pourrait-on mieux conclure ces quelques pages consacrées à l'éthique que par ces quelques lignes de London (1969):

« Les psychothérapeutes ont un rôle important à jouer et généralement ils cherchent à le faire correctement. Au fur et à mesure que leurs capacités à contrôler et à manipuler le comportement augmenteront, le caractère moral de leur entreprise se fera plus visible et plus embarrassant. Mais en même temps, leur connaissance de l'homme s'améliorera également et leurs règles morales seront plus défendables. Lorsqu'on arrivera à ce stade, leur compétence professionnelle sera indiscutable et reconnue et leur capacité à servir l'homme, individuellement et en société, deviendra précieuse ».

Lectures recommandées

London, P., *Behavioral control*. New York: Harper & How, 1969.

La notion de contrôle des conduites hérisse notre attachement viscéral à la notion de liberté. L'auteur, d'une manière peut-être moins brutale que Skinner dans son livre « Par-delà la liberté et la dignité » démystifie le problème. L'humanisme de l'ouvrage débouche sur une confiance dans une meilleure éthique venant des changements progressifs de la société, par une meilleure connaissance scientifique de l'homme.

C'est également ma conviction.

Kittrie, N.N., *The right to be different Deviance and enforced Therapy*, Baltimore: The Johns Hopkins University Press, 1971.

Le contrôle des conduites ne signifie nullement la robotisation, la standardisation. Les thérapies comportementales doivent élargir les répertoires comportementaux permettant aux sujets d'être « mentalement » heureux dans leurs différences. L'auteur analyse les règles fondamentales de la déontologie du praticien des Behavior Therapies. Elles sont en fait applicables à toutes les interventions psychologiques.

CHAPITRE VIII

L'AVENIR DES THERAPIES COMPORTEMENTALES

Rappelez-vous bien, mes enfants, qu'il n'existe rien de constant si ce n'est le changement.

Le Bouddha

En moins d'un quart de siècle, les thérapies comportementales ont évolué de manière vertigineuse. Basées au départ presque exclusivement sur les théories de l'apprentissage, limitées à quelques techniques de laboratoire transposées, parfois maladroitement, à la clinique, elles détiennent aujourd'hui une grande variété de concepts théoriques, de faits d'expérience et de méthodes thérapeutiques; elles s'attachent à la solution de problèmes cliniques de plus en plus diversifiés et de plus en plus complexes.

Si le mouvement des thérapies comportementales est loin d'être unitaire sur le plan théorique, il garde à travers ses diversités et ses divergences une cohérence interne: celle que lui fournit la *conviction que c'est par la méthodologie scientifique telle qu'elle est pratiquée par toutes les autres sciences naturelles, que la connaissance du comportement humain pourra progresser*. Par méthodologie scientifique, j'entends un processus de pensée rationnel à ne pas confondre avec certaines procédures ou méthodes expérimentales particulières.

Les difficultés actuelles de la démonstration scientifique en cette matière ne légitiment en aucune façon les égarements dans des théories qui affirment sans preuve l'inadéquation de la pensée scientifique rationnelle à l'objet de la psychologie.

Progresser par la méthode scientifique signifie le changement : remaniement de l'interprétation que l'on fait d'expériences passées par l'apport de faits récents, remise en cause de la pertinence de telle variable, de la généralité de telle théorie, de l'utilité de tel concept, introduction de modèles théoriques nouveaux, ouverture aux apports d'autres disciplines...

Avenir de la recherche clinique

Les sciences ont de nombreux rituels qui par leurs effets inhibiteurs entraînent la perte d'un grand nombre d'informations. Le clinicien doit se débarrasser du « complexe » de travailler sur des sujets tous différents, trop peu nombreux que pour permettre une évaluation statistique des résultats. La méthodologie du cas unique est devenue un outil de travail qui m'apparaît fort bien adapté aux besoins de la recherche clinique. Le thérapeute doit abandonner le mythe de la « vérité statistique » qui n'explique jamais rien et reste d'application très difficile tant les variables interindividuelles sont nombreuses.

Par ailleurs, une mauvaise habitude de l'académisme scientifique pousse le chercheur, quelle que soit sa discipline d'ailleurs, à rejeter le résultat négatif, l'échec thérapeutique. Il y a beaucoup à apprendre de l'échec. Outre le fait qu'il peut situer les limites d'une méthode, il conduit souvent à la mise en évidence de variables que l'on avait longtemps ignorées ou sous-estimées, il stimule l'activité créatrice par la recherche de moyens nouveaux pour contourner la difficulté. Quand verrons-nous la publication d'une revue consacrée aux échecs ?

D'autre part, nous devons également nous libérer de la « frustration » de ne tout pouvoir mesurer et expliquer. Bien souvent, en clinique humaine, on obtient un résultat positif sans comprendre ce qui s'est passé. Cette situation constitue le «bouillon de culture idéal» pour l'éclosion d'hypothèses nouvelles qu'on testera soigneusement par la suite.

En dehors des faits démontrés, qui sont encore rares, le clinicien s'appuie sur des théories, sur des modèles : ceux-ci ne sont que des guides établis à partir de faits dont on dispose à un moment donné. Jamais ils ne constituent un ensemble immuable tant qu'ils n'ont pas été expérimentés dans tous leurs paramètres, tant qu'on n'a pas cerné les limites de leur validité, tant qu'il reste une explication alternative possible. Le chercheur ne sera jamais le défenseur ou l'apôtre d'un modèle ou d'une théorie. Il expérimente, travaille à partir du modèle qu'il ne traduit jamais en dogme : s'écarter de cette position, s'impliquer affectivement dans «ses» théories débouche sur la vanité des querelles d'écoles. Les thérapies comportementales doivent rester ouvertes à toutes les approches, à tous les apports pour autant que les faits soient confirmés par l'expérimentation. Cette ouverture ne doit pas se confondre avec un éclectisme stérile qui accepte que tout est dans tout.

Avenir des méthodes en Behavior Therapy

Les thérapies comportementales comptent aujourd'hui nombre de méthodes d'action, certaines codifiées de manière très précise, d'autres s'adaptant aux problèmes posés à partir d'une conceptualisation théorique plus générale. Parmi ces méthodes, il en est qui ont un arrière-plan expérimental très riche en faits d'expérience alors que d'autres se révèlent n'être encore qu'au stade des hypothèses. Je me suis essentiellement limité dans cet ouvrage aux premières, non par mépris des autres, mais par souci de montrer combien fragiles sont encore nos connaissances même au niveau des théories les plus élaborées. Cet état de fait est un donné général de la clinique. Il nous incite à accepter que l'effet thérapeutique de certains moyens précède notre compréhension du pourquoi de cet effet. Nous devons poursuivre la mise au point et l'essai de nouvelles méthodes sans nécessairement détenir l'explication de leur action. Cet effort de créativité contrôlé par l'expérimentation et encadré par les règles éthiques est le propre de l'action clinique.

On aura remarqué au chapitre consacré aux moyens thérapeutiques (chap. VI) que les explications théoriques d'un effet thérapeutique sont souvent multiples. Peut-être ne s'agit-il là que d'un faux problème issu de notre besoin de ramener des phénomènes complexes à des explications unificatrices. Une thérapie est par définition toujours complexe et ses diverses explications théoriques loin de s'exclure sont probablement souvent complémentaires.

Avenir de la relation patient-thérapeute

Hormis les cas extrêmes où un sujet est fortement déterminé par des contingences externes (par ex. des éléments très coercitifs de l'environnement) ou internes (facteurs typologiques, biologiques) l'essentiel de ses conduites est sous le contrôle de ses propres régulations. Celles-ci dérivent d'apprentissages divers, d'un milieu socioculturel donné, de la transformation de ces multiples sources d'information par des mécanismes cognitifs complexes.

Toutes les méthodes, stratégies, tactiques utilisées par le psychothérapeute ne peuvent accéder à une modification stable des comportements qu'à deux conditions :

- le sujet à partir de ces apprentissages *accepte* de se contrôler sur les modèles appris en cours de thérapie ;

- le traitement permet au patient d'accéder dans son dialogue interne à une analyse différente, plus adéquate de sa relation à lui-même et au monde extérieur.

Dans la majorité des cas, quelle que soit la technique utilisée, ce seront ces mécanismes d'autocontrôle, d'autorégulation qui prendront la thérapie « en relais ». Cette perspective fournit à la relation patient-thérapeute une dimension nouvelle. Il ne s'agit plus seulement d'aider le sujet à réduire ses perturbations émotionnelles, à supprimer ou renforcer un comportement, à élaborer des restructurations cognitives ; il s'agit d'aborder l'étude des moyens dont dispose le patient pour effectuer le passage de la relation psychothérapeutique à la vie réelle. L'étude des mécanismes de l'autorégulation est à peine ébauchée. Elle débouche sur l'idéal du « rapport psychologique » : l'accession du patient à l'autonomie par une manipulation sélective de son propre environnement en opposition à d'autres types de contrôles externes.

On ne finirait pas d'intoduire dans un sujet aussi vaste que celui des thérapies comportementales. Arrivés au terme de cet ouvrage, je ne puis m'empêcher de vivre un intense sentiment d'incomplétude : que de problèmes ignorés, que de discussions à peine ébauchées, que de simplifications outrancières...

Je me rassure quelque peu cependant en pensant qu'il est impossible, même dans une introduction de « cerner » les lignes de force d'un sujet aussi diversifié. De plus, les thérapies comportementales sont en continuelle évolution. Elles grandissent sur les décombres de leurs autels d'hier. Ceux d'aujourd'hui ne sont probablement guère plus définitifs. Mais à chaque étape, nous en savons un peu plus, nous améliorons notre aptitude à répondre aux demandes d'aide.

Jusqu'à ce jour, les Behavior Therapies ont pu pour une bonne part échapper au dogmatisme, aux guerres d'écoles, mais cette sagesse résistera-t-elle face à la tentation de l'inertie, de la stabilisation sécurisante ? Ce n'est pas évident !

En ce qui me concerne, si les Behavior Therapies devaient s'écarter de l'analyse rationnelle, de la méthode expérimentale pour s'enfermer dans le carcan de théories fragmentaires, dans le seul but de défendre ce qui est contre ce qui vient, je n'accepterais plus l'étiquette de behavior thérapeute.

BIBLIOGRAPHIE

ADAM, G., *Interoception and Behaviour*, Akamediai Kiado, Budapest, 1967.

ADAMS, H.E. & FRYE, R.L., Psychotherapeutic techniques as conditioned reinforcers in a structured interview, Psychol. Rep., 1964, *14*, 163-166.

ALLEN, K.E., HART, B., BUELL, J.S., HARRIS, F.R. & WOLF, M.M., Effects of social reinforcement on isolate behavior of a nursery school child, Child Development, 1964, *35*, 511-518.

ARTHUR, A.Z., Theory - and action - oriented research, Journal of Consulting and Clinical Psychology, 1972, *38*, 129-133.

ASCH, S.E., CERASO, J. & HEIMER, W., Perceptual conditions of association. Psychol. Monogr., 1960, 57 (Whole n° 3) - 264.

ASCHER, L.M., An experimental analog study of covert positive reinforcement. In R.D. Rubin, J.P. Brady and J.D. Henderson (Eds.), *Advances in Behavior Therapy*. Vol. 4, New York: Academic Press, 1973, pp. 127-138.

ASCHER, L.M. & CAUTELA, J.R., Covert negative reinforcement: An experimental test. J. of Behavior Therapy and Exp. Psych., 1972, 3, 1-5.

ASTRUP, Ch., *Pavlovian Psychiatry. A new Synthesis,* Charles C. Thomas, Publisher, 1965.

ATKINSON, R.C. & WICKENS, T.D., Human memory and the concept of reinforcement. In R. Glaser (Ed.), *The nature of reinforcement*, New York: Academic Press, 1971, pp. 66-120.

AYLLON, T. & AZRIN, N., *Traitement comportemental en Institution Psychiatrique*, Bruxelles: Dessart Ch., 1968.

AYLLON, T. & SKUBAN, W., Accountability in psychotherapy. A test case, Journal of Behavior therapy and Exp. Psychiatry, 1973, *4*, 19-30.

AYLLON T., GARBER, S. & PISOR, K., The elimination of discipline problems through a combined school-home motivational system, Behavior Therapy, 1975, 6, 616-626.

AZRIN, N.H. & HOLZ, W.C., Punishment. In W.K. Honig (Ed.), *Operant Behavior: Areas of Research and Application*, New York: Appleton-Century-Crofts, 1966.

BABKIN, B.P., *Pavlov, a biography*, Chicago: Univ. of Chicago Press, 1949 - 63.

BAER, D.M., WOLF, M.M. & RISLEY, T.R., Some current dimensions of applied behavior analysis, Jour. of Applied Beh. Anal., 1968, 1, 91-97.

BAGBY, E., *The Psychology of Personality: an analysis of Common Emotional Disorders*, New York: Holt, 1928.

BANCROFT, J., *Deviant Sexual Behaviour. Modification and Assessment*, Clarendon Press, 1974.

BANDURA, A., *Principles of Behavior Modification*, New York: Holt, Rinehart & Winston, 1969.

BANDURA, A., *Social Learning theory*. Morristown, N.J.: Gen. Learning Press, 1971a.

BANDURA, A., Psychotherapy based upon modeling principles. In A.E. Bergin and S. Garfield (Eds.), *Handbook of Psychotherapy and Behavior Change: An empirical analysis*, New York: Wiley, 1971b.

BANDURA, A., Behavior theory and the models of man. American Psychologist, 1974, 29, 859-869.

BANDURA, A., *Social Learning Theory*, New Jersey: Prentice Hall, Inc., Englewoods Cliffs, 1977.

BANDURA, A. & WALTERS, R.H., *Social Learning and personality development*, New York: Holt, Rinehart and Winston, 1963.

BANDURA, A. & ROSENTHAL, T.L., Vicarious classical conditioning as a function of arousal level, Journal of Personality and Social Psychology, 1966, 3, 54-62.

BANDURA, A. & MENLOVE, F.L., Factors determining vicarious extinction of avoidance behavior through symbolic modeling, Journal of Personality and Social Psychology, 1968, 8, 99-108.

BASMAJIAN, J.V., Biofeedback for modification of skeletal muscular dysfunctions. In I. Gatchel and K.P. Price (Eds.), *Clinical Applications of Biofeedback: Appraisal and Status*, New York: Pergamon, 1978.

BASSINE., Ph., *Le problème de l'Inconscient*, Moscou, Editions Mir, 1973.

BAUM, M., Extinction of avoidance responding through response prevention (flooding), Psychological Bulletin, 1970, 74, 276-284.

BECK, A.T., Cognitive therapy: Nature and relation to Behavior Therapy, Behavior Therapy, 1970, 1, 184-200.

BECKER, W.C., Cortical inhibition and extraversion-introversion. J. abnorm. soc. Psychol., 1960, 61, 52-66.

BECKER, W.C., MADSEN, C.H. Jr., ARNOLD, C.R. & THOMAS, D.R., The contingent use of teacher attention and praise in reducing classroom behavior problems, J. Spec. Educ., 1967, 1, 287-307.

BEM, D.J., Self-perception theory. In L. Berkowitz (Ed.), *Advances in experimental social psychology*. Vol. 6, New-York: Academic Press, 1972, pp. 1-62.

BERGIN, A.E. and GARFIELD, S.L., *Handbook of Psychotherapy and Behavior Change*, John Wiley & Sons, Inc., 1971.

BERNARD, C., *Introduction à l'étude de la médecine expérimentale*, Paris: Nouvel Office d'Edition, 1966.

BICHAT (Entretiens de), Paris: Octobre 1978.

BIRK, L., *Biofeedback: Behavioral Medicine*, New York: Grune & Stratton, 1973.

BLACK, A.H., « The operant conditioning of heart rate in curarized dogs: some problems of interpretation », Paper presented at the meeting of the psychonomic society, St Louis, 1966.

BLACK, A.H., Operant conditioning of heart rate under curare, (tech. rep. 12), Hamilton, Ontario: The master university, Department of Psychol., 1967.

BLACK, A.H., « Operant conditioning of autonomic responses », Cond. Reflex, 1968, 3, n° 2, 130.

BLACK, A.H., CATT, A. & PAVLOSKI, R., « The operant learning theory approach to biofeedback training. In G.E. Schawrtz and J. Beatty (Eds.), *Biofeedback. Theory and Research*, New York: Academic Press, 1977.

BLANCHARD, E.B., Biofeedback and the modification of Cardiovascular dysfunctions, See Ref., 1978, *12*.

BOWER, G.H., McLEAN, J. & MEACHAM, J., Value of knowing when reinforcement is due. J. Comp. Physiol. Psychol., 1966, 62, 184-192-211.

BRISSET, Ch., in Bassine, Ph., *Les problèmes de l'Inconscient*, Moscou: Ed. Mir, 1973.

BREGER, L. & McGAUGH, J.L., Critique and reformulation of « learning-theory » approaches to psychotherapy and neurosis, Psychological Bulletin, 1965, *63*, 338-358.

BROWN, R., & McNEILL, D., The « tip of the tongue » phenomenon. J. of Verbal Learning and Verbal Behavior, 1966, 5, 325-337.

BRUDNY, L., KOREIN, J., LEVIDOW, L., GRYNBAUM, B.B., LIEBERMAN, A. & FIEDMANN, L.W., Sensory feedback therapy as a modality of treatment in central nervous system disorder of voluntary movement, Neurology, 1974, *24*, 925-32.

BRUDNY, J., KOREIN, J., GRYNBAUM, B.B., FRIEDMANN, L.W., WENSTEIN, S., SACHS-FRANKEL, G. & BELANDRES, P.V., EMG feedback therapy: Review of treatment of 114 patients, Arch. Phys. Med. Rehabil., 1976, *57*, 55-61.

BUCHWALD, A.M., Effects of « right » and « wrong » on subsequent behavior: a new interpretation, Psychol. Rev., 1969, 76, 132-143.-49.

BUDZYNSKI, T.H., STOYVA, J.M., ADLER, C.S. & MULLANEY, D.J., EMG biofeedback and tension headache: A controlled outcome study, Psychosom. Med., 1973, *35*, 484-96.

BUDZYNSKI, T.H., Biofeedback strategies in headache treatment. In J.V. Basmajian (Ed.), *Biofeedback: A Handbook for Clinicians*, Baltimore: Williams & Wilkins, 1977.

BURNHAM, W.H., Mental hygiene and the conditioned reflex, Ped. sem., 1917, *24*, 449-488.

BYKOV, K.M., *L'écorce cérébrale et les organes internes*, Edition en langues étrangères, Moscou, 1956.

CALHOUN, K.S., ADAMS, H.E. & MITCHELL, K.M., *Innovative treatment methods in Psychopathology*, New York: John Wiley & Sons, 1974.

CARKHUFF, R.F., *Helping and human relations*, New York: Holt, Rinehart and Winston, 1969.

CARLSSON, S.G. & GALE, E.N., Biofeedback treatment for muscle pain associated with the temporamandibular joint, J. Behav. Ther. Exp. Psychiatry, 1976, *7*, 383-85.

CAUTELA, J.R., Covert reinforcement. Behavior Therapy, 1970, 1, 33-50.

CAUTELA, J.R., Covert conditioning. In A. Jacobs & L.B. Sachs (Eds), *The psychology of private events: Perspectives on covert response systems*, New York: Academic Press, 1971, pp. 109-130.

CAUTELA, J.R., Covert processes and behavior modification. Journal of Nervous and Mental disease, 1973, 157, 27-36.

CAUTELA, J.R. & KASTENBAUM, R.A., A reinforcement survey schedule for use in therapy, training and research, Psychological reports, 1967, *20*, 115-130.

CAUTELA, J.R. & UPPER, D., *A behavioral coding system*. Paper presented at the meeting of the Association for Avancement of Behavior Therapy, Miami: december 1973.

CAUTELA, J.R. & UPPER, D., The behavioral inventory battery: the use of self-report measures in behavioral analysis and therapy. In M. Hersen & A.S. Bellack (Eds.), *Behavioral Assessment: a practical handbook*, Oxford: Pergamon, 1976.

COPEMAN, C.D., *Aversive counterconditioning and social restraining: A learning theory approach to drug rehabilitation*, Unpublished doctoral dissertation, State University of New York at Stony Brook, 1973.

DAVIS, G.A., Current status of research and theory in human problem solving, Psychological Bulletin, 1966, *66*, 36-54.

DE BACHER, G. & BASMAJIAN, J.V., EMG feedback strategies in rehabilitation of neuromuscular disorders. In J. Beatty and H. Legewie (Eds.), *Biofeedback and Behavior*, New York: Pleunum, 1977.

DILORETO, A.O., *Comparative Psychotherapy: An Experimental Analysis*, Chicago: Aldine, Atherton, 1971.

DOLLARD, J. & MILLER, N.E.: *Personality and Psychotherapy*, New York: McGraw Hill, 1950.

DWORKIN, B.R., «*An effort to replicate visceral learning in curarized rats*», Unpublished dissertation. The Rockefeller University, 1973.

D'ZURILLA, T.J., & GOLDFRIED, M.R., Problem solving and behavior modification, Journal of Abnormal Psychology, 1971, *78*, 107-126.

D'ZURILLA, T.J., WILSON, G.T. & NELSON R., A preliminary study of the effectiveness of graduated prolonged exposure in the treatment of irrational fear, Behavior Therapy, 1973, *4*, 672-685.

EIBL-EIBESFELDT, I., *Love and Hate*, London: Methuen, 1971.

EIBL-EIBESFELDT, I., *L'homme programmé*, Paris: Ed. Flammarion, 1976.

EISLER, R.M., HERSEN, M., MILLER, P.M. & BLANCHARD, E.B., Situational determinants of assertive behaviors, Journal of Counseling and Clinical Psychology, 1975, *43*, 330-340.

ELLENBERGER, H.F., *A la découverte de l'Inconscient*, Simep Ed., Villeurbanne, 1974.

ELLIS, A., Outcome of employing three techniques of psychotherapy, Journal of Clinical Psychology, 1957, *13*, 344-350.

ELLIS, A., *Reason and emotion in psychotherapy*, New York: Stuart, 1962.

ENGEL, B.T., Biofeedback as treatment for Cardiovascular disorders: A critical review, See Ref., 1977, *54*, 395-401.

ESTES, W.K., Outline of a theory of punishment. In B.A. Campbell & R.S. Church (Eds.), *Punishment and aversive behavior*, New York: Appleton-Century-Crofts, 1969, 105, 225, 401-3.

ESTES, W.K., *Handbook of Learning and Cognitive processes*, Lawrence Erlbaum Associates Publishers, 1976.

EYSENCK, H.J., *Dimensions of personality*, London: Routledge and Kegan Paul, 1947.

EYSENCK, H.J., *The Scientific study of Personality*, London: Routledge and Kegan Paul, 1952.

EYSENCK, H.J., *The structure of human personality*, London: Methuen, 1953.

EYSENCK, H.J., A dynamic theory of anxiety and hysteria, J. Ment. Sci., 1955, 101, 28-51.

EYSENCK, H.J., Reminiscence, drive and personality theory. J. abnorm. soc. Psychol., 1956, 53, 328-333.

EYSENCK, H.J., *The dynamics of anxiety and hysteria*, London: Routlegde and Kegan Paul, 1957.

EYSENCK, H.J., The effects of psychotherapy. In EYSENCK, H.J. (Ed.) *Handbook of abnormal psychology*, London: Pitman, 1960 (*a*).

EYSENCK, H.J., *Behavior Therapy and the neurosis*, London: Pergamon, 1960 (*b*).

EYSENCK, H.J., *The Biological Basis of personality*, Springfield: Thomas, 1967.

EYSENCK, H.J., *The structure of human personality*, 3rd Ed., London: Methuen, 1969.

EYSENCK, H.J. & EYSENCK, G.B.G., *Personality, structure and measurement*, London: Routledge and Kegan Paul, 1968.

FENSTERHEIM, H., Behavior therapy: assertive training in group. In C.J. Sager & H.S. Kaplan (Eds.), *Progression group and family therapy*, New York: Brunner/Mazel, 1972.

FINLEY, W.W., BESSERMAN, R.L., BENNETT, L.F., CLAPP, R.K. & FINLEY, P.M., The effect of continuous intermittent and «placebo» reinforcement of the affectiveness of the conditioning treatment for enuresis nocturna, Behav. Res. Ther., 1973, *11*, 289-97.

FINLEY, W.W. & WANSLEY, R.A., Auditory intensity as a variable in the conditioning treatment of enuresis nocturna, Behav. Res. Ther., 1977, *15*, 181-85.

FONTAINE, O., Conditionnement viscéral chez l'animal. Perplexités et perspectives. Psychologie Médicale, 1977, *9*, 7, 1115-1124.

FONTAINE, O, PAILLET, Ch. et TIMMERMANS, J.M., Conditionnement viscéral et Biofeedback. Int. Rev. App. Psychol., 1978, vol. 27, n° 2.

FRANKS, C.M., Behavior Therapy, the principles of conditioning and the treatment of the alcoholic, Quart. J. Stud. Alcohol., 1963, *24*, 511-529.

FRANKS, C., & WILSON, G.T., *Annual Review of Behavior Therapy. Theory and Practice,* New York: Bruner Mazer Publishers, 1973.

GAGNE, R.M., Problem solving. In A.W. Melton (Ed.), *Categories of human learning,* New York: Academic Press, 1964, pp. 293-317.

GAY, M.L., HOLLANDSWORTH, J.G. & GALASSI, J.P., An assertiveness inventory for adults, Journal of Counseling Psychology, 1975, *22*, 340-344.

GENDLIN, E.T., Values and the process of experiencing. In A.H. Mahrer (Ed.), *The goals of psychotherapy,* New York: Appleton-Century-Crofts, 1967.

GEWIRTZ, J.L., The roles of overt responding and extrinsic reinforcement in «self» and «vicarious-reinforcement» phenomena and in «observation learning» and imitation. In R. Glazer (Ed.), *The Nature of Reinforcement: A symposium of the Learning and Development Center,* University of Pittsburgh, New York: Academic Press, 1971.

GLOVER, E., Critical notice of Wolpe's *«Psychotherapy by reciprocal inhibition»,* Brit. J. med. Psychol., 1959, *32*, 68-74.

GLUCKSBERG, S. & KING. L.J., Motivated forgetting mediated by implicit verbal chaining: A laboratory analog of repression. Science, 1967, *158*, 517-519.

GOLDFRIED, M.R. & POMERANZ, D.M., Role of assessment in behavior modification. Psychological reports, 1968, *23*, 75-87.

GOLDFRIED, M.R. & D'ZURILLA, T.J., A behavioral-analytic for assessing competence. In C.D. Spielberger (Ed.), *Current topics in clinical and Community psychology,* New York; Academic Press, 1969, pp. 151-196.

GOLDFRIED, M.R. & KENT, R.N., Traditional versus behavioral personality assessment: a comparison of methodological and theoretical assumptions, Psychological Bull., 1972, *77*, 409-420.

GOLDFRIED, M.R. & MERBAUM, M., (Eds.), *Behavior change through self-control,* New York; Holt, Rinehart and Winston, 1973.

GOLDFRIED, M.R. & SPRAFKIN, J.N., *Behavioral personality assessment,* Morristown, N.J.: General Learning Press, 1974.

GOLDFRIED, M.R., DECENTECEO, E.T. & WEINBERG, L., Systematic rational restructuring as a self-control technique, Behavior Therapy, 1974, 5, 247-254.

GOLDFRIED, M.R. & GOLDFRIED, A.P., Cognitive change methods. In F.H. Kanfer and A.P. Goldstein (Eds.), *Helping People change: A Textbook Methods*, New York: Pergamon, 1975.

GOLDIAMOND, D.I. & DYRUD, J.R., Some applications and implications of behavior analysis for psychotherapy. In J.M. Shlien (Ed.), *Research in Psychotherapy*, Vol. III, Washington, D.C.: American Psychological Association, 1968.

GOLDSTEIN, A.P., *Psychotherapeutic attraction*, New York: Pergamon Press, 1971.

GOLDSTEIN, A.P., *Structured learning therapy: toward a psychotherapy for the poor*, New York: Academic Press, 1973.

GRAY, J.A., *Pavlov's Typology, recent theoretical and Experimental developments from the laboratory of B.M. TEPLOV* (Traduction de Gray, J.A.), New York: Mac Millan, 1964.

GROSSBERG, J.M. & WILSON, H., Physiological changes accompanying the visualization of fearful and neutral situations. J. of Person. and Social Psych., 1968, 10, 124-133.

GUTHRIE, E.R., *The psychology of human conflict*, New York: Harper et Row, 1938.

HALLAM, R.S. & RACHMAN, S., Theoretical problems of aversion therapy, Behavior Research and Therapy, 1972, 10, 341-353.

HALLAM, R.S., RACHMAN, S. & FALKOWSKI, W., Subjective attitudinal and physiological effects of aversion therapy, Behavior Research and Therapy, 1972, 10, 1-13.

HEFFERLINE, R.F., BRUNO, L.J. & CAMP, J.A., Hallucinations: An experimental approach. In F.J. McGuigan & R.A. Choonover (Eds.), *The Psychophysiology of thinking*, New York: Academic Press, 1973, pp. 299-342.

HERSEN, M., & BARLOW, D.H., *Single case experimental designs*, Pergamon Int. Press, 1976.

HILGARD, E.R. & BOWER, G.H., *Theories of learning*, Prentice Hall, Englewood Cliffs, New Jersey, 1975.

HINGTGEN, J.N. & TROST, F.C., Shaping cooperative responses in early childhood schizophrenics: II. Reinforcement of mutual physical contact and vocal responses. In R. Ulrich, T. Stachnik and J. Mabry (Eds.), *Control of Human Behavior* (Vol. 1), Glenview, Illinois: Scott, Foresman, 1966.

HOMME, L.E., Perspectives in psychology: XXIV. Control of coverants, the operants of the mind, Psychological record, 1965, 15, 501-511.

HULL, C.L., *A Behavior System. An introduction to Behavior Theory concerning the individual organism*, New Haven: Yale Univ. Press, 1952.

IVANOV-SMOLENSKY, A.G., *On the methods of examining the conditioned food reflexes in children and in mental disorders*, Brain, 1927, 50, 138-141-80.

IVERSEN, L.L., IVERSEN, S.D. & SNYDER, S.H., *Handbook of Psychopharmacology*, New York: Pleunum Press, 1975-1978.

JOHNSON, J.M., Punishment of human behavior, American Psychologist, 1972, 27, 1033-1054.

KAHN, M. & BAKER, B., Desensitization with minimal therapist contact, Journal of Abnormal Psychology, 1968, 73, 198-200.

KANFER, F.H., The maintenance of behavior by self-generated stimuli and reinforcement. In A. Jacobs & L.B. Sachs (Eds.), *The psychology of private events: Perspectives on covert response systems*, New York: Academic Press, 1971, pp. 39-59.

KANFER, F.H. et SASLOW, G., Behavorial diagnosis. In C.M. Franks (Ed.), *Behavior Therapy: appraisal and status*, New York: Mc Graw Hill, 1969.

KANFER, F.H. & PHILIPS, J.S., *Learning Foundations of Behavior Therapy*, New York: John Wiley & Sons, 1970.

KANFER, F.H. & GOLDSTEIN, A.P., *Helping People Change: a textbook of Methods*, New York: Pergamon Press, Inc., 1975.

KANT, I., Kritik der reinen Vermunft. Leipzig P. Reclam., English ed., Critique of pure reason. (Trans. by J.M.D. Meiklejohn), London: George Bell, 1781-7-8, 12.

KAPLAN, H.S., *The New Sex Therapy*, Brunner/Mazel Inc., 1974.

KATZEV, R., Extinguishing avoidance responses as a function of delayed warning signal termincation, Journal of Exp. Psychology, 1967, 75, 339-344.

KAZDIN, A.E., The failure of some patients to respond to token programs. Journal of Behavior Therapy and Exp. Psychiatry, 1973, 4, 7-14.

KAZDIN, A.E., *History of Behavior Modification*, Baltimore: University Park Press, 1978.

KAZDIN, A.E. & MAHONEY, M.J. (Eds.), *Behavior Modification*, Boston: Houghton Mifflin, 1976.

KEWMAN, D.G., *Voluntary control of digital skin temperature for treatment of migraine headaches, Ph. D thesis Univ.*, Texas, Arlington, Tex, 1977.

KITTRIE, N.N., *The right to be Different Deviance and enforced therapy*, Baltimore: The Johns Hopkins. University Press, 1971.

KNAPP, P.H., *Expression of the emotions in man*, New York: Int. Univ. Press, 1963.

KOTSES, H., GLAUS. K.D., CRAWFORD, P.L., EDWARDS, J.E. & SCHERR, M.S., Operant reduction of frontalis EMG activity in the treatment of asthma in children, J. Psychosom. Res., 1976, 20, 453-59.

KREITMAN, N., The reliability of psychiatric diagnosis, J. ment. Sci., 1961, 107, 876-886.

KRISTT, D.A. & ENGEL, B.T., Learned control of blood pressure in patients with high blood pressure, Circulation, 1975, 51, 370-78.

KRUMBOLTZ, J.D. & THORESEN, C.E., *Behavioral Counseling, Cases and Techniques*, New York: Holt, Rinehart and Winston, 1969.

KUHN, T.S., *The structure of scientific revolutions*, Chicago: University of Chicago Press, 1970.

LADOUCEUR, R., BOUCHARD, M.A., GRANGER, L. & Coll., *Principes et applications des thérapies behavioriales*, Edisem Inc., Quebec, Maloine S.A., Paris, 1977.

LANG, P.J. & LAZOVIK, A.D., Experimental desensitization of a phobic. Journal of Abnormal and Social Psychology, 1963, 66, 519-525.

LAZARUS, A.A., On assertive behavior: a brief note, Behavior Therapy, 1973a, 4, 697-699.

LAZARUS, A.A., Multimodal behavior therapy: treating the « basic id ». Journal of Nervous and Mental Disease, 1973b, 156, 404-411.

LAZARUS, A.A., *Has behavior therapy outlived its usefulness?* American Psychologist, 1977, 32, 550-554.

LAZARUS, R.S., Emotions and adaptation: conceptual and empirical relations. In: *Nebraska Symposium on Motivation*, 175-266 (W.J. Arnold, ed.) Lincoln, Nebraska: University of Nebraska Press, 1968.

LEIDERMAN, H. & SHAPIRO, D., *Psychological Approaches to Social Behavior*, Stanford, California: Stanford Univ. Press., 1964.

LEITENBERG, H., AGRAS, W.S., BARLOW, D.H. & OLIVEAU, D.C., Contribution of selective reinforcement and therapeutic instructions to systematic desensitization therapy, Journal of Abnormal Psychology, 1969, 74, 113-118.

LEITENBERG, H., The use of single-case methodology in psychotherapy research, Jour. of Abnormal Psychology, 1973, vol. 82, n° 1, 87-101.

LEITENBERG, H., Training clinical researchers in psychology. Professional Psychology, 1974, 5, 59-69.

LEITENBERG, H., AGRAS, W.S., ALLEN, R., BUTZ, R. & EDWARDS, Feedback and therapist praise during treatment of phobia, Journal of Consulting and Clinical Psychology, 1975, 43, 396-404.

LEITENBERG, H., *Handbook of Behavior Modification and Behavior Therapy*, New Jersey, Prentice Hall, 1976.

LEVI, L., *Emotions, their parameters and measurement*, New York: Raven Press Books, 1975.

LINDSLEY, O.R., *Studies in behavior therapy: status report III*, Waltham, Mass: Metropolitan State Hosp., 1954.

LONDON, P., *Behavior Control*, New York: Harper & How, 1969.

LONDON, P., The end of ideology in behavior modification. American Psychologist, 1972, 27, 913-920.

LORENZ, K., *On aggression*, London: Methuen, 1967.

LOVAAS, O.I. & BUCHER, B.D., *Perspectives in Behavior Modification with Deviant Children*, Prentice Hall, 1974.

LURIA, A.R. & YUDOVICH, F., *Speech and the development of mental processes in the child*, Staples Press, Penguin Press in education, 1959.

LURIA, A.R., *Higher cortical functions in man*, New York: Plenum Press, 1966.

MACHT, D.I., GREENBERG, J. & ISAACS, S., The effect, of some antipyretics on the acuity of hearing, Journal of Pharmacology and Experimental Therapeutics, 1920, *15*, 149-165.

MAHONEY, M.J., *Cognition and Behavior Modification*, Cambridge, Mass: Ballinger Publishing Company, 1974.

MAHONEY, M.J., THORESEN, C.E. & DANAHER, B.G., Covert behavior modification: an experimental analogue. J. of Beh. The. and Exp. Psych., 1972, 3, 7-14.

MAHRER, A.R., *The Goals of Psychotherapy*, Appleton Century Crofts, 1967.

MALCUIT, G., GRANGER, L. LAROCQUE, A., *Les thérapies behaviorales*, Presses de l'Université Laval, 1972.

MARKS, I.M. & GELDER, M.G., Transvestism and fetishism: clinical and psychological changes during faradic aversion. British J. of Psych., 1967, 113, 711-729.

MARKS, I.M., RACHMAN, S. & GELDER, M.G., Methods for assessment of aversion treatment in fetishism with masochism. Beh. Research and Therapy, 1965, 3, 253-258.

MARLATT, G.A. & PERRY, M.A., Modeling methods. In F.H. Kanfer and A.P. Goldstein (Eds.), *Helping People Change: A textbook of Methods*, New York: Pergamon, 1975.

MARQUIS, J.N., MORGAN, W.G. & PIAGET, G.W., *A guidebook for systematic desensitization*. (2nd ed.), Palo Alto, Calif.: Veterans Workshop, 1971.

MASSERMAN, J.H., *Behavior and neuroses*, Chicago: University of Chicago Press, 1943.

MASTERS, W.H. & JOHNSON, V.E., *Human sexual inadequacy*, Boston: Little, Brown, 1970.

MATEER, F., *Child behavior: a critical and experimental study of young children by the method of conditioned reflexes*, Boston: Badger, 1917.

McCORQUODALE, K., and MEEHL, P.E., On a distinction between hypothetical constructs and intervening variables. Psychol. Rev., 1948, 55, 95-107.

McFALL, R.M., Behavioral training: a skill-acquisition approach to clinical problems. In J.T. Spence, R.C. Carson & J.W. Thibaut (Eds.), *Behavioral approaches to therapy*, Morristown, N.J.: General Learning Press, 1976.

McGINNIES, E. & FERSTER, C.B., *The reinforcement of social Behavior*, Boston: Houghton Mifflin Company, 1971.

MEICHENBAUM, D., Cognitive modification of test anxious college students, Journal of Consulting and Clinical Psychology, 1972*a*, *39*, 370-380.

MEICHENBAUM, D., Clinical implications of modifying what clients say to themselves. University of Waterloo, Research Reports in Psychology: Waterloo, Ontario: Research Report, n° 42, 1972*b*.

MELTON, A.W., (Ed.) *Categories of human learning*, New York: Academic Press, 1964.

MILLENSON, J.R., *Principles of Behavioral analysis*, New York: Mac-Millan, 1967.

MILLER, N.E., «Learning of visceral and glandular responses», Science, 1969, 163, 434-445.

MILLER, G.A., GALANTER, E. & PRIBRAM, K., *Plans and the structure of behavior*, New York: Holt, Rinehart & Winston, 1960.

MILLER, N.E. & DICARA, L.V., «Instrumental learning of heart rate changes in curarized rats: shaping and specificity to discriminative stimulus», J. Comp. Physiol. Psychol., 1967, 63, n° 1, 12-19.

MILLER, N.E. & BANUAZIZI, A., «Instrumental learning by curarized rats of a specific visceral response intestinal or cardiac», J. Comp. Physiol. Psychol., 1968, 65, n° 1, 1-7.

MILLER, P.M. & BARLOW, D.H., Behavioral approaches to the treatment of alcoholism, Journal of Nervous and Mental Disease, 1973, *157*, 10-20.

MORENO, J.L., *Who shall survive?* Beacon, New York: Beacon House, 1953.

NATHAN, P.E., Alcoholism. In H. Leitenbert (Ed.), *Handbook of behavior modification and Behavior Therapy*, Englewood Cliffs, N.J.: Prentice Hall, 1976.

NOTTERMAN, J.M., SCHOENFELD, W.N. & BERSCH, P.J., A comparison of three extinction procedures following heart rate conditioning. J. of Ab. and Soc. Psychol., 1952, 47, 674-677.

O'CONNOR, R.D., Modification of social withdrawal through symbolic modeling. J. of Applied Beh. Anal., 1969, 2, 15-22.

OSBORN, A.F., *Applied Imagination: Principles and Procedures of Creative Problem-Solving* (3rd ed.), New York: Scribner's, 1963.

OVERALL, J.E. and HOLLISTER, L.E., Computer procedures for psychiatric classification, J. Amer. Med. Assoc., 1964, *187*, 583-588.

OVERALL, J.E. and HOLLISTER, L.E., Studies of quantitative approaches to psychiatric classification. In Katz, M.M., Cole, J.O. and Barton, W. (Eds.). *The role and methodology of classification in psychiatry and psychopathology*, Washington, D.C.: Government printing office, 1968.

PALMORE, E., LENNARD, H.L. & HENDIN, H., Similitaries of therapies and patient verbal behavior in psychotherapy, Sociometry, 1959, *22*, 12-22.

PATEL, C. & NORTH, W.R.S., Randomized controlled trial of yoga and biofeedback in management of hypertension, Lancet, 1975, *2*, 93.

PAUL, G.L., *Insight vs. Desensitization in Psychotherapy. An experiment in Anxiety reduction*, Stanford, California, Stanford University Press, 1966.

PAVLOV, I.P., An attempt at a physiological interpretation of obsessional neurosis and paranoia. J. ment. Sci., 1934, *80*, 187-197.

PAVLOV, I.P., *Conditioned reflexes and psychiatry*, New York: International Publishers, 1941.

PAVLOV, I., *Œuvres choisies*, Ed. en langues étrangères, Moscou, 1954.

PICKENS, R. & THOMPSON, T., *Stimulus properties of drugs,* New York: Appleton, 1971.

QUAY, H., The effect of verbal reinforcement on the recall of early memories, J. Abnorm. Soc. Psychol., 1959, *59,* 254-257.

RACHMAN, S. & TEASDALE, J., *Aversion Therapy and Behaviour disorders: an analysis,* London: Routledge & Kegan Paul, 1969.

RAPPAPORT, A.F., CAMMER, L., CANNISTRACCI, A.J., GELB, H. & STRONG, D., EMG feedback for the treatment of bruxism: A stress control program. In D.H. Morgan (Ed.), *Diseases of the Temporomandibular Apparatus — A multi Discipline Approach,* New York: Mosby, 1977.

RATHUS, S.A., A 30 item schedule for assessing assertive behavior, Behavior Therapy, 1973, *4,* 398-407.

RAZRAN, G., Conditioning and perception. Psychological Review, 1955, *62,* 83-95.

RAZRAN, G., The observable unconscious and the inferable conscious in current Soviet psychophysiology: Interoceptive conditioning, semantic conditioning and the orienting reflex, Psych. Review, 1961, *68,* 81-147.

RAZRAN, G., Recent soviet phyletic comparisons of classical and of operant conditioning: experimental designs. J. Comp. Physiol. Psychol., 1961, *54,* 357-367.

RAZRAN, G., Russian physiologists' psychology and American experimental psychology, Psychol. Bull. 1965, *63,* 42-64.

RAZRAN, G., *Mind in evolution. An east-west synthesis of learned Behavior and Cognition,* Boston: Houghton Mifflin, 1971.

RICHELLE, M., *Le conditionnement operant,* Neuchâtel (Switzerland): Delachaux et Niestlé, 1966.

RICHELLE, M., *B.F. SKINNER ou le péril behavioriste,* Bruxelles: Mardaga Ed., 1977.

RIOPELLE, A.J., (Ed.), *Animal problem Solving: Selected Readings,* Baltimore: Penguin, 1967.

RITTER, B., The group desensitization of children's snake phobias using vicarious and contact desensitization procedures, Behaviour Research and Therapy, 1968, *6,* 1-6.

RITTER, B., Treatment of acrophobia with contact desensitization, Behaviour Research and Therapy, 1969, *7,* 41-45.

ROGNANT, J., *Les thérapeutiques de déconditionnement dans les névroses,* Masson et Cie, 1970.

ROSENHAN, D.L., On being some in insane places, Science, 1973, *179,* 250-258.

SABALIS, R.F., *Subject authoritarianism, interviewer status and interpersonal attraction.* Unpublished Master's thesis, Syracuse University, 1969.

SALTER, A., *Conditioned reflex therapy,* (2e Ed.), New York: Capricorn, 1961.

SALZINGER, J. & PISONI, S., Reinforcement of affect responses of schizophrenics during the clinical interview, J. Abnorm. Soc. Psychol., 1958, *57,* 84-90.

SANDLER, J., Aversion Methods. In F.H. Kanfer & A.P. Goldstein (Eds.), *Helping People Change*, New York: Pergamon Press, Inc., 1975.

SARGENT, J., WALTERS, D. & GREEN E., Psychosomatic self-regulation of migraine headaches, Semin. Psychiatry, 1973, *5*, 415-28.

SCHACHTER, S., The interaction of cognitive and physiological determinants of emotional state. In: *Anxiety and Behavior*, Chap. 9, (C.D. Speilberger, ed.), New York: Academic Press, 1966.

SCHMIDT, H.O. & FONDA, C.P., The reliability of psychiatric diagnosis: a new look, J. abnorm. Soc. Psychol., 1956, *52*, 262-267.

SCHMIDT, L.D. & STRONG, S.R., Expert and inexpert counselors. Journal of Counseling Psychology, 1970, *17*, 115-118.

SCHWARTZ, G.E. & SHAPIRO, D., *Consciousness and Self-Regulation. Advances in Research*, Vol. 1, New York: Plenum Press, 1976.

SCHWARTZ, G.E. & BEATTY, J., *Biofeedback. Theory and Research*, New York: Academic Press, 1977.

SECHENOV, I., *Reflexes of the brain*, The M.I.T. Press, Cambridge, Mass., 1965.

SEGAL, S.J. (Ed.), *Imagery: Current cognitive approaches*, New York: Academic Press, 1971.

SELIGMAN, M.E.P., MAIER, S.F. & SOLOMON, R.L., Unpredictable and uncontrollable aversive events. In F.R. Brush (Ed.), *Aversive conditioning and learning*, Chap. 6, New York: Academic Press, 1971, 576-77.

SERON, X., LAMBERT, J.L. et VANDERLINDEN, M., *La modification du comportement*, Bruxelles: Dessart et Mardaga, 1977.

SHAPIRO, A.P., SCHWARTZ, G.E., FERGUSON, D.C.E., REDMOND, D.P. & WEISS, S.M., Behavioral methods in the treatment of hypertension. I. Review of their clinical status, Ann. Int. Med., 1977, *86*, 626-36.

SHEEHAN, P.W., (Ed.), *The function and nature of imagery*, New York: Academic Press, 1972.

SHURE, M. & SPIVACK, G., Means-ends thinking, adjustment and social class among elementary school-aged children, Journal of Consulting and Clinical Psychology, 1972, *38*, 348-353.

SINGER, J.L., *Imagery and daydream methods in psychotherapy and Behavior Modification*, New York: Academic Press, 1974.

SKINNER, B.F., *The Behavior of Organisms: an experimental analysis*, New York: Appleton Century, 1938.

SKINNER, B.F., The operational analysis of psychological terms, Psychol. Rev., 1945, 52, 270-277.

SKINNER, B.F., *Science and Human behavior*, New York: MacMillan, 1953.

SKINNER, B.F., Animal research in the pharmacotherapy of mental disease. In J.O. Cole & R.W. Gerard (Eds.), *Psychopharmacology: Problems in evaluation*. NAS-NCR Publication n° 583, Washington D.C.: National Academy of Sciences, 1959.

SKINNER, B.F., *L'analyse Expérimentale du Comportement*, Bruxelles: Dessart et Mardaga, 1969.

SKINNER, B.F., Beyond Freedom and Dignity, New York: Knopf, 1971.

SKINNER, B.F., *Par-delà la Liberté et la Dignité*, Paris: R. Laffont, 1972.

SKINNER, B.F., *About behaviorism*, New York: Alfred A. Knopf, 1974.

SKINNER, B.F., Whi I am not a cognitive psychologist. Behaviorism, 1977, *5*, 1-10.

SLOVIC, P. & LICHTENSTEIN, S., Comparison of Bayesian and regression approaches to the study of information processing in judgement, Organizational Behavior and Human Performance, 1971, *6*, 694-744.

SMITH, W.G., A model for psychiatric diagnosis. Arch. gen. Psychiat., 1966, *14*, 521-529.

SOBELL, M.B. & SOBELL, L.C., Second year treatment outcome of alcoholics treated by individualized behaviour therapy: results, Behaviour Research and Therapy, 1976, *3*, 195-215.

SOLOMON, R.L. & WYNNE, L.C., Traumatic avoidance learning: the principles of anxiety conservation and partial irreversibility. Psychol. Rev., 1954, 61, 353-385.

SOLOMON, R.L., Punishment, Amer. Psychol., 1964, *9*, 239-253.

SPIVACK, G. & SHURE, M.B.: *Social adjustment of young children: A cognitive approach to solving read-life problems,* San Francisco: Jossey-Bass, 1974.

STAATS, A.W., *Learning, Language and Cognition*, London: Holt, Rinehard and Winston, 1968.

STAATS, A.W., Language behavior therapy: A derivative of social behaviorism. Behavior Therapy, 1972, 3, 165-192.

STAMPFL, T.G., Implosive therapy: the theory, the subhuman analogue, the strategy, and the technique. Part I: the theory. In S.G. Armitage (Ed.), *Behavior Modification Techniques in the Treatment of Emotional disorders*. Battle Creek, Michigan: Veterans Administration Hospital, 1966.

STAMPFL, T.G., Implosive therapy: an emphasis on covert stimulation. In D.J. Levis (Ed.), *Learning approaches to therapeutic behavior change*, Chicago: Aldine, 1970.

STAMPFL, T.G. & LEVIS, D.J., Essentials of implosive therapy: a learning-based-psychodynamic behavioral therapy. Journal of Abnormal Psychology, 1967, *72*, 496-503.

STERMAN, M.B., Effects of sensorimotor EEG feedback training on sleep and clinical manifestations of epilepsy, NATO symposium on biofeedback, München, 1977, *54*, 167-200.

STERN, R.M. & KAPLAN, B.E., Galvanic skin response: voluntary control and externalization. J. of Psych. Research, 1967, 10, 349-353.

STEWART, A.W., *Behavior Modification. Principles and Clinical Applications*, Boston: Little, Brown and Company, 1978.

THORESEN, C.E. & MAHONEY, M.J., *Behavioral self-control,* New York: Holt, Rinehart & Winston, 1974.

THORNDIKE, E.L., Animal intelligence. An experimental study of the associative processes in animals. Psychol. Rev., Monogr. Suppl., 1898, 2, n° 8, 7, 28-31.

TIMMONS, E.O., NOBLIN, C.D., ADAMS, H.E. & BUTLER, J.R., Operant conditioning with schizophrenics comparing verbal reinforcers vs. psychanalytic interpretation: Differential extintion effects, J. Pers. Soc. Psychol., 1965, 1, 373-377.

TIMSIT, M., Psychiatrie et Psychopathologie: limites et changements, Acta Psychiatrica Belg., 1975, 75, 7-18.

TITCHENER, E.B., Postulats of a structural psychology, Philos. Rev., 1898, 7, 449-465, 281-282.

TOLMAN, E.C. & HONZIK, C.H., Introduction and removal of reward and maze performance in rats. Univ. Calif. Publ. Psychol., 1930, 4, 257-275, 134-35.

TROWILL, J.A., « Instrumental conditioning of the heart rate in the curarized rat », J. Comp. Physiol. Psychol., 1967, 63, n° 1, 7-11.

TRUAX, C.B. & CARKHUFF, R.R., Toward effective Counseling and psychotherapy: training and practice, Chicago, III: Aldine, 1967.

ULLMANN, L.P. & KRASNER, L., Introduction: What is behavior modification? in Ullmann L.P. et Krasner, L. (Eds.) Case studies in behavior modification, New York: Holt, 1965, 1-63 pp.

ULLMANN, L.P. & KRASNER, L., A psychological approach to abnormal behavior, Englewood Cliffs, N.J.: Prentice Hall, 1969.

VALINS, S. & RAY, A.A., Effects of cognitive desensitization on avoidance behavior. Journal of Personality and Social Psychology, 1967, 7, 345-350.

WATERS, W.F. & McDONALD, D.G., Autonomic response to auditory visual and imagined stimuli in a systematic desensitization context. Behaviour Research and Therapy, 1973, 11, 577-585.

WATSON, J.B., Psychology as the behaviorist views it, Psychol. Rev., 1913, 20, 158-177.

WATSON, J.B., Behaviorism and the concept of mental desease. J. Philos. Psychol. Scient. Meth., 1916, 13, 587-597.

WATSON, J.B., Behaviorism, Chicago: Univ. of Chicago Press, 1924.

WATSON, J.B. & RAYNER, R., Conditioned emotional reactions, J. exp. Psychol., 1920, 3, 1-14.

WATSON, L.S., Child behavior modification: a manual for teachers, nurses and parents, New York: Pergamon Press, 1973.

WELKOWITZ, J., COHEN, J. & ORTMEYER, D., Value system similitary: Investigation of patient-therapist dyads, J. Consult. Psychol., 1967, 31, 48-55.

WESSEN, A.F., The Psychiatric Hospital as a Social System, Charles C. Thomas, 1964.

WILKINS, W., Desensitization: getting together with Davison & Wilson, Psychological Bulletin, 1972, 78, 32-36.

WILLIAMS, J.L., Operant learning: procedures for changing behavior, Monterey; California: Brooks/Cole, 1973.

WILLOUGHBY, R.R. (1934) Norms for the Clark-Thurston Inventory. In Wolpe, J., *The Practice of behavior therapy* (2e Ed.), New York: Pergamon, 1973.

WINKLER, R.C., Reinforcement schedules for individual patients in a token economy, Behavior Therapy, 1971, *2*, 534-537.

WOLBERG, L.R., *The technique of psychotherapy*, 2nd ed., New York: Grune and Stratton, 1967.

WOLPE, J., *Psychotherapy by reciprocal inhibition*, Stanford: Stanford Univ. Press, 1958.

WOLPE, J., *Pratique de la thérapie comportementale*, Masson et Cie, 1975.

WOODWORTH, R.S., *Experimental psychology*, New York: Holt, Rinehart and Winston, 1938, 315.

YATES, A.J., *Behavior Therapy*, New York: Wiley, 1970.

YATES, A.J., *Theory and Practice in Behavior Therapy*, New York: John Wiley & Sons, 1975.

INDEX DES AUTEURS

PSYCHOLOGIE ET SCIENCES HUMAINES

collection publiée sous la direction de MARC RICHELLE